NUEVA YORK

GUÍA   MICHAEL

NUEVA YORK

Editor de la Serie:
Michael Shichor

susaeta
ediciones s.a.

Texto: Michael Shichor
        Aaron Young
Traducción: Moshe Feler
Adaptación española: Equipo Susaeta

Para la edición española:
© 1991 SUSAETA EDICIONES, S.A.
C/Campezo, s/n — 28022 Madrid
Telf. 7472111 — Télex 22148 SSTA — Fax 7479295

Impreso en Israel

ISBN 84-305-7181-7

_Í_NDICE

_I_NTRODUCCIÓN   13

_N_UEVA YORK   41

ÍNDICE DE MAPAS

Prólogo

La idea de escribir una guía de Nueva York surgió prácticamente por casualidad hace unos años. Hubo dos factores decisivos que nos impulsaron a concretarla: nuestra profunda familiaridad con esta abrumadora ciudad y nuestro cariño hacia ella. Aarón es un neoyorquino de pura cepa y yo soy un visitante asiduo; creemos que ambos formamos un equipo adecuado para cumplir con este objetivo. Como veteranos exploradores, acostumbrados a la experiencia turística y totalmente familiarizados con todos sus pormenores, nos sentimos alentados a compartir con otros nuestro conocimiento de la ciudad.

Aarón, un gran vendedor de obras de arte, vive en Nueva York, respira la ciudad y la conoce en todos sus detalles, geográficos y emocionales. Yo, como visitante que conoce la (injustificada) sensación de alienación con que Nueva York recibe a los recién llegados, sentí la necesidad de intentar amortiguar el encuentro con la metrópoli, mostrando un camino que asegurara un "aterrizaje" más suave y una estancia fascinante y placentera, una experiencia maravillosa que amplíe horizontes.

En esta guía hemos tratado de responder a las necesidades del turista selectivo, que desea ver lo especial y lo fascinante, que se interesa por los orígenes de las cosas y por las historias que hay detrás de ellas. Dirigimos la atención del visitante a aquellos aspectos que hacen de Nueva York una ciudad única que cautiva, llena de gracia y acogedora siempre. La sensación de "exceso" que produce la gran metrópoli suele impedirles a los visitantes captar el resplandor genuino de la ciudad. Teniendo esto en mente, desde el principio al final de esta guía, hemos tratado de neutralizar el impacto que causa la ciudad y presentar todos sus aspectos de la manera más fácil y cómoda.

Nos proporcionó gran ayuda el abogado Andrew Yosha. Dejando de lado sus obligaciones, Andrew dedicó meses a la agotadora tarea diaria de recoger y clasificar material informativo. Recorrió personalmente la ciudad una y otra vez, examinando y comparando hasta encontrar la mejor manera de presentar la información.

En la creación de este libro participaron muchas personas durante meses. No disponemos de espacio para agradecérselo a todos ellos. Sin embargo, desearía expresar mi gratitud a Lisa Sherwin, Naftalí Greenwood, Chemi Shkolnik y a todo el personal de Inbal Travel Information, Ltd.

El Nueva York que presentamos es todo nuestro, suyo y mío, ya que Nueva York no pertenece a nadie y nadie es extraño aquí. Hemos intentado que, durante su visita a Nueva York, abarque el máximo posible de la ciudad, de la inagotable riqueza que puede ofrecer. Nuestra meta final, y la más importante, es que cuando suba al avión, de regreso a su país, sienta hacia Nueva York lo que nosotros sentimos, en cuyo caso nuestros esfuerzos habrán sido recompensados.

Michael Shichor

Uso de esta guía

Con la finalidad de obtener el máximo provecho de la información reunida en esta guía, recomendamos al visitante que lea detenidamente los siguientes consejos y actúe de acuerdo con ellos. Los datos incluidos en este libro están destinados a ayudar al turista a orientarse y a asegurarle que pueda llegar conocer Nueva York de la forma más satisfactoria, ahorrando dinero, tiempo y esfuerzo.

La información contenida en la Introducción debe ser leída íntegramente ya que le proporciona detalles que le ayudarán a decidirse y a realizar los preparativos para su viaje. Si revisa el material a fondo, y actúa según le aconsejamos, podrá iniciar su visita bien organizado. De este modo al llegar estará ya familiarizado con Nueva York y se sentirá más a gusto.

El precepto básico en todas las publicaciones de las "GUIAS MICHAEL" es visitar los lugares con un criterio geográfico. Los capítulos introductorios exponen temas generales y algunos aspectos específicos que ayudan a organizar el viaje. Los itinerarios turísticos trazados, conducen al viajero por todas las calles de la ciudad, asegurándole el conocimiento de los lugares importantes y llamando su atención sobre aquellos detalles que le ayudarán a profundizar y a familiarizarse con Nueva York, haciendo su visita mucho más placentera.

El gran número de mapas que acompaña a los itinerarios ha sido preparado cuidadosamente indicando con exactitud al visitante cómo llegar a los lugares mencionados en el texto. Estos mapas facilitarán su exploración de Nueva York y le ayudarán a conocerla de la manera más cómoda y agradable.

Ofrecemos una lista de "visitas obligadas", en la que se describen aquellos lugares sin los cuales una visita a Nueva York no puede considerarse completa.

Nueva York es un paraíso para los amantes de la buena cocina, las compras y las diversiones; por ello hemos dedicado capítulos especiales a cómo disfrutar al máximo de su visita. En ellos encontrará amplias posibilidades, adecuadas a su presupuesto, con las que disfrutar de su estancia en la ciudad. Para facilitar aún más el uso de esta guía, hemos incluido un índice detallado al final del libro; en él figuran los lugares más importantes, con la indicación correspondiente a la parte del libro en que se trata con más detalle.

Como los tiempos cambian y las ciudades son dinámicas, un consejo básico al viajar, especialmente a una ciudad tan vibrante como Nueva York, es consultar las fuentes locales de información. Si bien hemos hecho todos los esfuerzos posibles para confirmar que los datos estén actualizados, los cambios se suceden y los visitantes pueden descubrir ciertos datos incorrectos al llegar a su destino, por lo cual pedimos disculpas de antemano.

Durante su visita vivirá sin duda experiencias inolvidables. Por ello hemos dejado varias páginas en blanco al final de la guía, para que pueda anotar sus vivencias especiales, sus contactos con las gentes y los lugares, las sensaciones y los sucesos más significativos.

Le deseamos un buen viaje, inolvidable y estimulante.

*I*NTRODUCCIÓN

Primera Parte — Panorámica

Breve reseña histórica

Mucho antes de que el primer explorador europeo dirigiera su nave al puerto natural de Nueva York, el área que en la actualidad corresponde a esta ciudad estaba ocupada por tribus indígenas. El norte lo compartían los *rechgawawanc* y los *weckquaesgeek*, mientras que los *canarsee* dominaban la zona sur de lo que hoy es Manhattan. En realidad, el nombre de Manhattan, o *Minna-atn* procede de la lengua indígena y significa "Isla de montañas".

Según las noticias que se tienen, el navegante italiano Giovanni da Verrazano fue el primer europeo que arribó a donde mucho tiempo después nacería Nueva York. En 1524 ancló su barco *Dauphine* en aquella costa y llamó al lugar Angouleme, nombre de una población francesa. Como homenaje a su descubrimiento, el puente construido en 1964 entre Brooklyn y Staten Island lleva su nombre: Verrazano-Narrows Bridge.

La visita de Verrazano fue corta y la siguiente exploración importante no se llevó a cabo hasta 1609 cuando Henry Hudson, con su barco *Half-Moon* llegó a la parte sur de la bahía de Nueva York. Hudson, un inglés al servicio de la Compañía Holandesa de las Indias Orientales, se adentró con su embarcación aguas arriba, hasta donde hoy se encuentra la ciudad de Albany, capital del estado de Nueva York, buscando un paso noroeste hacia Asia. Aunque este río no constituía tal paso, Hudson se entusiasmó con aquellas tierras y llevó consigo de vuelta un valioso cargamento de pieles a los Países Bajos, lo cual alentó a los holandeses a enviar nuevas expediciones.

En 1621 las autoridades holandesas otorgaron a la Compañía Holandesa de las Indias Orientales el monopolio comercial de la zona por 24 años, incluyendo el derecho de colonización y otorgando además poderes gubernamentales. El primer asentamiento permanente se estableció en 1624 con la llegada de un grupo de pioneros, principalmente valones protestantes, que huían de Flandes (aproximadamente la Bélgica de nuestros días) donde sufrían persecución religiosa por parte de la Inquisición española. Excepto unos pocos de estos pioneros, el resto prosiguió hacia Albany, pero en 1625 llegaron más familias con su ganado, se asentaron en el extremo sur de Manhattan, llamando a su aldea Nueva Amsterdam.

Pese a que el interés inicial de la Compañía Holandesa de las Indias Orientales era puramente comercial, decidieron instalar un fuerte y diez

*I*NTRODUCCIÓN

granjas a su alrededor en el mes de abril de 1625. El primer gobernador provincial de la colonia, Peter Minuit, llegó un año más tarde para supervisar la comunidad, que contaba con 300 personas. El mismo año, 1626, Minuit adquirió la isla de Manhattan a los *canarsee* en una transacción que hoy se conoce como una de las gangas mayores de la historia: 60 florines holandeses (unos 24 dólares actuales), en mercancía, por una propiedad que en la actualidad vale unos 600.000 millones de dólares, si bien todo lo que los holandeses deseaban en aquel tiempo eran mejores tierras de cultivo que las del extremo sur de Manhattan, rocosas e imposibles de arar.

Pese a considerarse muy astutos, los holandeses se equivocaron al negociar con los *canarsee* pensando que éstos eran dueños de toda la isla. Una vez firmado el contrato, los *canarsee* se asentaron en Brooklyn y los holandeses fueron hacia el norte... a la tierra de los *weckquaesgeek*, enzarzándose en una guerra con los indígenas. La exigencia de un impuesto comercial incitó más aún la hostilidad de éstos y en 1643 la masacre de un centenar de indígenas desató otros dos años de guerra. En 1647, convencidos de que un cambio de liderazgo conduciría a la paz, la Compañía reemplazó al gobernador Kieft por Peter Stuyvesant, famoso por su pierna de palo, que sería el último gobernador holandés. La colonia contaba ya con 500 habitantes.

Peter Stuyvesant administró Nueva Amsterdam durante 17 años. En la guerra de 1664-67, los británicos sitiaron la colonia; Stuyvesant se negó a rendirse, pero la población se encontraba en condiciones precarias y el concejo ciudadano tampoco defendió la aldea. El 8 de septiembre de 1664 los ingleses ocuparon la colonia cambiando su nombre por el de New York en honor del duque de York, que no sólo otorgó su nombre sino que también asumió el poder y el control a la manera de un rey. Muchas de las prácticas legales de los holandeses fueron mantenidas, sin embargo los británicos impusieron el inglés como lengua oficial. En 1673 llegó al puerto una flota holandesa exigiendo la devolución de la colonia. Los ingleses se retiraron, pero solamente por un año, ya que en el Tratado de Westminster se llegó a un acuerdo mediante un intercambio: Nueva York para los ingleses y Surinam, en América del Sur, para los holandeses.

Gran Bretaña tenía varias razones para desear apropiarse de Nueva York: acabar con la competencia comercial, cerrar la última brecha en el control de las costas de la región y controlar el mejor puerto natural de la costa este. El puerto es amplio, profundo y accesible en ambas direcciones, lo cual transformaba a Nueva York en una propiedad particularmente valiosa. Las islas de Long Island y Staten Island, en la parte baja de la bahía, protegen al puerto contra los embates del océano y mantienen las aguas libres de hielo, aspecto que revestía una gran importancia en aquella época en que las embarcaciones eran de madera. El río Hudson, a lo largo de la costa oeste de Manhattan, ofrecía una excelente ruta para el comercio con el interior del país.

Bajo el gobierno holandés Nueva Amsterdam nunca llegó a expandirse, ya que a lo largo de su límite norte se construyó en 1653 una muralla, como defensa contra los ataques de los indios y de los ingleses. Hasta 1699, en que la muralla fue demolida (la primera calle fuera de los límites anteriores fue llamada, naturalmente, Wall Street: la calle de la muralla) la colonia constaba de unas pocas calles sobre la costa sureste. La orilla del Hudson estaba completamente libre; los pobladores, que no deseaban

*I*NTRODUCCIÓN

mudarse hacia el oeste o el norte, adquirieron lotes de tierra sumergida, a lo largo del East River y extendieron la línea de la costa por medio de rellenos de tierra y escombros. La calle Water Street, que construyeron sobre la orilla original, está situada a dos manzanas de la orilla actual.

A pesar del comercio marítimo, Nueva Amsterdam no prosperó como podía preverse. Una de las razones pudo haber sido la competencia que le hacían las colonias británicas así como la carencia de mercancías exportables, aparte de las pieles. Incluso cuando el dominio británico facilitó la navegación hacia mercados más importantes, el comercio creció lentamente, debido a la rivalidad entre Inglaterra y Holanda y al hecho de que las restrictivas Actas de Navegación británicas, de finales del siglo XV, confinaban el comercio británico a naves construidas en Gran Bretaña o con tripulación inglesa.

La respuesta a estas restricciones fue el "comercio triangular": mientras continuaba enviando pieles a Inglaterra a cambio de productos manufacturados, Nueva York también intercambiaba productos agrícolas por ron, lima, café y azúcar de las Indias Occidentales, donde se daba una fuerte dependencia de las importaciones.

Nueva York comenzó a crecer finalmente pero Boston y Filadelfia seguían siendo las ciudades dominantes de la costa este, tanto en población como culturalmente. El primer periódico, *The New York Gazette*, fue fundado en 1725 y en 1733 comenzó a hacerle la competencia el *Weekly Journal*. Su fundador, John Peter Zenger, fue acusado en 1735 de haber criticado al gobierno. El juicio se transformó en un hito histórico que consolidó la libertad de prensa; su eco llegó hasta la Primer Enmienda de la Constitución de los EE.UU. En 1754 se crea el Kings College, la primera institución de enseñanza superior de la colonia, precursora de la Universidad de Columbia, una de las más importantes de América.

Las guerras contra los indígenas (1754-1763) y los franceses y el consecuente resentimiento por los altos impuestos que los británicos deseaban cobrar a las colonias para solventar sus guerras, sembraron las semillas del descontento y la conciencia de pueblo que condujo a la Guerra de Independencia norteamericana. En 1765 se declaró el Acta de Independencia y un Congreso integrado por delegados de nueve colonias se reunió en el bajo Manhattan. Estos delegados redactaron el borrador de una Declaración de Derechos y emitieron una petición contra los "impuestos sin representación". El Acta de Independencia fue abolida y la política de impuestos continuó. Nueva York se estaba defendiendo en aquel entonces de una depresión económica que abarcó toda una década y pese a su magnífico puerto no se veía favorecida, porque sus muelles se encontraban en un estado deplorable. El estancamiento económico y los inflexibles impuestos convirtieron a Nueva York en la cuna de la revolución.

Las colonias se sublevaron en 1775 y los neoyorquinos construyeron fuertes en la zona montañosa que hoy es Central Park. Después de ocupar la ciudad de Nueva York en 1776 los británicos lograron controlar el puerto durante todo el tiempo que duró la guerra. Sin embargo, en 1783, el general George Washington, con un ejército escaso y desabastecido, logró derrotar a los británicos, que retiraron sus tropas de la ciudad dejándola en ruinas. Nueva York fue reconstruida rápidamente y elegida sede del primer gobierno nacional (George Washington fue nombrado presidente de los EE.UU. en 1789), manteniendo la capitalidad hasta 1790. En 1792 los bonos especiales del gobierno, emitidos para cubrir las deudas causadas por la guerra, adquirieron tal popularidad que se desarrolló un mercado para su comercio, abarcando con el correr del tiempo otros títulos y productos. Ese fue el origen de la Bolsa (_Stock Exchange_) de Nueva York.

El comienzo del siglo XIX fue una época de florecimiento económico para la ciudad de Nueva York (la población había ascendido a unos 60.000 habitantes) gracias a las innovaciones en la industria y el transporte. En 1807 el barco a vapor _Clermont_, de Robert Fulton, remontó el río Hudson hasta Albany, realizando el primer viaje de tal longitud con el impulso del vapor. El canal Erie (1825) permitió extender las relaciones comerciales hacia el interior y convirtió a la ciudad en paso obligado de los inmigrantes hacia el Oeste, acentuando aún más su carácter cosmopolita. El excelente puerto de Nueva York constituía la entrada al canal y sus astilleros eran los mejores del país. Los hombres de negocios comenzaron a amasar grandes fortunas a través de las finanzas y el comercio. En 1860 más del 50% de las exportaciones del país y el 70% de las importaciones pasaban por la ciudad de Nueva York.

La Guerra Civil (1861-1865) planteó un dilema de lealtad a los neoyorquinos. La mayoría se inclinaba a favor del Norte y en la práctica apoyaban la secesión de la ciudad como puerto libre.

El progreso de la ciudad de Nueva York fue paralelo al desarrollo de la tecnología alentado por ésta. En Nueva York funcionaron los primeros ascensores del mundo (1853) y fue construido el primer edificio de apartamentos (1869). El primer "El" (tren elevado) fue instalado en la Novena Avenida en 1870; le siguieron otros tres, el último de los cuales, el de la Tercera Avenida, funcionó hasta 1955. La estación terminal ferroviaria Grand Central fue abierta en 1871 y el puente de Brooklyn, la primera conexión terrestre entre Manhattan y Long Island, se terminó en 1883.

La ciudad creció también en sentido vertical. Los ascensores de alta velocidad y los bloques de hormigón y acero hicieron posible la construcción de rascacielos, mientras que la primera línea de metro subterránea fue construida en 1904. La Estatua de la Libertad fue colocada en 1886, dando la bienvenida a millones de inmigrantes (cinco millones durante la década de 1880 solamente). La primera luz de neón, identificada para siempre con Broadway y Times Square, fue instalada en Nueva York en 1923.

Administrativamente, la ciudad de Nueva York fue cristalizándose en su estructura actual mediante la unión con el Bronx, primero parcial (1874), y después total (1895). Los barrios de Brooklyn, Queens y Staten Island (Richmond) se añadieron a la ciudad en 1898.

Gran parte de lo que hoy se considera típico de la ciudad de Nueva York (por ejemplo el edificio de las Naciones Unidas, inaugurado en 1952 como sede diplomática de 151 naciones) comenzó a desarrollarse entre principios y mediados del siglo XX.

Nueva York es en la actualidad uno de los más importantes centros mundiales de finanzas, cultura, publicidad, moda, arte y diversiones.

Geografía

La ciudad de Nueva York se encuentra situada sobre rocas metamórficas formadas durante la era paleozóica. Este lecho rocoso, llamado esquisto de Manhattan, ofrece una buena base, lo suficientemente fuerte como para soportar el enorme peso de los rascacielos de la ciudad. Remontándonos mucho antes de los rascacielos, a la era glacial, la zona se hallaba cubierta por los hielos, excepto el extremo sur de Brooklyn.

El puerto de Nueva York consta en primer término de una bahía baja, en la entrada sur que da al océano Atlántico. Ésta, junto con los estrechos, proporciona a la bahía alta su protección natural. Manhattan se desarrolló hasta transformarse en un centro comercial y financiero gracias a sus ventajas geográficas, que le otorga un puerto tranquilo con ríos profundos a ambos lados: el Hudson hacia el oeste y el East River hacia el este. Este último no es un verdadero río sino un canal de aproximadamente 25 km de largo que conecta a Long Island, al norte, con la parte superior de la bahía de Nueva York al sur. El río Hudson conduce hacia el interior del país, conectando con los Grandes Lagos y el estuario del río San Lorenzo por medio del sistema de canales para barcazas que se desarrolló a partir del canal Erie.

En la bahía alta hay tres islas propiedad del gobierno: Governors Island, una estación de la guardia costera de los EE.UU.; Ellis Island, donde se encontraban las oficinas de recepción de inmigración y Liberty Island, con la famosa Estatua de la Libertad, regalo de Francia.

La ciudad de Nueva York cuenta con 720 km de costas. Con la única excepción del Bronx, los barrios de Nueva York son como islas, ligadas entre sí y con el continente por medio de puentes y túneles. Los puentes fueron construidos entre 1883 y 1964. El primero fue el puente de Brooklyn, luego el Williamsburg y el Queensboro, en 1903; el de Manhattan en 1905; el Goethals y el Outerbridge Crossing en 1928; el Bayonne y el George Washington en 1931; el Triborough en 1936 y el Throgs Neck en 1961. El último de los puentes fue el Verrazano-Narrows, terminado en 1964. Cada uno de ellos fue, en el momento de su construcción, el puente colgante más largo del mundo.

Los túneles son menos numerosos que los puentes. El Holland, el primer túnel para vehículos de la ciudad (1927), que no forma parte del sistema urbano de transporte colectivo, conecta Manhattan con Nueva Jersey, igual que el Lincoln, el primer túnel tubular, abierto en 1937. El Queens-Midtown (1940) va desde este barrio hasta Manhattan y el Brooklyn-Battery (1950) conecta Manhattan con Brooklyn.

Clima

En Nueva York se dan las cuatro estaciones, con todas sus ventajas y desventajas. En el verano (junio-septiembre) las temperaturas fluctúan entre 25°C y 35°C, la humedad es agobiante y el sol calienta con fuerza, por lo que hay que tomar las precauciones necesarias.

El otoño (desde octubre hasta mediados de diciembre) es una época hermosa y agradable para visitar la ciudad. Las temperaturas descienden de los 20°C a 26°C en octubre, a unos 10°C en noviembre, bajando notablemente la temperatura a mediados de diciembre. El aire fresco y el esplendor de las hojas en los árboles hacen del otoño una estación ideal para caminar por Nueva York.

El invierno (desde finales de diciembre hasta marzo) es una temporada difícil. La temperatura desciende a unos 0°C y soplan vientos gélidos que hacen bajar la temperatura a unos diez grados menos. Disponga de chaquetas muy abrigadas, pero sin exagerar, ya que los norteamericanos tienen tendencia a calentar excesivamente sus hogares y edificios públicos. Vestirse con mucha ropa no es conveniente. El invierno es especialmente duro en enero y febrero ya que son muy comunes las tormentas de nieve. El mes de marzo, según el dicho popular, "llega como un león y se va como un cordero".

En primavera (desde mediados de abril hasta mayo) las temperaturas son similares a las del otoño. Es una época ideal para vestir con jerseys ligeros. El visitante encontrará a muchos neoyorquinos en la calles, caminando y montando en bicicleta en los parques. Puede llover durante todo el año.

Nueva York: ¿Crisol de culturas o torre de Babel?

Se suele hablar de la ciudad de Nueva York como de un lugar en el cual se han mezclado pueblos de todo el mundo hasta transformarse en una entidad homogénea; pero esto es solamente una cara de la moneda. Es verdad que Nueva York es principalmente una ciudad de inmigrantes y de descendientes de inmigrantes. También es cierto que las sucesivas inmigraciones son asimiladas cada vez más. Sin embargo, ni todos se integran, ni todos son invitados a integrarse, aunque se trate de un derecho contemplado en las leyes civiles.

Las principales olas inmigratorias llegaron a la ciudad de Nueva York entre 1820 y 1920. De más de 33 millones de inmigrantes que llegaron a los EE.UU. durante ese período, dos tercios arribaron al puerto de Nueva York a través del Centro de Inmigración de Ellis Island, abierto en 1892.

Demográficamente, 1880 constituyó un hito en la historia de la inmigración. Hasta ese año la gran mayoría de los inmigrantes eran oriundos de Irlanda y Alemania. Después de 1880 casi todos fueron italianos, rusos o austro-húngaros. En 1910 la insólita proporción del 78% de los neoyorquinos eran inmigrantes de primera o segunda generación. Ellos cambiaron definitivamente las características de la ciudad, contribuyendo a la formación de los sueños y talentos que hicieron de Nueva York la ciudad cosmopolita que es hoy en día.

Los irlandeses fueron los primeros en llegar masivamente, en la década de 1820, atraídos por el creciente mercado de trabajo creado por la construcción de canales y vías ferroviarias, y durante la década de 1840 debido a la hambruna que azotaba su país. Por haber sido los primeros inmigrantes y también por la religión que profesaban, la católica, diferente a la de los nativos, que era la protestante, los irlandeses no siempre fueron bien recibidos.

*I*NTRODUCCIÓN

Los alemanes comenzaron a llegar en la década de 1830, en un momento de agitación económica y política. Si bien la mayoría se asentó en el Midwest, los que se quedaron en Nueva York fueron aceptados más fácilmente que los irlandeses. Aunque hablaban otro idioma eran principalmente protestantes y además contaban con aptitudes comerciales que cuadraban dentro de aquel ámbito de desarrollo económico.

Los primeros inmigrantes alemanes e irlandeses que se asentaron en Nueva York se establecieron en el bajo East Side, una zona que los neoyorquinos más veteranos habían abandonado al mudarse a distritos más selectos. Durante las seis décadas siguientes, los irlandeses fueron mudándose hacia el área conocida como Hell's Kitchen (la cocina del infierno), en la zona oeste entre las calles 40 y 50 y más al norte, hacia el Bronx. Los alemanes se distribuyeron en las calles del lado oriental de Houston, hasta la calle 14 (Little Germany, Pequeña Alemania), más al norte, hacia Yorkville, en la parte este de las calles 80 y en zonas de Brooklyn.

El bajo East Side, la parte sur del lado este de Manhattan, se transformó en el primer peldaño de la escala socioeconómica de los EE.UU. para un grupo tras otro: italianos, rusos, húngaros. En 1880 vivía allí aproximadamente la mitad de la población de la ciudad, un millón de recién llegados que generalmente encontraban trabajo en las fábricas cercanas. Los italianos formaron "La nueva Italia" (hoy Little Italy). De los inmigrantes rusos, el 90% eran judíos; desde el bajo East Side se fueron mudando a Little Germany y luego, en grandes grupos, a Brooklyn y el Bronx. Los inmigrantes judíos, muchos de ellos hábiles comerciantes, prosperaron más rápidamente que otros grupos.

Realmente la ciudad no alcanzaba a amalgamar a los diversos grupos de inmigrantes. Puesto que los barrios estaban claramente delimitados, el Nueva York de aquella época era más una torre de Babel que un crisol de culturas.

Los inmigrantes de la primera generación eran conscientes de las dificultades de vivir en un nuevo país y por lo tanto aceptaban trabajos que otros desechaban, trabajaban a cambio de salarios que nadie aceptaba y soñaban con una educación mejor para sus hijos. Sin embargo, el progreso social requería educación y el sistema de educación pública de Nueva York contribuyó notablemente a la "fusión" de las diversas culturas. El idioma, una de las mayores barreras, amalgamó a la segunda generación; todos juraban cada mañana, en inglés, "respetar a la bandera", al comenzar las clases. Los maestros enseñaban en la lengua común costumbres que los hijos transmitían en sus hogares.

La moderna ciudad de Nueva York, especialmente Manhattan, probablemente nunca ha estado más lejos que ahora de ser un crisol de culturas. Ofrece por un lado grandes riquezas, por otro una pobreza absoluta y muy poco entre estos dos extremos. El trabajo esforzado ayuda, pero ya no garantiza un nivel de vida alto. La prosperidad de Wall Street, Midtown y Madison Avenue no se logra con el sudor de la frente. Los terrenos en Manhattan son demasiado valiosos y caros como para ser utilizados por la industria. Los distritos comerciales están reservados para doctores, abogados y ejecutivos de la publicidad. Otro requisito "obligatorio" para escalar socialmente es la educación superior, también muy costosa.

INTRODUCCIÓN

La ciudad de Nueva York está viviendo en la actualidad la mayor ola inmigratoria desde la década de 1940. Aproximadamente 2,1 millones, de los 7,1 millones de habitantes con que cuenta, han nacido en el extranjero. Viven en Nueva York más griegos que en cualquier ciudad de Grecia aparte de Atenas, todos los negocios de hortalizas parecen ser propiedad de coreanos. Los recién llegados sufren dificultades menos graves que las de sus países de origen, y mantienen la esperanza de prosperar. Aún más, la idea misma que se tiene de Nueva York es la de una meta liberadora, un destino dorado. Casi podría decirse que existe un deseo romántico de incorporarse a la historia de la oleada ola humana que llega a estas costas.

Sin embargo, una minoría queda visiblemente relegada: los negros nacidos en Nueva York que ven a los hispanos y asiáticos recién llegados progresar a un ritmo más acelerado que ellos. Parte de la explicación de este fenómeno se encuentran en la historia de los negros norteamericanos, una letanía de esclavitud y prejuicios raciales. Harlem, el barrio negro más famoso de la ciudad, es una sombra deprimida de lo que en los años '30 y '40 fue la capital del jazz.

Hoy en día Nueva York no se desarrolla con una tendencia a la "fusión" sino que coexisten diferentes enclaves étnicos. La existencia de Chinatown, Harlem, Spanish Harlem, el Lower East Side, etc., contradice la teoría del "crisol de culturas"; sin embargo, son precisamente los barrios étnicos, con su cultura y cocina propias, los que convierten a Nueva York en una ciudad tan interesante y divertida.

"La Gran Manzana": Una metrópoli única en el mundo

Nueva York, apodada afectuosamente "The Big Apple", La Gran Manzana, es la metrópoli más sobresaliente del mundo y el centro financiero del país, si no del mundo entero. Aunque Londres y París están en condiciones de disputarle este título, Nueva York se encuentra a la vanguardia en el ámbito de la cultura, el arte y el ocio. Siendo el hogar de inmigrantes de prácticamente todo el mundo es más que lógico que las Naciones Unidas se encuentren aquí y que Nueva York desempeñe un papel preeminente en la política mundial.

New York Stock Exchange (NYSE), la Bolsa de valores de Nueva York, es la primera del mundo en el comercio de acciones. Tanto la economía del país como su estabilidad política están determinadas en gran medida por el intercambio de acciones que tiene lugar en la Bolsa. Desde el mirador de la NYSE, un lugar digno de conocerse, todo lo que se puede ver es una actividad caótica que en realidad esconde una serie de compras y ventas complejas pero bien organizadas y con una clara jerarquía de los participantes.

En las dos gigantescas torres del World Trade Center, construidas a poca distancia al norte de la Bolsa y cerca de Port Authority of New York and New Jersey, se encuentran todos los servicios necesarios para el comercio internacional: U.S. Custome House (la aduana de los EE.UU.), agencias y asociaciones comerciales, bancos internacionales, fabricantes, importadores y exportadores.

INTRODUCCIÓN

La mayoría de los industriales se alejaron de la ciudad de Nueva York, pero las sedes de las compañías permanecen en la ciudad. De las 500 industrias más grandes del país, 68 se encuentran aquí y al menos otras 46 en los alrededores. Sus ejecutivos necesitan servicios bancarios y financieros accesibles y éstos se encuentran en abundancia en la metrópoli: 12 de los 100 bancos comerciales más grandes y 12 de las 100 compañías financieras más importantes (clasificadas por su activo), tienen su sede central en Nueva York. Detrás de estas cifras se esconde una impresionante concentración del poder y las fuentes financieras de los EE.UU.

En cuanto a la cultura, la Nueva York contemporánea es uno de los centros mundiales de la música, el arte, el teatro y el ocio menos convencional. Pero no siempre fue así; alrededor de 1775, los neoyorquinos eran mirados con desprecio por los de Boston y Filadelfia, quienes los consideraban faltos de modales y educación e ignorantes en todo lo relacionado con arte y ciencia. Sin embargo, a mediados del siglo XIX, una industria editorial originaria de Boston se mudó a Nueva York junto con sus escritores e ilustradores otorgando así a la ciudad la supremacía intelectual y cultural. Hacia finales del siglo pasado los nuevos magnates, deseosos de satisfacer sus impulsos filantrópicos, comenzaron a apoyar a los artistas y a fundar museos. La inmigración masiva también trajo consigo la aportación de grandes talentos que enriquecieron a Nueva York.

En la actualidad, el mundo de la música considera a la ciudad de Nueva York como su capital, tanto por la calidad como por la cantidad. Encontrará aquí músicos en la opulencia del Lincoln Center, en los clubes informales de jazz y en las salas abandonadas, ideales para ejecutar música de vanguardia. La inmigración es la responsable en gran medida de esta diversidad. La mezcla de pueblos existente en Nueva York crea demanda para una amplia variedad de estilos musicales, y todo artista puede encontrar su audiencia. Los músicos vienen a Nueva York para obtener fama y fortuna. La ciudad es un gran centro mundial en comunicaciones y las actuaciones se pagan aquí mejor que en cualquier otro lugar.

Los teatros de Broadway son legendarios, especialmente por sus excelentes comedias musicales. Sin embargo, hay salas de teatro en todos los rincones de la ciudad, aunque no todas ofrecen un ambiente lujoso. Descubrir una gran producción de una compañía teatral poco conocida cuesta la mitad de dinero, pero también es la mitad de divertido.

El arte se encuentra en todas partes: en las paredes exteriores, en galerías, en el Museo Metropolitano y en otros muchos museos. Las posibilidades para salir de compras o para cenar son aparentemente interminables. Los inmigrantes, a quienes no se permite el acceso a muchos lugares, consideran que los restaurantes son más accesibles. Como resultado las calles de Nueva York están colmadas prácticamente de locales donde se ofrecen todos los tipos de cocina imaginables. En Nueva York podrá encontrar la mayor selección de vinos del mundo (el precio del vino se determina en la actualidad en Nueva York, no en Francia). También la moda, desde alta costura hasta bagatelas vendidas en sótanos, se crea aquí.

La ciudad de inmigrantes, donde prácticamente todo se acepta, es la sede de la organización internacional Naciones Unidas, cuyos 151 países miembros representan a millones de personas de todo el mundo. Si bien la ONU es un organismo más representativo que efectivo, su meta principal, la paz y seguridad internacionales, es admirable y fundamental, sobre todo porque proporciona a sus miembros un foro para la discusión de los complejos problemas que afectan al mundo.

todas. Sin embargo, en unos pocos días, tendrá tiempo de ver muchas cosas y de llegar a captar el espíritu de la ciudad. Usted mismo deberá juzgar cuánto puede caminar y explorar en el tiempo de que dispone. Entre una y dos semanas es un plazo razonable para visitar Nueva York.

Cuánto puede costar

Una metrópoli como Nueva York ofrece un amplio abanico de posibilidades a todo tipo de economías, tanto a la del estudiante como a la del hombre de negocios. En todo caso tenga en cuenta que la categoría del restaurante y el hotel influirá decisivamente en su presupuesto. Para más información consulte el apartado referente a hoteles.

Cómo vestir

En cualquier estación conviene que los hombres lleven un traje o bien chaqueta y corbata y las mujeres un vestido, ya que algunos restaurantes exigen este tipo de etiqueta. Aparte de esto puede vestirse de la forma que más le agrade. Recuerde que parte de la diversión en la ciudad de Nueva York es caminar por sus calles y para ello debe contar con un calzado cómodo. Tenga en cuenta el opresivo calor del verano, la frescura de la primavera y el otoño y la nieve, el barro y el frío intenso del invierno. Puede llover en cualquier época del año, en todas las estaciones, por lo cual se recomienda tener siempre un paraguas a mano.

INTRODUCCIÓN

Tercera Parte — Antes de iniciar nuestro recorrido

Accesos a Nueva York

Aeropuerto internacional John F. Kennedy (JFK), Queens

Después de pasar por el control de pasaportes, llegará a una sala en la que le espera su equipaje. Es importante tener preparados dólares y monedas para el taxi, teléfono público, etc. Las oficinas de cambio de divisas están abiertas solamente durante el día.

Un autobús interior comunica durante las 24 horas del día las terminales de las 80 líneas de pasajeros. En la calzada, fuera de las terminales, se pueden conseguir taxis. En las ventanillas, dentro de las terminales, se pueden tramitar alquileres de limusinas o cualquier otro tipo de automóvil. También se puede disponer de transporte público: metro, autobús o helicóptero. El expreso JFK (subterráneo) hace un recorrido de una hora, con paradas en Wall St., World Trade Center, Greenwich Village, calle 34, calle 42, Rockefeller Center y la calle 57 esquina Sexta Avenida. Sale cada 20 minutos entre las 5.00 y medianoche (un autobús interno le llevará desde la terminal hasta la primera estación del metro). Autobuses rápidos salen desde JFK cada media hora desde tempranas horas de la mañana hasta medianoche. El viaje dura alrededor de una hora y lleva hasta la terminal de líneas aéreas del lado oriental, situada en la Primera Avenida esquina a la calle 37, tel. 632-0500. El vuelo en helicóptero, desde la terminal de *TWA* en el aeropuerto hasta el helipuerto en la calle 34 este, tarda unos 20 minutos y resulta caro; tel.895-1695 y 645-3494.

Aeropuerto La Guardia, Queens

Un autobús gratuito conecta las 15 terminales, cada 15 minutos, entre las 5.00 y las 2.00 horas. Los taxis paran en los lugares designados, fuera de las terminales; en las ventanillas dispuestas al efecto se puede tramitar el alquiler de limusinas u otro tipo de automóvil. Existen dos posibilidades de transporte público: *Carey Shuttle Bus*, hasta *East Side Airlines Terminal* en la Primera Avenida esquina a la calle 37 o el servicio de *New York Helicopter* desde la terminal de *American Airlines* hasta el helipuerto en la calle 34 este, que dura seis minutos y es caro; tel. 895-1695 y 645-3494.

Aeropuerto Newark, Newark, Nueva Jersey

Aunque el aeropuerto no está en la ciudad ni en el estado de Nueva York, se encuentra tan sólo a 30 minutos del centro de Manhattan y es considerado uno de los mejores y más modernos del país. Consta de tres terminales:

*I*NTRODUCCIÓN

A, B, C y la Terminal Norte, a una distancia de 5,5 km de la zona central de las terminales. Los vuelos internacionales que requieren control federal llegan a la Terminal Norte.

Las terminales están conectadas entre sí por un servicio gratuito de autobuses que pasa también por los aparcamientos de automóviles. También aquí se pueden tramitar los alquileres de automóviles desde las ventanillas de las terminales del aeropuerto.

Se puede contar con otras posibilidades de transporte público. Los taxis *Share and Save* (comparta y ahorre) son un buen servicio hasta Manhattan, con capacidad para cuatro pasajeros. Las tarifas para grupos son válidas entre las 8.00 y las 24.00 h y los pasajeros se reparten el precio del viaje. El servicio de autobús de *NJ Transit*, hasta Port Authority Bus Terminal, en la calle 41 esquina a la Octava Avenida, funciona diariamente, con salidas cada 15-30 minutos desde las 5.00 hasta las 24.00 h y a la 1.00, 1.40 y 2.35 h. Un servicio muy práctico de *Mini-bus* conecta el aeropuerto con los hoteles del centro de Manhattan. Sale cada 30 minutos desde las 7.00 hasta la 1.00 h entre semana y con menor frecuencia los fines de semana y en horario nocturno; tel. 201-961-2535. *New York Helicopter* desde la terminal de *United Airlines*, en la Terminal A, sale cada 40 minutos y llega hasta el helipuerto en la calle 34 este, el recorrido dura diez minutos y es caro; tel. 895-1695. Para conectar con los trenes, el servicio de minibuses *Airlink* le llevará del aeropuerto hasta la estación Penn Station de Newark, en donde hay trenes y servicios de autobús a todo New Jersey y a la ciudad de Nueva York. Este autobús parte cada 20-30 minutos durante el día y la noche. El único servicio directo hasta el distrito financiero de la ciudad de Nueva York, o sea World Trade Center, es el servicio de trenes *PATH*. Información sobre *PATH* tel. 963-2558, *Amtrak*: tel. 201-643-1770 y *NJ Transit*: 800-772-2222.

Transporte urbano

El latido del corazón de Nueva York está determinado por el transporte público que abarca las grandes dimensiones y el enorme volumen de viajeros dentro de la ciudad. El más mínimo inconveniente en el tráfico puede causar nerviosismos e interminables retrasos en esta extraña ciudad donde "el tiempo es oro".

Podrá recorrer Nueva York a pie, en bicicleta, en autobús, en taxi y hasta en una limusina con chófer uniformado. Compórtese como los neoyorquinos: haga un esfuerzo especial adecuando sus viajes dentro de la ciudad al ritmo que le es propio y adapte sus horarios a los de Nueva York. Evitará tediosos retrasos si no viaja en las famosas horas punta, de 7.30 a 9.30 y de 16.30 a 18.00, en las cuales las calles se encuentran repletas de gente, es casi imposible conseguir un taxi y el atasco y la presión incluso en los túneles es literalmente insoportable, sobre todo durante el verano con sus agobiantes temperaturas.

No debe olvidar que el metro de Nueva York no es el mejor lugar para recuentar por la noche, dicho delicadamente. Después de una salida nocturna es preferible que tome un taxi y considere el gasto como algo inevitable.

Sin embargo, el transporte público de Nueva York es práctico y eficaz y, pese a sus defectos, ofrece un buen servicio al público.

Automóvil

El automóvil no es la manera más fácil ni adecuada para recorrer Manhattan.
El intentar aparcar "da dolor de cabeza". Los aparcamientos cerrados son
caros. Si deja el coche en la calle, corre el riesgo de: 1) aparcar en el
lugar que está prohibido en ese día concreto; 2) no ser capaz de descifrar
las normas específicas en cada calle; 3) encontrarse con parquímetros; 4)
sufrir robo. Si transgrede los puntos 1 a 3, la grúa de la policía se llevará
su automóvil y podr recuperarlo solamente después de pagar el transporte y
una multa. En el caso 4, probablemente nunca vuelva a ver el coche.

Si de todas maneras decide conducir, trate de evitar los embotellamientos
de las horas punta que taponan las entradas de la ciudad, por la mañana
temprano y a últimas horas de la tarde. Asegúrese de que no estaciona en
zonas solitarias y nunca deje objetos de valor dentro del automóvil.

En resumen, conducir por Manhattan es más un problema que una solución.
Si puede, evítelo. Si no tiene más remedio que conducir recuerde que el
Estado de Nueva York exige cinturón de seguridad y cobra multas de unos
50 dólares por no usarlo.

Alquiler de automóviles

Para hacer excursiones fuera de la ciudad, ésta es sin duda la mejor manera
de viajar. Hay docenas de compañías de alquiler en Nueva York y la mayoría
cuentan con atractivas ofertas para períodos de varios días, especialmente
los fines de semana.

Las grandes compañías (*Herz*, *Avis*, *Budget*, *National*, *Dollar*, *Thrifty*, etc.)
son accesibles con una simple llamada telefónica. Compare precios, incluso
entre las compañías pequeñas y poco conocidas. En general, se requiere ser
mayor de 21 años y tener tarjeta de crédito para alquilar un automóvil.

Para conseguir más información consulte en su hotel o en las páginas
amarillas de la guía telefónica.

Servicio de limusinas

Los visitantes notarán inmediatamente en las calles la presencia de largos
cádillacs con ventanas oscuras que permiten a la persona que viaja en su
interior mirar afuera manteniendo su intimidad. Las limusinas atraviesan las
majestuosas avenidas, estacionan frente a los hoteles de lujo y las oficinas
más prestigiosas y sobresalen en las plazas de garaje de los elegantes
edificios. Así son las limusinas de Nueva York. Todo aquél que se precia, o
piensa que puede darse el gusto, viaja en ellas.

Es sin duda un servicio lujoso y sumamente cómodo, fácil y rápido para
pasear por la ciudad. El chófer le llevará hasta la puerta, le esperará hasta
que haya terminado y luego le conducirá rápidamente hasta su próximo
destino. Es un lujo que hace la vida en Nueva York más fácil y eficaz, pero
hay que pagar por él.

Existen varias compañías que alquilan limusinas por hora o por día, con
chóferes experimentados y de confianza. No se fíe demasiado de las páginas
amarillas de la guía telefónica; consulte al conserje de su hotel y compare
precios; unos dólares más o menos pueden significar una gran suma en un
día entero.

*I*NTRODUCCIÓN

Taxis

Hay dos variedades de taxis o "cabs": los que tienen un escudo de licencia (de color amarillo claro) y los piratas, que no tienen licencia. Se recomienda viajar siempre en los que tienen el escudo, ya que éstos usan taxímetros exactos, basados en tarifas indicadas en la puerta del vehículo. La suma indicada en el taxímetro es válida para todos los pasajeros, hasta un máximo de 4 ó 5 personas, y no para cada uno por separado.

Los taxis amarillos no pueden solicitarse por teléfono, sino solamente en la calle. Si desea llamar a un taxi que venga a buscarle hasta la puerta hay varias compañías que ofrecen este servicio a un precio apenas superior al de los taxis comunes. Consulte las páginas amarillas de la guía telefónica.

Se cobra una tarifa extra por equipajes grandes y un pequeño recargo a partir de las 20 h y los domingos. Los pasajeros deben pagar todos los peajes en los puentes y túneles. Si coge un taxi desde el aeropuerto, pregúntele al conductor cuánto va a costar el viaje. Esta es una consulta razonable y el conductor debe responderle con exactitud.

En Manhattan se paran los taxis haciendo una señal con el brazo, los silbidos no le ayudarán. Un taxi está libre cuando la luz está iluminada (algo difícil de encontrar durante las horas punta y los días de lluvia). Cuente con agregar un 15% a la tarifa del taxímetro en concepto de propina al conductor. La probabilidad de ser engañado disminuirá si sabe a dónde se dirige y el camino más corto para llegar.

Un taxista no puede negarse a llevarle al destino que solicita una vez que haya subido al taxi. Si se le presentan problemas anote los datos del conductor que figuran en una placa sobre el tablero y llame a la Comisión de Taxis de Nueva York, tel. 382-9301. Si se olvida alguna de sus pertenencias dentro del taxi, llame a la Oficina de objetos perdidos, tel. 869-4513.

Autobuses

Los autobuses funcionan durante las 24 horas del día en las principales avenidas (norte-sur) y calles (este-oeste). Para obtener información sobre los itinerarios llame al teléfono 330-1234. Las paradas de autobuses son reconocibles por las marquesinas. Los números de las líneas, indicado en las marquesinas y en el autobús, están precedidos de una letra que indica el destino del autobús:

BX, Bronx
B, Brooklyn
M, Manhattan
Q, Queens
S, Staten Island

Los autobuses no se detienen en todas las paradas; se debe tirar de la cuerda o apretar el timbre al acercarse a la parada en la que desea bajar, y se desciende por la puerta trasera. Asegúrese de tener cambio exacto o fichas ya que los conductores no llevan dinero y no pueden darle la vuelta. Tenga en cuenta que en las tiendas no les gusta dar cambio si no hizo previamente una compra. El precio de un viaje en autobús es igual que el del metro.

*I*NTRODUCCIÓN

La combinación entre líneas es gratuita, pero se deber pedir al conductor un cupón que deberá ser entregado al segundo conductor.

Los autobuses son en general más seguros que el metro, pero más lentos.

Metro

Para viajar en metro descienda por las escaleras de la estación y compre fichas en la ventanilla. Deposite una ficha por persona en el torniquete. Los niños menores de seis años viajan gratis. Si necesita información o un mapa, puede consultar generalmente al taquillero. Tenga siempre fichas de reserva. Puede adquirirlas en paquetes de 10, de esta manera no sólo se evitará largas colas, tampoco le sorprenderán las ventanillas cerradas en horas nocturnas.

Muchos turistas tienen dudas en cuanto al uso del metro debido a su mala reputación. Las estaciones sucias, los vagabundos, gente sin hogar que busca refugio en los túneles y las interminables masas de viajeros transforman el metro de Nueva York en un lugar atemorizador. Sin embargo, el que llega a conocerlo encuentra en él una forma rápida y relativamente barata de transporte dentro de la ciudad que brinda libertad de movimiento y la posibilidad de ver, en conjunto, todo el espectro de población de la ciudad, desde elegantes ejecutivos con traje y corbata hasta los más miserables pordioseros. Por supuesto que el metro debe ser utilizado con cautela y no se debe frecuentar después de medianoche o en barrios conflictivos.

En los últimos años se han introducido mejoras en los vagones, y muchos de ellos cuentan con aire acondicionado. Hay agentes de policía que patrullan en los trenes para velar por la seguridad de los pasajeros y para mantener limpios los pasillos, especialmente de pintadas, una de las características del metro de Nueva York en la última década.

Aunque la red de metro de Nueva York es complicada, con más de 20 líneas diferentes, probablemente no necesite usar más que dos o tres líneas. Manhattan es una isla larga y estrecha, dividida en parte este y parte oeste. En cada lado hay un tren local y dos expresos, que viajan de norte a sur. En el lado este, los expresos son los números 4 y 5 y el local es el 6. En el lado oeste, los expresos son los números 2 y 3 mientras que el local es el número 1.

Los trenes expresos son más rápidos, pero no paran en todas las estaciones. Los locales son más lentos ya que paran en todas las estaciones de la línea. Se pueden hacer combinaciones entre trenes locales y expresos y viceversa o de un tren local a otro, gratuitamente, en casi todas las estaciones. Para hacer la combinación, por lo general, debe pasar al otro lado de la plataforma. Para cambiar de un tren a otro no tiene que salir de la estación sino utilizar los túneles que conducen hasta el tren que necesite. Si sale de la estación tendrá que volver a entrar utilizando una ficha. En los carteles se usan los términos *Uptown* (trenes en dirección norte, Bronx y Queens) y *Downtown* (trenes hacia el sur de la ciudad y Brooklyn).

Los carteles de las plataformas explican qué trenes pasan por cada estación. Hay muchas otras líneas, aparte de las mencionadas, consulte el mapa que incluimos y siga las indicaciones en los recorridos de cada barrio.

Servicios turísticos

La **New York Convention & Visitors Bureau**, la oficina turística de Nueva York, proporciona información actualizada de todo tipo. A la entrada encontrará un gran número de folletos y mapas con información sobre atracciones turísticas de Nueva York. En la oficina se hablan muchos idiomas y el mismo servicio se ofrece por teléfono. Podrá obtener asimismo el *Quarterly Calendar of Events*, en el cual encontrará información sobre los principales acontecimientos sociales.

La oficina central se encuentra en Columbus Circle 2, cerca de la estación de metro, tel. 397-8222, abierta de lunes a viernes de 9.00 a 18.00 h, cerrada los fines de semana y festivos. La sucursal de Times Square está en la calle 42 entre Broadway y la Séptima Avenida. Está abierta de miércoles a domingos de 10.00 a 18.00 h y cierra los lunes, martes y festivos.

La AAA, *American Automobile Association* proporciona a sus miembros mucha más información, incluyendo mapas de Nueva York y de cualquier otro lugar de los EE.UU. Las sucursales en Manhattan se encuentran en Broadway 1881, cerca de la calle 63, a escasa distancia de la oficina municipal de turismo y en la esquina de Madison Avenue con la calle 78. La sucursal de Brooklyn está en Flatbush 1781, tel. 586-1166, abierta de lunes a sábados de 8.45 a 17.30 h.

La mejor información sobre teatros, bailes, cines, música, galerías, etc. de la ciudad la encontrará en el *New York Sunday Times*, en la sección de Arte y Ocio.

Puede consultar asimismo el semanario *Village Voice*, que se publica todos los miércoles.

Alojamiento

En Manhattan prácticamente no hay alojamientos baratos que reúnan también condiciones de limpieza y seguridad. Las habitaciones de alquiler por períodos cortos suelen estar en zonas desagradables y peligrosas. Para encontrar alojamientos menos caros puede probar en las afueras (por ejemplo Long Island) y utilizar el tren para llegar hasta la ciudad. En Manhattan, los mejores lugares, y los más seguros, se encuentran alrededor de las calles 50. Su precio varía desde alojamientos relativamente baratos hasta los de lujo. Pregunte en todos los casos si el precio incluye impuestos, extras, desayunos, etc.

Las propinas establecidas para el personal del hotel abarcan desde 50 centavos a 1,20 $ aproximadamente, reservando para el servicio de habitaciones el 15% de la cuenta.

Por lo general, hasta los hoteles más baratos tienen baño privado y televisor. A continuación presentamos una breve lista de hoteles, clasificados por precios, para dos personas, con baño privado.

Super lujo

The Plaza: Quinta Avenida esquina a la calle 59, en la misma esquina del Central Park. Un edificio de estilo francés eduardiano, con un pasado ilustre, cuya lista de huéspedes lo ha transformado en una leyenda viviente. Cuenta con servicio de habitaciones durante las 24 horas. Posee cinco restaurantes, incluyendo el *Traders Vic's*. 900 habitaciones. Tel. 759-3000.

Helmsley Palace: Madison Avenue 455 esquina a Calle 50. Dos restaurantes, cuatro salas de cócteles, todos los servicios imaginables. 1.050 habitaciones. Con vistas a *Villard Houses*. Tel. 888-7000.

Helmsley Park Lane: Central Park South 38. 640 habitaciones. Tel. 371-4000.

Plaza Athénée: Calle 64 este, número 37. En su interior se encuentra el famoso restaurante *La Régence*. 122 habitaciones decoradas con telas suizas, alfombras irlandesas y mármol de color rosa. Tel. 734-9100.

The Stanhope: Quinta Avenida 995 esquina a Calle 81, cerca de la zona de los museos. Tel. 288-5800.

St. Regis-Sheraton: Calle 55 este, número 2, esquina a Quinta Avenida. Especialmente bien situado para salir de compras por la Quinta Avenida. Construido por John Jacob Astor en 1904. 521 habitaciones. Tel. 735-4500.

Pierre: Quinta Avenida esquina a Calle 61. Con vistas a Central Park. Conserjería y servicio de habitaciones durante las 24 horas del día. 235 habitaciones. Tel. 838-8000.

De lujo

Omni Berkshire Place: Madison Avenue esquina a la calle 52. Servicio de conserjería. Hay ofertas especiales. 414 habitaciones. Tel. 753-5800, ó 800-THE-OMNI.

Omni Park Central: Séptima Avenida esquina a la calle 56. Cerca de Central Park y el Carnegie Hall. Hay ofertas especiales. Tel. 484-3300.

The Grand Hyatt: Park Avenue, al lado de la Grand Central Terminal. Se hablan varias lenguas. 1.407 habitaciones. Tel. 883-1234, ó 800-228-9000.

UN Plaza Hotel: Primera Avenida esquina a la calle 44. Nuevo y lujoso. Servicio de habitaciones durante las 24 horas del día. Club deportivo. Tel. 355-3400.

Essex House: Central Park South número 160. 722 habitaciones. Tel. 247-0300.

Hotel Inter-Continental: Calle 48 este, número 111, esquina a Park Avenue. Servicio de habitaciones durante las 24 horas. En su interior se encuentra el famoso restaurante *La Recolte*. El restaurante *Barclay* sirve meriendas. 691 habitaciones. Tel. 755-5900.

Marriot Marquis: Broadway 1535. Un hotel agradable con hermosas vistas. Tel. 398-1900 ó 800-226-9290.

Parker-Meridien: Calle 57 oeste, número 118. Club deportivo. En su interior se encuentra el restaurante *Maurice*, especializado en la nueva cocina. 600 habitaciones. Tel. 245-5000.

Waldorf Astoria: Park Avenue 301 esquina a la calle 50. Seis restaurantes. 1.800 habitaciones. Tel. 355-3000.

Caro

Golden Tulip Barbizon: Calle 63 este, número 140. 340 habitaciones. Recomendado. Tel. 838-5700 ó 800-223-1020.

NY Penta: Séptima Avenida esquina a la calle 33. Buena ubicación para ir de compras por el centro y cerca de la zona de los teatros. Tel. 736-5000.

INTRODUCCIÓN

Halloran House: Avenida Lexington 525 esquina a la calle 49. Servicio de conserjería. Tel. 755-4000 ó 800-223-0939.

Algonquin: Calle 44 oeste, número 59. Bien situado en el centro, cerca de la Quinta Avenida. 200 habitaciones. Tel. 840-6800.

Dorset: Calle 54 oeste, número 30. Céntrico. Tel. 247-3700.

Loew's Summit: Avenida Lexington 568 esquina a la calle 51. Con club deportivo. Tel. 752-7000.

Madison Towers: Calle 38 este número 22. Buena ubicación cerca de Madison Avenue. Tel. 685-3700 ó 800-225-4340.

Sheraton City Squire: Séptima Avenida 790 esquina a la calle 52, cerca de la zona de los teatros. Tel. 581-3300.

Hotel Lexington: Avenida Lexington 511 esquina a la calle 48. 800 habitaciones. Tradicional. Tel. 755-4400 ó 800-448-4471.

NY Hilton: Sexta Avenida (avenida de las Américas) 1335 esquina a la calle 53. Cuatro restaurantes, servicio de conserjería, ala privada en la Torre Ejecutiva. Su personal habla 35 idiomas. Tel. 586-7000.

Warwick Hotel: Calle 54 oeste número 65, esquina a la Sexta Avenida. 500 habitaciones. Hermosas vistas. Tel. 247-2700.

Moderado/caro

Best Western Skyline Motor Inn: Décima Avenida esquina a la calle 49. Un poco alejado pero cerca de la zona de los teatros. Piscina interior. 240 habitaciones. Tel. 586-3400 ó 800-334-7234.

Salisbury Hotel: Calle 57 oeste número 123. Bien situado para salir de compras y visitar galerías de arte. 320 habitaciones. Tel. 246-1300.

The Shoreham: Calle 55 oeste, número 33, situación adecuada para salir de compras por la Quinta Avenida. Se habla inglés, francés y español. Tel. 247-6700.

Gramercy Park Hotel: Avenida Lexington 2, esquina a la calle 21. Un hermoso hotel situado en un hermoso lugar. Recomendado. Hay ofertas especiales. Tel. 475-4320.

Ramada Inn: Octava Avenida 798, esquina a la calle 48. Cercano a la zona de los teatros. Hay ofertas especiales. Tel. 581-7000.

Roger Smith: Avenida Lexington, esquina a la calle 47. Hay ofertas especiales. Tel. 755-1400.

The Roosevelt: Madison Avenue, esquina a la calle 45. Situación adecuada para salir de compras por la Quinta Avenida. Tel. 661-9600.

Moderado

Consulate Hotel: Calle 49 oeste número 224. Cerca de la zona de los teatros. Tel. 246-5252.

Pickwich Arms: Calle 51 este, número 230. 400 habitaciones. Tel. 355-0300.

Century Paramount: Calle 46 oeste número 235. Cerca de la zona de los teatros. 650 habitaciones. Tel. 764-5520.

Gorham Hotel: Calle 55 oeste, número 136. A una manzana del *NY Hilton.* 173 habitaciones. Tel. 245-1800.

Wellington Hotel: Calle 55 esquina a la Séptima Avenida, conveniente para salir de compras y para acceder a la zona de los teatros. 700 habitaciones. Tel. 247-3900 ó 800-652-1212.

Chelsea: Calle 23 oeste, número 222. Un lugar en el que vivieron muchos artistas en su camino hacia la fama, como por ejemplo Arthur Miller o Janis Joplin. Leonard Cohen escribió una canción titulada *Chelsea Hotel*. Hay que reservar de antemano. Tel. 243-3700.

Excelsior: Calle 32 oeste, número 45, al lado del Museo de Historia de la Naturaleza y del Central Park. Tel. 362-9200 ó 800-368-4575.

Stanford: Calle 32 oeste, número 43. Acogedor y confortable. Tel. 563-1480.

Módicos

Aberdeen Hotel: Calle 32 oeste número 17, cerca del Madison Square Garden. Tel. 736-1600.

Collingwood Hotel: Calle 35 oeste número 45, NY 10001. Céntrico. Descuentos para grupos en el verano. Tel. 947-2500.

Narrangsett Hotel: Broadway 2508. Habitaciones atractivas para estudiantes y turistas. Tel. 465-2430.

New York International Hotel: Calle 43 oeste, número 255, NY 10036. Habitaciones para dos ó tres personas. Tel. 354-7900.

Arlington: Calle 25 oeste, número 18. Acogedor. Tel. 645-3990.

Malibu Studios Hotel: Broadway 2688. Ideal para una estancia prolongada, entre dos semanas y dos meses. Tel. 222-2954.

Y.M.C.A, sucursal McBurney: Calle 24 número 206, NY 10011. Tel. 741-9226.

Y.M.C.A, sucursal Sloane House: Calle 34 número 356, NY 10001. Un buen hotel estudiantil. Debe hacer reservas con varias semanas de antelación. Es un buen lugar para encontrar compañeros de viaje. Reservas al Tel. 760-5850.

Y.M.C.A, sucursal Vanderbilt: Calle 47 número 224, NY 10017. Un buen hotel estudiantil, céntrico, con una excelente cafetería. Se deben hacer reservas con anticipación. Tel. 755-2410.

Y.M.C.A, sucursal oeste: Calle 63 número 5, NY 10023. Se deben hacer reservas con anticipación. Tel. 787-4400.

Urban Venture: P.O.Box 426, Nueva York, NY 10024, Tel. 594- 5650. No es un hotel sino una agencia de apartamentos. Tiene 400 habitaciones y 400 apartamentos. Alojamiento y desayuno. En Manhattan es una verdadera salvación, especialmente para presupuestos reducidos. Las personas que ocupan las habitaciones son seleccionadas cuidadosamente, y admiten desde ancianos hasta jóvenes artistas. Algunos apartamentos están libres, disponibles desde dos noches hasta dos semanas.

Alojamiento fuera de la ciudad

La mayoría de los hoteles están ubicados en Manhattan, pero hay muchos hoteles y moteles en los otros cuatro barrios de Nueva York, Long Island y Nueva Jersey, al otro lado del río Hudson. Si decidió, por cualquier razón, pernoctar fuera de la ciudad, no debe preocuparse, podrá disfrutar de todas maneras de Nueva York. Los comercios y restaurantes son quizás menos lujosos y sofisticados que en Manhattan pero también resultan mucho más asequibles. Además, el transporte público es eficiente y continuo, y generalmente no hay ningún problema para llegar a Manhattan.

INTRODUCCIÓN

Consejos prácticos

Cómo reducir gastos y ahorrar dinero

En Nueva York parece que cualquier suma de dinero se esfuma ante el gran número de tentaciones que se ofrecen: restaurantes, comercios, teatros, etc. Aquí le proponemos algunos consejos para obtener el máximo rendimiento de su dinero:

Comida: Como los neoyorquinos rara vez desayunan o almuerzan fuera de casa, los restaurantes tratan de atraerlos por medio de ofertas de comidas muy asequibles. El desayuno se sirve generalmente de 6.00 a 10.00 de la mañana, incluye zumo de naranja, tostadas, huevos, patatas guisadas y café o té. El almuerzo es servido entre las 11.00 y las 15.00 h. Por la noche, la misma comida costará el triple o más. Los bares tratan de atraer a la gente por la tarde con la *Happy hour*, la hora alegre (generalmente de 16.00 a 19.00 h), durante la cual las bebidas se venden a mitad de precio.

Espectáculos y entradas gratuitas: Se ofrecen muchos espectáculos gratuitos. Para información más detallada consulte el *New York Times* o en el *Village Voice*, que tienen secciones especiales de diversiones y espectáculos gratuitos. Entre ellos encontrará conciertos de música clásica en parques, sesiones de baile, recitales de música pop, etc.

La mayoría de los museos permiten la entrada gratuita un día a la semana.

Horarios de trabajo

Las oficinas están abiertas de lunes a viernes de 9.00 a 17.00 h y los comercios de 10.00 a 19.00 h y a veces incluso más tarde. Muchas tiendas y grandes almacenes permanecen abiertos los sábados y domingos; el horario de domingo suele ser de 12.00 a 17.00 h. Muchas galerías están cerradas los domingos y los lunes, y la mayoría de los museos cierran los lunes. Durante las fiestas navideñas los horarios de apertura se amplían considerablemente para comodidad de los clientes. Cuando llevan a cabo liquidaciones, los comercios fijan libremente sus propios horarios.

Las oficinas gubernamentales permanecen cerradas los sábados y los domingos. Los bancos abren de lunes a viernes de 9.00 a 15.00 h. En algunos casos se prestan servicios bancarios por teléfono hasta las 17.00 h.

Correos

Las oficinas de correos están abiertas de lunes a sábado de 8.30 a 17.30 h y cerradas los domingos y festividades oficiales. La mayoría de las oficinas de correos venden sellos, tarjetas postales y cajas para empaquetar, de todas las formas y estilos; aseguran los artículos y ofrecen servicio urgente de un día para otro. Los buzones (de color azul o rojo) están situados en las calzadas a intervalos de varias manzanas. Tenga cuidado de no echar una carta corriente en el buzón para cartas urgentes.

Teléfono

Información: Para averiguar un número telefónico o la dirección de una tienda o de una persona particular, marque el 411, no recurra a la operadora.

Operadora: marque el cero cuando necesite ayuda para efectuar llamadas.

Policía/emergencia: marque el 911 o conecte con la operadora (cero).

Números que comienzan con "800": los números telefónicos que comienzan con esta cifra se utilizan para las llamadas que corren por cuenta del destinatario. Hoteles, líneas aéreas y otros negocios suelen tener este tipo de número para comodidad de sus clientes. Para llamar, marque 1, 800 y a continuación el número específico.

Teléfonos públicos: generalmente se encuentran situados en las esquinas de las intersecciones de las calles. Necesitará monedas de 25 centavos. Las llamadas de información pública son gratuitas.

Códigos telefónicos

La ciudad de Nueva York está dividida en cuanto a comunicaciones telefónicas en dos zonas: 212 para Manhattan y el Bronx y 718 para Brooklyn, Queens y Staten Island. El prefijo telefónico debe ser marcado solamente cuando se encuentre fuera del área. El código telefónico de Long Island es 516 y el de Westchester Country es el 914.

Cambio de divisas

Por lo general no se aceptan monedas extranjeras en los EE.UU., por lo cual conviene llegar a Nueva York con dinero norteamericano. Aunque puede decirse que hay sucursales de bancos en todas las esquinas, sólo algunas, las más importantes, cambian divisas. En los aeropuertos y terminales ferroviarias existe este servicio, al igual que en algunas oficinas de cambio en la ciudad y en los principales hoteles. La tasa de cambio suele ser aproximadamente similar, aunque en los hoteles pagan por lo general bastante menos. En la mayoría de los lugares cobran comisión y conviene informarse antes de cambiar grandes sumas.

La compañía *Cheque Point* tiene varias sucursales en las que podrá cambiar dinero extranjero (cheques de viaje y efectivo) en el aeropuerto Kennedy y en la ciudad. La oficina central se encuentra en la Madison Avenue 551, esquina a la calle 55, y está abierta diariamente de 8.00 a 18.00 h; sábados y domingos de 10.00 a 18.00 h; tel. 980-6443.

Electricidad

La corriente eléctrica es de 110-115 V, 60 Hz. Si piensa comprar aparatos eléctricos norteamericanos, tenga en cuenta que los enchufes tienen dos clavijas planas. Los aparatos extranjeros necesitan generalmente un transformador y un adaptador para ser utilizados en los EE.UU.

Propina

Se acostumbra a dar una propina por valor del 15% de la cuenta en los restaurantes. Como el impuesto correspondiente es 8,25%, mucha gente calcula la propina como el doble del impuesto. En los restaurantes de mayor categoría se suele dar una propina del 20% al *maître* y del 15% al camarero. En el guardarropa, aparcamiento y a los porteros se suele dar una propina de alrededor de un dólar. En cócteles, peluquerías y taxis, el 15% de la cuenta.

Bebidas

La edad legal para poder consumir bebidas alcohólicas en Nueva York es a partir de 21 años. Muchos bares y restaurantes ofrecen una *Happy Hour*, generalmente de 16.00 a 19.00 h, reduciendo a la mitad el precio de las bebidas.

Entradas y consumiciones mínimas

Muchos clubes nocturnos cobran entrada y además una consumición mínima. La entrada se cobra por el derecho de admisión y la consumición mínima es lo que debe gastar **además** del precio de la entrada. Incluso aunque no gaste el mínimo requerido, se lo cobrarán.

Medidas

Las medidas en los EE.UU. no son decimales. Aquí le presentamos algunas formas y "trucos" de conversión. Preste atención a que las medidas en los EE.UU. tienen el mismo nombre que las británicas, pero el volumen y la capacidad son menores salvo la onza, que es más grande.

Peso

1 onza: 28.349 g.
1 libra: 453 g.
2.2 libras: 1 kg.

Líquidos

1 pinta: 0,473 l.
1 galón: 3,785 l.

Longitud

1 pulgada: 2,540 cm.
1 pie: 30,480 cm.
1 yarda: 0,914 m.
1 milla: 1,609 km.

Temperatura

Para convertir grados Farenheit en grados Centígrados (Celsius), hay que restar 32 de los Farenheit, luego multiplicar por 5 y dividir el total entre 9.

Horario

Nueva York se encuentra en la zona horaria este de los EE.UU., a 5 horas menos que el horario de Greenwich. Entre finales de abril y la primera semana de octubre suele establecerse horario de verano.

N UEVA YORK

Para conocer la ciudad

Nueva York ofrece una gran variedad de posibilidades para llegar a conocerla, mediante excursiones en grupo en barcos, autobuses o helicópteros, o bien mediante programas individualizados adecuados a sus intereses particulares. Los paseos en helicóptero son quizá los más apasionantes, pero también los más caros. A continuación presentamos algunas de las opciones, describiéndolas brevemente.

Cruceros

Circle Line: Un crucero de tres horas alrededor de Manhattan, con vistas de la Estatua de la Libertad, *World Trade Center*, el edificio de las Naciones Unidas y muchos otros lugares interesantes. Sale del muelle 83, calle 43 oeste, esquina Avenida 12. En primavera y verano salidas diarias a las 9.35 y 13.15. Tel. 563-3200. Los niños pagan menos que los adultos.

Statue of Liberty Ferry Service: Una embarcación le llevará hasta el monumento y al Museo de Inmigración. Salidas desde Battery Park cada hora, desde las 9.00 hasta las 16.00 h. Tel. 269-5755. Los niños pagan una tarifa menor.

World Yacht Enterprise Ltd.: Cuenta también con servicio de restaurante. Cruceros diarios con almuerzo y cena hasta altas horas de la noche. Parte desde el muelle 62 en el río Hudson. Tel. 929-5372 y 929-7090.

Helicópteros

Island Helicopter Corp: Sale de la pista de la calle 34 en East River, diariamente (excepto en invierno) de 9.00 a 21.00 h. Mínimo dos pasajeros. No es necesrio hacer reservas. Tel. 895-5372.

Autobuses

Campus Coach Lines: Solamente para grupos. Quinta Avenida 545. Tel. 682-1050.

Carey/Gray Line: Puede elegir entre nueve itinerarios diferentes, y además viajes a Atlantic City, en Nueva Jersey, para jugar en los casinos. La terminal se encuentra en el 900 de la Octava Avenida, cerca de la calle 54. Tel. 397-2600.

Short Line-American: Diez recorridos diarios en autobuses con techo transparente. Calle 46 oeste, número 166. Tel. 354-5122.

Programas especiales e individuales

De las numerosas posibilidades existentes, hemos seleccionado sólo algunas, tratando de responder a todas las exigencias.

Acoustiguide: Recorridos con información grabada en cassette de los principales museos, incluyendo el Metropolitan, Intrepid, Guggenheim y otros. Calle 86 este número 210, o bien consulte en la ventanilla de información de cada museo. Tel. 996-2121.

Allied Tours: Guías políglotas. Calle 46 oeste, número 165. Tel. 869-5100.

Around Town, Inc.: Paseos individuales. Calle 27 este, número 240. Tel. 532-6877.

Art-in-Action: Tras las bambalinas del mundo artístico de Nueva York. Llamada gratuita al tel. 914-725-3480.

Backstage on Broadway: Tras las bambalinas en los espectáculos de Broadway. Calle 47 oeste, número 228. Tel. 575- 8065.

Bilingual Interpreters: Renert Bilingual: Intérpretes para compras, paseos, reuniones de negocios. Calle 45 oeste, número 2. Tel. 819-1776.

Brooklyn Tours: Monumentos, iglesias, etc. Tel. 718-875-9084. Desde las 6.00 a las 21.00 h.

Campus Coach Lines: Guías políglotas. Viajes a Atlantic City y a muchos otros destinos.

Carey/Gray Line: Guías políglotas para grupos. Calle 54 oeste, número 254. Tel. 397-2600.

Doorway to Design: Visitas a los talleres de diseño de modas. Broadway 1441, suite 338. Tel. 221-1111 ó 718-339- 1542.

Field Studies Center of NY: Recorridos y cursos para estudiantes. Calle 47 oeste, número 228. Llamada gratuita al tel. 575-8065.

Harlem Spiritual, Inc.: Diversos paseos que incluyen música *gospel*, jazz y comida tradicional. Solamente para grupos. Broadway 1457. Tel. 302-2594.

Manhattan paso a paso

La alternativa ideal para conocer la ciudad de Nueva York es caminar por sus barrios. Nosotros le llevaremos a través de Nueva York por cada una de sus zonas, indicándole los centros de entretenimiento, instituciones culturales, comercios, restaurantes, bellezas arquitectónicas y escenarios de acontecimientos históricos.

Hemos dividido Manhattan en 20 zonas de sur a norte. El propósito que nos guió al delinear los límites geográficos fue principalmente la distinción entre los diversos tipos de paseos que pueden darse, históricos, gastronómicos, artísticos, arquitectónicos, etc. La división se basa en la evolución histórica de la ciudad, pues pensamos que es preferible destacar y enfatizar sus peculiaridades.

Antes de comenzar

La mayor parte de Manhattan es una red de calles numeradas (en orden ascendente de sur a norte) y avenidas (de este a oeste). Esta es la regla general, pero existen muchas excepciones que contribuyen a crear confusión.

Al sur de la calle Houston, por ejemplo, las calles tienen nombres y no números. En la parte sur de Manhattan las calles no se cruzan como una red porque los primeros colonizadores construían sus casas antes de pavimentar las calles. La zona del West Village es una mezcolanza de nombres y números que desafían todas las reglas (una parte de la calle 10 oeste se encuentra, por alguna razón desconocida, al sur de la calle 4 oeste). Pero en general, es bastante fácil guiarse en Manhattan con la ayuda de un mapa.

Los edificios están numerados hacia el este y al oeste de la Quinta Avenida. Al lado oeste la numeración llega a 100 números entre cada avenida; En el lado este hay 50 números entre las avenidas hasta la Tercera y 100 números a partir de ésta. Los números impares están siempre en la parte norte de la calle y los pares en la sur. Las direcciones en las avenidas son más difíciles de situar; es conveniente saber qué calle se encuentra en cada esquina para su localización. Para la zona de Midtown de Manhattan hay un sistema matemático bastante seguro para averiguar la calle de la esquina correspondiente; suprima la última cifra de la dirección, divida el resultado por dos y sume o reste los números indicados a continuación:

Avenidas A, B, C, D	Sume 3
Primera Avenida	Sume 3
Segunda Avenida	Sume 3
Tercera Avenida	Sume 10
Cuarta Avenida	Sume 8
Quinta Avenida:	

63 a 108	Sume 11
109 a 200	Sume 13
510 a 770	Sume 19
776 a 1283	Reste 18
1310 a 1494	Para 1310 reste 20 y para cada 20 números adicionales aumente la deducción en uno, por ejemplo, 1330-22, etc.
Avenida de las Américas	Reste 12

Séptima avenida:

1 a 1800	Agregue 12
1800 y siguientes	Sume 20
Octava Avenida	Sume 9
Novena Avenida	Sume 13
Décima Avenida	Sume 14
Avenida 11	Sume 15
Avenida Amsterdam	Sume 59
Avenida Audubon	Sume 165
Broadway	Cualquier número por debajo del 754 está al sur de la C 8, zona donde las calles tienen nombre propio.
756 a 846	Reste 29
847 a 953	Reste 25
953 y siguientes	Reste 31
Central Park West	Suprima la última cifra y agregue 60
Avenida Columbus	Sume 59 ó 60
Avenida Convent	Sume 127
Fort Washington	Sume 158
Avenida Lenox	Sume 110
Avenida Lexington	Sume 22
Avenida Madison	Sume 27
Avenida Manhattan	Sume 100
Park Avenue	Sume 34
Riverside Drive	Hasta el 567 suprima la última cifra y sume 72. Después del 578 sume 78
Avenida St. Nicholas	Sume 110
West End Avenue	Sume 59

Manhattan está constituido por muchos barrios y muy pocos de ellos tienen límites definidos. Si decimos que la calle 14 divide el West Village de Chelsea, no encontrará una gran diferencia entre la calle 13 oeste y la 15 oeste.

Y una aclaración final: la Sexta Avenida tiene como nombre oficial avenida de las Américas. En todas sus esquinas aparecen escudos de los países del continente americano. Sin embargo los neoyorquinos continúan llamándola Sexta Avenida y también nosotros la llamaremos así para simplificar.

Bajo Manhattan: El origen de la ciudad

Gran parte de nuestro paseo por el Bajo Manhattan está dedicado a conocer su historia. Exploraremos los restos del Nueva York colonial, incluyendo los edificios gubernamentales; la mayoría están abiertos los días laborables de 9.00 a 17.00 h, téngalo en cuenta al hacer sus planes. Algunas de las principales atracciones del barrio no pueden dejar de visitarse: la Estatua de la Libertad, World Trade Center, la Bolsa de Nueva York, South Street Seaport y Chinatown (el barrio chino). El paseo completo requiere un día entero; comience temprano y almuerce en World Trade Center o en South Street Seaport. Combine el paseo histórico, o parte de éste, con una visita a Chinatown o a Tribeca (hablaremos de éste próximamente) para acabar cenando o en una discoteca a altas horas de la noche.

Comenzaremos en el mismo punto que los primeros colonizadores europeos: en el extremo sur de Manhattan, conocido como **The Battery**. Este lugar, cuna de la historia de la ciudad, sirvió como cuartel central de los regímenes coloniales holandeses y británicos y fue la primera capital de los EE.UU. En el Battery se estableció el primer asentamiento permanente (1624) constituido en su mayor parte por valones protestantes que procedían de Flandes (aproximadamente la Bélgica de nuestros días) y llegaban a América huyendo de la persecución religiosa de que eran objeto por parte la inquisición española. En 1625 arribaron nuevos colonos y un año más tarde la población alcanzaba ya los 300 habitantes.

El Battery, que se fue extendiendo mediante rellenos de tierra, es en la actualidad el parque del extremo sur de Manhattan. Para llegar a él en metro, tome la línea RR hasta la estación Whitehall y camine hacia el sur; la 1 hasta South Ferry, frente al parque, o bien la línea 4 ó hasta Bowling Green y vaya caminando por la calle State.

Siguiendo la calle State hasta el final, a un lado del parque, llegaremos al *Staten Island Ferry*. El viaje en ferry, aproximadamente 20 minutos en cada dirección, permite obtener una vista romántica del puerto al alba o al atardecer. El pasaje es barato y vale la pena tanto si desembarca en Staten Island como si se queda a bordo para regresar a Manhattan. Desde el ferry contemplará una panorámica nueva y hermosa de Manhattan y como paseo es una buena alternativa al agotador y caro *Circle Line* (ver "Para conocer la ciudad").

Continúe hacia el sur, pasando South Ferry, New York Plaza y las oficinas de la Guardia Costera. Entre por la avenida Admiral George Dewey, desde donde verá la **Estatua de la Libertad** justo enfrente. A su izquierda se encuentra el embarcadero número 1, el *Statue of Liberty Ferry*. La estatua de bronce, con una antorcha en su mano derecha y un libro de leyes en la mano izquierda, pesa 225 toneladas y domina el puerto, como un símbolo de la libertad para los inmigrantes. El exterior fue diseñado por Frederic Auguste Bartholdi y la estructura interior por Gustave Eiffel. La estatua, construida en París y costeada parcialmente por los franceses, fue desarmada, enviada a Nueva York y vuelta a armar sobre el pedestal en 1886. El famoso poema de Emma Lazarus, grabado en 1903, saluda a unos diez millones de inmigrantes:

"Give me your tired, your poor,
Your huddled masses yearning to breathe free,
The wretched refuse of your teeming shore,
Send these, the homeless, the tempest-tost to me,
I lift my lamp beside the golden door!".

Cuando la estatua cumplió cien años, en 1986, fue restaurada y "rejuvenecida", reparando los daños causados por el paso del tiempo y la intemperie. Las reparaciones se concentraron en la cara, el brazo, la antorcha y en las 1.350 vigas de soporte. La operación de "cosmética" le devolvió a la antorcha de Frederic Auguste Bartholdi el aspecto original que recordaba una llama sólida. Así mismo se añadió iluminación exterior de acuerdo con el modelo original. Los visitantes se alegrarán de saber que también se instaló un moderno sistema de ventilación, aunque no existiera en el diseño original.

Los EE.UU. iniciaron una masiva campaña de recogida de contribuciones y donativos para costear las reparaciones que, junto con la rehabilitación de Ellis Island, se estiman en más de 200 millones de dólares. La campaña, basada en el poder de los medios de comunicación, abarcó todo el país, recurriendo al honor y la generosidad del espíritu nacionalista que llegó a su punto máximo en la ceremonia de gala del descubrimiento de la dama de la libertad restaurada, el día de la Independencia, en 1986.

Visite **Liberty Island** (la estatua y el Museo de Inmigración) de miércoles a domingos de 9.00 a 16.00 h. Para más información sobre el ferry llame al tel. 269-5755.

El Museo Nacional de la Estatua de la Libertad incluye Ellis Island, el centro de inmigración más importante entre 1892 y 1943. Está situada al sur de la estatua y debe su nombre a Samuel Ellis, su propietario en el siglo XVIII. Actualmente está siendo restaurado y se encuentra cerrado al público. Su reapertura está programada para 1992.

Se recomienda hacer un viaje nocturno a bordo del "Harbor Lights Cruise", de la compañía *Circle Line*. Funciona los miércoles, jueves y domingos desde el último fin de semana de mayo hasta el primer fin de semana de septiembre. No es necesario hacer reservas. Le proporciona un viaje de dos horas y media alrededor del puerto de Nueva York; admire el más impresionante horizonte urbano del mundo y la Estatua de la Libertad.

Continuando por Dewey Promenade llegaremos hasta el monumento en memoria de los soldados de los tres ejércitos de los Estados Unidos caídos en la Segunda Guerra Mundial. Es uno de los diversos monumentos del parque erigidos en memoria de los servidores de la patria. Los bloques enmarcan un sendero que conduce a una enorme y portentosa estatua del Águila Americana sosteniendo ramas de olivo. Diríjase a la izquierda del águila y verá una estatua del navegante italiano Verrazano, el primer europeo que llegó a la bahía de Nueva York (1524). El estrecho entre

Brooklyn y Staten Island, así como el puente colgante que los comunica (de aproximadamente 1.300 m, construido en 1964) lleva su nombre.

Justo enfrente se encuentra una construcción de piedra roja, el **Monumento Nacional Castle Clinton**. Construido en 1808, es el último de una serie de fuertes que defendían al Bajo Manhattan cuando todavía era Nueva Amsterdam. Entrada libre. Abierto diariamente de 8.30 a 17.00 h, desde mediados de marzo hasta mediados de mayo; de miércoles a domingo de 9.00 a 17.00 h, entre Memorial Day y octubre; y de lunes a viernes de 9.00 a 17.00 h entre octubre y Navidad; cerrado en enero y febrero. Pueden solicitarse visitas con guía y se acepta la entrada de grupos turísticos y escolares. Para hacer reservas llame al tel. 344-7220.

El primer fuerte levantado en esta zona fue Fort Amsterdam, construido en 1622, al norte del Battery Park, como defensa contra los indígenas y los colonizadores europeos. El Southwest Battery, como era conocido el castillo Clinton originalmente, fue construido con fines estratégicos. Su nombre se cambió en honor de Dewitt Clinton, alcalde de la ciudad y gobernador del estado de Nueva York y sirvió de cuartel central del Tercer Distrito Militar estadounidense entre 1815 y 1821. Cuando el cuartel se trasladó a Governors Island, el castillo fue cedido a la ciudad. En 1824 pasó a formar parte del Castle Garden y se convirtió en centro público y teatro hasta 1855; las salas de armas fueron transformadas en pasillos y las residencias de oficiales en bar. En este lugar fueron recibidos los presidentes Jackson, Polk y Tyler, y también aquí debutó la cantante Jenny Lind a su paso por los EE.UU.

Entre 1855 y 1890 el castillo fue el principal centro de inmigración. Más de ocho millones de recién llegados buscaron aquí información sobre viajes, compraron pasajes, cambiaron dinero y recibieron atención médica. El enorme volumen de inmigración a partir de 1880 obligó a trasladar la estación a Ellis Island en 1892.

A continuación se instaló en el castillo el Acuario de Nueva York, el más grande del mundo, que posteriormente reconstruido en sus nuevas y aún más grandes instalaciones en Coney Island, Brooklyn. Después de 1946, cuando el Congreso lo declaró monumento nacional, el castillo fue restaurado y se le dio su actual apariencia de fortaleza. Al turista que se detiene en el centro, al aire libre y observa los diferentes estilos arquitectónicos de la moderna ciudad de Nueva York, le resulta difícil imaginarse las tierras de labor que ocuparon un día aquel lugar.

Salga del castillo y camine en línea recta, prestando atención a las torres gemelas de World Trade Center en la distancia, a su izquierda. El mástil a la salida del parque conmemora, en holandés e inglés, el establecimiento de Fort Amsterdam.

Desde la salida del parque en la esquina de las calles Battery y State, cruce esta calle y verá a la derecha el antiguo edificio de la **U.S. Custom House**, la Aduana de los EE.UU., actualmente cerrado por reformas. En el número 8 de la calle State se encuentra el edificio Watson, un ejemplo clásico del estilo federal, construido en 1880. En épocas pasadas formaba parte de un agradable distrito residencial y en la actualidad se encuentra en él la iglesia católica romana Nuestra Señora del Rosario, **Church of Our Lady of the Rosary**. Tiene especial interés arquitectónico la columnata que sigue la curva de la calle. El edificio adyacente es una capilla construida en el lugar donde estuvo la casa de Elizabeth Ann Seton, la primera santa nacida en los EE.UU. (canonizada el 14 de septiembre de 1975). Se ofician misas los domingos de 8.00 a 12.00 h.

Volviendo a la Aduana, encontraremos frente a la fachada una explicación de la historia del edificio, construido en 1907, es obra del arquitecto Cass Gilbert, quien también diseñó el edificio Woolworth, la Corte Federal de los EE.UU. y el Puente George Washington. Está situado en el lugar donde originalmente se encontraba Fort Amsterdam (que contaba con barracas, depósitos, una iglesia y la residencia del gobernador), con una entrada que se dirige al Bowling Green Park. El edificio de la Aduana fue construido en una época en la que los EE.UU. se estaban transformando en una potencia mundial. Comenzaban a amasarse grandes fortunas y el Servicio de Aduanas era la principal fuente de ingresos del Gobierno Federal, antes de establecerse el sistema de impuestos. El gran palacio de estilo modernista está adornado con columnas de granito coronadas con bustos de Mercurio, dios del comercio. Las cuatro esculturas en la base, obra de Daniel Chester French (escultor americano famoso por la estatua en memoria de Lincoln) representan simbólicamente a América, Europa, África y Asia. En 1936 se le encargó al artista Reginald Marsh que pintara en la rotonda una serie de murales que describieran la actividad del puerto de Nueva York. La Aduana se trasladó en 1971 y el edificio está siendo restaurado en nuestros días.

Cruzando la calle se llega a **Bowling Green**, adquirido por Peter Minuit en 1626 y el primer parque de la ciudad de Nueva York, desde 1732, cuando algunos neoyorquinos alquilaron los terrenos a la corona británica, para jugar a los bolos, por la cantidad simbólica de un grano de pimienta al año. Después de la lectura de la Declaración de Independencia en este lugar, en 1776, la estatua del Rey Jorge III que adornaba el parque fue derribada y fundida por el ejército rebelde para fabricar balas.

Cuando la ciudad de Nueva York fue designada como primera capital del país se erigió una elegante mansión en 1790 en el lugar donde se encontraba el Fort Amsterdam. Esta mansión tenía que haber sido la residencia de los presidentes de los EE.UU. pero nunca fue utilizada con este fin. Más tarde se transformó en residencia de los gobernadores de Nueva York, Clinton y Jay. En 1813 fue vendida por el Estado de Nueva York a la ciudad y revendida más tarde por el doble de su precio original al cabo de dos años. La mansión fue destruida y el terreno dividido en siete parcelas sobre las cuales se construyeron elegantes casas perfectamente alineadas. A mediados del siglo XIX el área se transformó en el distrito comercial conocido con el nombre de Steamship Row. Los primeros rascacielos fueron erigidos en este lugar en 1870.

Camine a lo largo de Bowling Green, en dirección norte, al lado izquierdo de Broadway. Cruzando la calle Rector llegará a **Trinity Church and Cemetery** (iglesia y cementerio de la Trinidad) con Wall Street a su izquierda. En la iglesia se ofrecen servicios religiosos diariamente; los grupos de turistas se reúnen frente al púlpito, donde a las 14.00 h suelen ofrecerse recitales de música. Para obtener más información llame al tel. 602-0747. El museo está abierto de lunes a viernes de 9.00 a 11.45 y de 13.00 a 15.45 h; los sábados de 10.00 a 15:45 h y los domingos de 13.00 a 15.45 h (cerrado durante los conciertos). La iglesia de la Trinidad, una activa parroquia episcopal se encuentra situada en el mismo lugar desde 1698; en realidad se trata de la tercera iglesia del mismo nombre levantada en este lugar. El edificio, un ejemplo clásico de la arquitectura neogótica, era el más alto de Manhattan en 1846. En su interior se encuentra la Capilla de Todos los Santos, vitrales, un hermoso órgano esculpido y puertas de bronce obra de Richard Morris Hunt. En el cementerio están las tumbas de Alexander Hamilton (el primer Secretario del Tesoro de los EE.UU., que murió a manos de Aaron Burr en un duelo a pistola), Robert Fulton (el famoso inventor del barco a vapor) y Richard Churcher, cuya tumba, de 1681, es la más antigua de Nueva York.

Al salir de la iglesia preste atención al gigantesco edificio **Equitable**, de cuarenta pisos, construido en 1915 en el número 120 de Broadway. Su volumen priva a las calles adyacentes de luz y aire; por ello se estableció una reglamentación que regula las dimensiones y formas de los rascacielos para impedir que esto vuelva a suceder en el futuro. Por esta misma razón muchos de los rascacielos de Nueva York se van estrechando en la parte superior. En su interior hay dos galerías que son sucursales del *Whitney Museum*, en las cuales se exhiben interesantes obras de arte. Catálogo gratuito.

Justo enfrente se encuentra **Wall Street** (si viene de otro lugar tome la línea de metro 4 ó 5). El **New York Stock Exchange (NYSE)**, la Bolsa, está a dos manzanas, a su derecha. La NYSE se creó al aire libre, en Wall Street, en 1792, en respuesta a la necesidad de crear un mercado formal para el comercio de los bonos emitidos por el Congreso en 1789, con la finalidad de zanjar la deuda de 80 millones de dólares causada por la guerra de la Independencia. En la actualidad se manejan volúmenes de capital bastante mayores: más de 3.000 acciones de unas 1.500 compañías. Entre por la esquina de la calle Broad 20, tome el ascensor hasta el Centro de Visitantes, en el tercer piso, (abierto de lunes a viernes de 10.00 a 16.00 h, entrada libre) y camine por el mirador para observar la sala de operaciones. Si bien el Centro de Visitantes proporciona todo tipo de información por medio de diapositivas, pantallas de televisión y terminales sobre temas relacionados con las acciones y bonos, el aspecto más interesante de la visita es indudablemente la visión de la caótica sala de operaciones, una olla a presión de transacciones financieras.

Salga de la Bolsa y vaya hacia la izquierda, cruzando Wall Street. Inmediatamente a su derecha, en el número 28 (esquina a Nassau), se encuentra **Federal Hall National Memorial**, situado en el segundo piso del que fue segundo ayuntamiento de la ciudad de Nueva York (1699-1788). Previamente a la Revolución Norteamericana de 1776-1783, los delegados de nueve colonias se reunieron en este lugar, redactaron una Declaración de Derechos y emitieron una petición contra la ''impuestos sin representación''. De la misma manera que la estatua del rey Jorge III fue derribada en Bowling Green, su escudo de armas que se encontraba en la pared de este edificio fue destrozado esa misma noche.

Después de la guerra, Nueva York recaudó 65.000 $ para renovar la antigua municipalidad y transformarla en el *Federal Hall*, que estuvo al servicio de los recién fundados Estados Unidos de Norteamérica entre 1789 y 1812. Aquí, el 30 de abril de 1789, George Washington juró como primer presidente. Cuando la capital fue trasladada de Nueva York el presidente John Adams devolvió la propiedad del edificio a la la ciudad. Éste fue abandonado y luego adquirido por 425 $ para ser demolido a continuación. El edificio actual,

BAJO MANHATTAN

CANAL ST.

CANAL ST.

LAFAYETTE ST.

CENTRE ST.

BAXTER ST.

MULBERRY ST.

MOTT ST.

BAYARD ST.

COLUMBUS PARK

PELL ST.

DOYERS ST.

DIVISION ST.

WORTH ST.

CHATHAM SQ.

HENRY ST.

MADISON ST.

MANHATTAN BRIDGE

P. OLEY SQ.

PARK ROW

OLIVER ST.

CHERRY ST.

ELEVATED HIGHWAY

GOV. SMITH PARK

SPRUCE ST.

FRANKFORT ST.

BROOKLYN BRIDGE

BEEKMAN ST.

SOUTH BRIDGE TOWERS

DOVER ST.

PECK SLIP

ANN ST.

ST.

WILLIAM ST.

GOLD ST.

FRONT ST.

SOUTH ST.

ST.

PLATT ST.

EN LANE

FLETCHER ST.

EAST RIVER

CEDAR ST.

ST.

ST.

GE PL.

BEAVER ST.

HANOVER ST.

WATER ST.

FRONT ST.

ELEVATED HIGHWAY

WILLIAM ST.

PEARL ST.

OLD SLIP

WATER ST.

JEANETTE PARK

LL ST.

construido en 1842 en estilo neoclásico, estuvo al servicio de la Aduana hasta 1862 (el comercio de importaciones tenía lugar en la rotonda) y desde ese año hasta 1920 fue la sede de la Subsecretaría del Tesoro de los EE.UU., el antecesor del *Federal Reserve*.

Aunque en el edificio se encuentran varias exposiciones históricas modestas, el edificio mismo, una hermosa construcción con una rotonda blanca, piso de mármol e imponentes columnas, es lo que verdaderamente justifica la visita.

En ocasiones se ofrecen recitales de música en el lugar. Abierto de lunes a viernes de 11.00 a 15.00 h. Entrada libre.

Salga del Federal Hall y diríjase hacia el este, a Wall Street. La calle debe su nombre a la muralla construida por los holandeses en 1653, como defensa contra los ataques de los indios. La muralla, probablemente más efectiva como impedimento de la expansión de la colonia que como defensa, se conservó hasta 1699.

---

1. Ferry a Staten Island
2. Ferry a la Estatua de la Libertad
3. Monumento nacional Castle Clinton
4. U.S. Custom House
5. Bowling Green
6. Iglesia y cementerio de la Trinidad
7. Edificio Equitable
8. Bolsa de Nueva York
9. Monumento nacional Federal Hall
10. Banco de Nueva York
11. Plaza del Chase Manhattan Bank
12. World Trade Center
13. Capilla St. Paul
14. Federal Reserve Bank
15. Cámara de Comercio
16. Louise Nevelson Plaza
17. India House
18. Fraunces Tavern
19. Fulton Market
20. Museo de South St. Seaport
21. Pace University
22. Edificio Woolworth
23. City Hall
24. Juzgado (Tweed Courthouse)
25. NYC Municipal Building
26. Juzgado Federal de los EE.UU.
27. Juzgado del Condado de Nueva York
28. Edificio de la Corte Criminal y Prisión

En la esquina de Wall street y la calle William se encuentra el Banco de Nueva York. Establecido en 1784, es el banco más antiguo de la ciudad, y colaboró en la reconstrucción de ésta después de la Revolución. Es el tercer edificio que se ha edificado en el mismo lugar. La Carta Estatal del banco, redactada por Alexander Hamilton, estableció la norma para las futuras normas bancarias en todo el país. En el interior se encuentra una sala ornamentada con ocho pinturas murales que describen el desarrollo comercial e industrial de la ciudad de Nueva York durante los siglos XVIII y XIX.

Saliendo del banco diríjase hacia el norte a la calle William y luego hacia el oeste por la calle Pine. A su derecha verá la **Chase Manhattan Bank Plaza**, adornada con *Cuatro árboles*, una gigantesca escultura en blanco y negro de Jean Dubuffet y un jardín circular con esculturas diseñado en 1963 por Isamo Noguchi.

Llegó el momento de ir al World Trade Center. Camine por la calle Pine hacia Broadway. Cruce Broadway dirigiéndose hacia el norte y luego al oeste por la calle Cortlandt. Cruce la calle Church y doble a la derecha atravesando el jardín de esculturas entre las que se encuentran obras de Nagare, Rosati y Koenig. Si viene de otra dirección tome la línea de metro 4 ó 5 hasta la estación de Wall Street, el RR hasta Cortlandt Street o la 1 hasta World Trade Center.

El **World Trade Center** (Centro Mundial del Comercio) es exactamente lo que su nombre indica: el lugar que reúne todo lo necesario para el comercio internacional en un sólo complejo. La entrada es libre, cobrándose solamente el acceso a la plataforma de observación y a los restaurantes. Durante los siete años que duró su construcción (1966-1973) fueron arrojados 900.000 metros cúbicos de tierra y roca al río Hudson, sobre los que se construyó el barrio residencial *Battery Park City*. World Trade Center es famoso por sus torres gemelas, pero consta de seis edificios conectados por galerías subterráneas en las cuales hay tiendas, bancos y restaurantes. La Aduana norteamericana, centro de todas las actividades de aduaneras y recaudaciones del área de Nueva York y el puerto de Nueva Jersey, está en 6 WTC, donde también se encuentra una sala de exposiciones. Abierto de lunes a viernes de 9.00 a 16.30 h. Entrada libre.

Las **torres gemelas** están en 1 y 2 WTC; la plataforma de observación, la exposición de la historia del comercio, los bares y tiendas de recuerdos están situados en el piso 107 del 2 WTC. Tal como dice la propaganda, es "el lugar más cercano al cielo que algunos de nosotros alcanzaremos". En un día claro la vista que desde allí se domina es impresionante. Consulte sobre la visibilidad antes de adquirir su entrada. Abierto diariamente de 9.30 a 21.30 h y hasta las 23.30 h en verano. Puede estar cerrado por fiestas privadas, por lo cual conviene llamar antes por teléfono. Los niños hasta los 6 años pueden entrar gratis y los que tienen entre 6 y 12 cuentan con una entrada reducida, lo mismo que los jubilados. Tel. 466-7377 ó 466-4170.

En el entresuelo del 2 WTC se encuentra una oficina de *TKTS*, donde se pueden conseguir, a mitad de precio, entradas para espectáculos de Broadway de ese mismo día. La oficina está adornada con un tapiz del artista español Joan Miró, de tres toneladas. Cierra a las 18.00 h y a veces antes.

Estatua de la Libertad

Los mejores restaurantes del WTC están situados en 1 WTC. *Windows on the World*, en el piso 107, ofrece una vista espectacular. Para entrar se requiere solamente llevar chaqueta y corbata. **No se permite entrar con pantalones vaqueros**. Abierto de lunes a viernes de 15.00 a 1.00 h, sábados de 12.00 a 1.00 y domingos de 12.00 a 24.00 h. Reservas: tel. 938-1111. En

Wall Street

Cellar in the Sky, en el mismo piso, se sirve cena con siete platos y cinco vinos. Abierto de lunes a sábados desde las 19.30 h (el mismo teléfono para reservas). Un poco menos formal, aunque también se exige chaqueta, es el *Hors d'Oeuvrerie* (entremeses y bebidas). Lunes a sábados de 11.30 a 13.00 h y domingos de 12.00 a 21.00 h. Desayunos de 7.30 a 10.30 h.

Actuaciones de conjuntos de jazz todas las noches; se exige consumición mínima después de las 19.30 h de lunes a sábados y después de las 16.00 h los domingos. Todos estos restaurantes cuentan con aparcamiento gratuito.

Salga por Church Street, cruce una manzana hacia el norte a la calle Fulton y gire hacia el este. A su izquierda se encuentra el edificio público más antiguo de Manhattan usado sin interrupción. Se trata de **St. Paul's Chapel**, construida en 1766 en un terreno que estaba fuera de la ciudad. La hermosa capilla está adornada con 14 lámparas de vidrio hechas a mano en Waterford, Irlanda. El diseño ornamental de la "Gloria", sobre el altar, es obra del arquitecto Pierre L'Enfant, de origen francés, quien después de haber participado como voluntario en la Guerra de Independencia de los EE.UU., fue designado por George Washington para diseñar la capital del país. Washington rezó aquí inmediatamente después de su inauguración (por lo cual se lleva a cabo un servicio religioso especial cada 30 de abril en conmemoración), y continuó haciéndolo mientras Nueva York fue la capital de los EE.UU.

Continúe a lo largo de la calle Fulton, hasta Broadway. Diríjase hacia el sur y en la calle Liberty camine hacia el este. A su izquierda, en la esquina de las calles Liberty y Nassau, se encuentra el **Federal Reserve Bank** y la Cámara de Comercio de Nueva York. El Federal Reserve (1923-24), decorado con 200 toneladas de hierro, es uno de los doce bancos de la zona que desempeña funciones de banco federal, incluyendo la regulación del crédito bancario y el flujo de efectivo. La entrada es gratuita y se puede conseguir un guía, solicitándolo con una semana de anticipación. Tel. 791-6130. La **Cámara de Comercio** (establecida en 1768; el edificio actual fue construido en 1901) comparte el estilo modernista con el edificio de la Aduana en Bowling Green. En su interior se encuentra la imponente Gran Sala, de 27 x 18 m, con un cielorraso decorado, a 11,5 m de altura, y una valiosa colección de retratos.

Desgraciadamente, el edificio está a la venta y no puede ser visitado por el público.

Continúe en dirección este por la calle Liberty. El triángulo en el que las calles Liberty y William se cruzan con la calle cortada Maiden, es el enclave de la **Louise Nevelson Plaza**, otro hermoso parque de esculturas con grandes reproducciones de obras del artista. Comparta el parque con los ejecutivos que aprovechan para almorzar al aire libre y escuchar a los músicos callejeros.

Siguiendo en dirección este (Liberty se transforma en la calle Maiden), doble en la calle Pearl hacia el sur. Aquí se encontraba el límite de Manhattan antes de llevarse a cabo el relleno con tierra.

Después de cruzar Wall Street llegará a **Hanover Square**. Su nombre se lo debe al rey Jorge I, de la dinastía de Hanover. En la época colonial la plaza era llamada Plaza de la Imprenta, ya que la primera imprenta, en 1693, estaba situada en la calle Pearl 81. Aquí comenzó la colonización holandesa. Las calles alrededor de Hanover Square son las más antiguas de Nueva York y sus trazados son típicos de las primeras colonias, en las cuales las casas se alzaban antes de haber sido planeadas las calles.

En 1835 los últimos edificios, restos de la antigua ciudad holandesa, fueron destruidos por un incendio y casi todos los que los sucedieron, de piedra marrón, también desaparecieron. **India house** (1851), en la esquina de la calle Pearl con Hanover Square es una de las pocas excepciones. En el pasado fue la sede del Hanover Bank, la Bolsa de Comercio de Algodón y W.R. Grace & Co., y actualmente es un club privado.

Continuando hacia el sur por la calle Pearl hacia el pasaje Coenties encontrará un edificio moderno en una plaza con excavaciones y carteles indicadores. Aquí se encontraba el **Stadt Huys Block**, el edificio del primer ayuntamiento de Nueva York. Sus cimientos, descubiertos recientemente al construir, han sido colocados en una urna de vidrio grueso, en la acera, como hermoso ejemplo de desarrollo moderno y conservación de la historia.

Siga hacia el sur por la calle Pearl hasta la calle Broad. A su izquierda, en la esquina, verá **Fraunces Tavern**, un museo/restaurante que estaba administrado y era propiedad de los *Hijos de la Revolución*. En el museo, en Pearl 54, se presentan exposiciones de historia americana, que son renovadas periódicamente. Abierto de lunes a viernes de 10.00 a 16.00 h y en algunos días festivos (el pago de la entrada es opcional). El restaurante, una elegante reconstrucción de la taberna en la que Washington pronunció la despedida a sus tropas, se especializa en *Yankee Pot Rost*, una especie de asado norteamericano. Abierto para desayunar de 7.30 a 10.30 h y para almuerzo y cena (traje obligatorio) de lunes a viernes de 12.00 a 21.00 h. Cerrado sábados y domingos. Tel. 269-0144.

Doble a la izquierda de la calle Pearl a la calle Broad y nuevamente hacia la izquierda en la calle South. Al principio de la calle Broad verá el *Governors Island Ferry Port* (estación de la Guardia Costera norteamericana) y la terminal marítima Battery. Esta última, una enorme estructura de acero, está pintada de color verde que semeja cobre oxidado.

Si va hacia el norte por la calle South, tendrá una clara vista de Brooklyn, con el East River en medio y los muelles de la Marina, *Brooklyn Navy Yards*. Justo detrás de usted se encuentra el puente de Manhattan y enfrente el **puente de Brooklyn**. En este puente, el trecho suspendido entre las dos grandes torres de granito es de aproximadamente 83 metros de altura, mide 483 metros, más los dos tramos de los costados, de 283 metros cada uno. Su diseñador, John A. Roebling, murió en 1869 en un accidente, cuando supervisaba los últimos detalles de su obra. El puente fue abierto finalmente en 1883, con un costo de nueve millones de dólares.

La siguiente sección de la calle South, una zona de grandes construcciones por debajo de la autopista FDR Drive (así llamada en honor del presidente Franklin D. Roosevelt), ofrece una buena oportunidad de comprobar las enormes sumas de dinero que están siendo invertidas en la revitalización del puerto de Nueva York. Si no lo encuentra de gran interés camine dos manzanas hacia el oste y continúe hacia el norte por la calle Water.

Aquí, al comienzo de la calle Fulton, un punto de información con forma de faro marca la entrada al **South St. Seaport**, cuna del puerto de Nueva York. Puede llegar al lugar directamente con las líneas 2 ó 3 del metro, hasta la estación Fulton y caminar hacia el este, hacia el final de la calle Fulton.

El área de Seaport está abierta diariamente de 10.00 a 22.00 h y los restaurantes y bares permanecen abiertos hasta más tarde. Los domingos las tiendas están abiertas de 12.00 a 20.00 h, los restaurantes de 10.00

Twin Towers (Torres Gemelas)

a 18.00 h, y los barcos de 10.00 a 17.00 h. El *South St. Venture* es un espectáculo con pantallas múltiples, con pases cada media hora, por lo general de 11.00 a 20.00 h (tel. 608-7888), en el *Trans-Lux Theater*. Se cobra la entrada. Teléfono de reservas para grupos: 644-1118. Seaport es en realidad un pequeño barrio. Preste atención a las calles adoquinadas, cerradas al tráfico de automóviles. La principal atracción del lugar es **Fulton Market**, un edificio de tres pisos de altura donde hay restaurantes

de platos marineros y cafés. A su lado se encuentra *Seaport Plaza*, un edificio de oficinas nuevo, de 34 pisos, con tiendas en la planta baja. En el *Museum Row Block* se encuentran el **South St. Seaport Museum**, el *Trans-Lux Seaport Theater* y pequeñas tiendas. Schermerhorn Row Block, construido entre 1810 y 1812, es uno de los grupos de edificios más antiguos existentes en la zona. En sus doce casas hay restaurantes y tiendas de antigüedades, artesanía, ropa y regalos. Cruzando la calle está **Pier 16**, en East River, donde algunos barcos rehabilitados se han convertido en la actualidad en museos. El edificio **Pier 17 Pavillon**, de tres pisos, construido con hierro y vidrio, se inclina sobre el río y su gran entrada da paso a 120 restaurantes, cafés y tiendas. La terraza abierta proporciona una vista espectacular del río.

Aquí, en la calle South, se encontraba el puerto comercial de Nueva York en 1800. La primera carga transatlántica y los primeros pasajeros desembarcaron en él. En este lugar se iniciaban los viajes, aguas arriba por el canal Erie, que expandieron considerablemente las rutas comerciales hacia el interior del país, abiertas en 1825. El Seaport llegó a su auge en las décadas de 1840 y '50 cuando sus calles estaban colmadas de vendedores, constructores de navíos y todo tipo de gente de mar. En la década de 1860 el puerto comenzó a ser dominado por los muelles de gran capacidad sobre el río Hudson. Pese a su actual papel de atracción turística, el antiguo Seaport sigue siendo un activo mercado de pescados. Acuda a este lugar alrededor de las 4 de la mañana, entre lunes y viernes, y podrá observar la llegada de la pesca diaria traída a la costa, pesada, limpiada y cortada en filetes. Los camiones llegan a las angostas callejuelas adoquinadas y se llevan el fruto del mar. Unas horas más tarde todo acaba y vuelven a dominar los museos, las tiendas y los visitantes. La compañía *Seaport Line* ofrece un paseo en bote de 90 minutos varias veces al día (tel. 385-0791), y cruceros nocturnos especiales con música, bailes y hermosas vistas de Seaport y Ellis Island.

Al concluir su visita a Seaport y sus alrededores diríjase hacia el norte por la calle Front. A su derecha, en la calle Beekman 146 verá la *Meyer & Thompson Fish Co.*, en donde desde hace 70 años ahúman bacalao desde las 3 de la mañana. A las 11.00 h el piso ya ha sido lavado. Si llega una hora más tarde, de martes a sábados, encontrará en el lugar una galería de arte dedicada exclusivamente a Naima Rauam y a la representación de escenas de mercados de pescado (abierta hasta las 18.00 h). El nombre de este lugar es "Arte por la tarde".

Regrese a la calle Front y continúe caminando hacia el norte. Una manzana más adelante, en la esquina derecha de las calles Front y Peck, podrá observar uno de los más grandes y detallados ejemplos de trampantojo del mundo: una ilusión óptica del puente Brooklyn en perspectiva, del artista Richard Haqo.

Siguiendo hasta el final de la calle Front, en la calle Dover, verá a su derecha el famoso *Jeremy's Ale House*. Dejando de lado su apariencia, Jeremy's es uno de los lugares de almuerzo y de copas (en la "happy hour") preferidos por los obreros de la construcción y la gente de Wall Street. Desde aquí diríjase hacia el oeste por la calle Dover.

Si le queda poco tiempo o pocas energías, deje el resto del paseo (Municipalidad, Edificio Woolworth, la Corte) para el día siguiente.

Continuaremos por la calle Dover, prestando atención, a lo lejos, a la derecha, a la parte superior del Municipal Building, coronado con la brillante estatua de la *Gloria Cívica*. Cruzando la calle Pearl encontraremos la calle Dover, llamada aquí Frankfort. A la derecha está la base del puente de Brooklyn. Continúe a lo largo de la calle Frankfort, pasando las calles Gold y Rose. A la izquierda está **Pace University** (creada en 1906). Cuando Frankfort tuerce hacia la izquierda para transformarse en Park Row, habremos llegado al límite sur de **Civic Center**. Para llegar aquí directamente, utilice la línea 4, 5 ó de metro hasta la estación Brooklyn Bridge y salga cerca de la Universidad Pace.

Deténgase en la esquina de la calle Spruce, para contemplar la espiral de la Capilla de St. Paul con la brillante torre de World Trade Center al fondo. La estatua de Ben Franklin fue obsequiada por Alexander de Groot a los obreros neoyorquinos de la prensa y la imprenta, en 1872, cuando en éste distrito se centraba la industria de la impresión de periódicos (que procedía de Boston y dio la supremacía intelectual a Nueva York al trasladarse aquí en la década de 1850).

Cruce Park Row hacia City Hall Park. En Park Row 23 encontrar *Jandr Music World*, una excelente tienda de aparatos electrónicos y discos. Desde allí siga bordeando el parque en dirección sur, hasta Broadway. Cruzando la calle, en Broadway 233, se encuentra el edificio **Woolworth**, la obra de arte neogótica diseñada por Cass Gilbert (el arquitecto del edificio de la Aduana, de estilo modernista). La suntuosa entrada, con paredes de mármol, brillantes molduras talladas y techos recubiertos de mosaicos, no puede dejar de verse.

Vaya hacia el norte a lo largo de Broadway. Cruzando la calle y siguiendo el parque en dirección norte, llegaremos a la estatua de Nathan Hale, héroe de la guerra de Independencia, emplazada en 1893. La obra del escultor Frederick McMonnies muestra al héroe en el momento de pronunciar sus famosas palabras antes de ser ejecutado: "Sólo lamento no tener más que una vida para entregarla a mi país".

Frente a la escultura en la esquina de Broadway y Steven Flanders Square, gire a la derecha y cruce la plaza en dirección a City Hall (el Ayuntamiento); a su izquierda preste atención al primer arco del puente Brooklyn, a lo lejos.

Cuando empezó a construirse el tercer **City Hall** (después del ayuntamiento holandés y británico) de Nueva York, en 1802, se encontraba en el extremo norte de la ciudad. Su parte posterior no estaba recubierta de mármol sino de humildes ladrillos, pensando que nadie iba a verla. Todo, excepto el mármol original bajo el techo del vestíbulo de entrada, ha sido renovado desde entonces. Abierto de lunes a viernes de 9.00 a 17.00 h. Entrada libre.

El elegante centro del vestíbulo es una hermosa escalera circular doble, de mármol, bajo una cúpula central. Visite, en el piso superior, el Governor's Room (dependencias utilizadas antiguamente por el gobernador del estado) que actualmente es un museo de retratos de personajes políticos, y la sala del Consejo Municipal, que se utiliza en la actualidad. Si está abierta, pase a la sala y contemple la enorme pintura mural en el techo (la ciudad de Nueva York como puerto de entrada oriental del continente americano) un gigantesco tributo de Taber Sears a la ciudad, ejecutada en 1903. La Comisión de Arte de la ciudad desaprobó posteriormente el mural, pero éste ya había sido terminado.

South Street Seaport: Muelle 17

Fulton Market

NUEVA YORK

Salga de City Hall y gire hacia la izquierda en dirección al puente Brooklyn. En la primera calle que encontrará, Centre, gire hacia la izquierda. A menos que desee caminar o correr por el Puente Brooklyn, por la vía peatonal del centro, hasta la hermosa comunidad de *Brooklyn Heights* (ver "Brooklyn"), continúe hacia el norte por la calle Centre hasta la calle Chambers.

Allí, detrás del edificio del Ayuntamiento, está la tristemente famosa corte **Tweed Courthouse**. Terminado durante la administración de William "Boss" Tweed, este palacio de estilo italiano es exquisito desde el punto de vista arquitectónico, pero es más conocido por lo que costó su construcción: 14 millones de dólares. Turbada por el nebuloso pasado del edificio, la ciudad lo dejó en el olvido y hasta se pensó en derribarlo, sin embargo recientemente ha sido declarado de interés público.

Cruce la calle Centre en la intersección con Chambers y verá de frente las majestuosas columnas del **NYC Municipal Building**, construido por la firma arquitectónica *McKim, Mead & White*, una de las más populares a principios de siglo. Detrás de las columnas hay todo un laberinto de oficinas municipales. Continúe hacia el norte por la calle Centre. En la calzada de *St. Andrews Plaza* encontrará la Iglesia de St. Andrew, católica, construida en 1842. Es una iglesia modesta y sombría, tanto por fuera como por dentro. En el interior de la plaza se puede contemplar el enorme edificio del Cuartel Central de la Policía de Nueva York.

Continúe por la calle Centre; el siguiente edificio a su derecha es la Corte Federal de los EE.UU. (1922-36), el último de los trabajos de Cass Gilbert (diseñador del edifico de la Aduana, el Woolworth y la Corte Suprema de Washington DC). Si bien la Corte era uno de los rascacielos más altos de Nueva York en 1930, su aspecto fue minimizado por Gilbert utilizando un pórtico y una cornisa en la fachada.

NY County Courthouse, la Corte del Condado de Nueva York, construida en 1926, en el número 60 de la calle Centre, fue diseñada por Guy Lowell. El pórtico y la escalinata exterior de este gran edificio situado en *Foley Square*, otorgan autoridad y respeto al sistema legal norteamericano. Mirando la fachada, no podrá apreciar la forma hexagonal del edificio. Aquí se encuentran los archivos del Condado de Nueva York, uno de los más importantes depósitos de documentación legal del país (con anotaciones de casi todos los acontecimientos judiciales de la corte estatal del Condado). Acceda al edificio de la Corte cruzando el vestíbulo y camine a través del largo corredor, hasta la cúpula central; aunque necesita ser restaurada, es una hermosa pieza arquitectónica. Cuenta con una suave iluminación natural y una serie de murales que describen la historia de la ley en la civilización occidental, también muestra exposiciones históricas en la planta baja. La Corte misma está abierta de lunes a viernes de 9.00 a 16.00 h. Entrada libre.

Antes de continuar hacia **Chinatown**, el barrio chino, a sólo unos pasos de distancia, camine un poco hacia el norte de la calle Centre y deténgase ante el número 100, entre las calles Leonard y White. Aquí se encuentra la prisión y el edificio de la Corte Criminal, conocidos popularmente como "Las Tumbas". Sus 835 celdas no se usaban desde hacía varios años, pero vuelven a funcionar en la actualidad. El sobrenombre no procede del destino de sus inquilinos (en Nueva York no existe la pena de muerte), sino de la recreación de la arquitectura egipcia de la prisión anterior, que se encontraba justamente cruzando la calle.

Diríjase a la calle Worth y gire a la derecha. Para llegar al barrio chino, en la calle Park vuelva a girar a la derecha, cruce Mulberry y continúe hasta la calle Mott. Se encuentra en el corazón de Chinatown, un lugar excelente para darle un descanso a sus pies y para deleitar el paladar.

Chinatown: China en Nueva York

Al barrrio de Chinatown, a unos pocos pasos World Trade Center y del edificio del Ayuntamiento (City Hall), se puede llegar directamente en RR o con la línea de metro 6, hasta la calle Canal. Diríjase hacia el este por Canal hasta la calle Mott y desde allí camine hacia el sur. La principal atracción es la auténtica, barata y maravillosa cocina china. Venga a cenar aquí, en las calles hay generalmente una gran actividad y son bastante seguras, se puede caminar tranquilamente por la noche.

Las calles del barrio chino están adornadas con cabinas de teléfono en forma de pagoda. Durante el Año Nuevo Chino, en febrero, se llevan a cabo celebraciones festivas al aire libre. Chinatown, quizás más que cualquier otro barrio étnico de Nueva York, produce al visitante la auténtica impresión de encontrarse en otro país.

Los inmigrantes que se apiñaron en lo que hoy es este barrio, en la década de 1880, eran principalmente hombres solteros, ya que el Acta de Exclusión, de 1882, obligaba a esposas e hijos a permanecer en China. Los recién llegados sólo tenían dos opciones laborales: los restaurantes o las lavanderías y llenaron las calles precisamente con los restaurantes que vemos en la actualidad. Sin embargo, hace cincuenta años las lavanderías a mano (aproximadamente 5.000 en la zona metropolitana de Nueva York en aquél entonces) eran la principal fuente de ingresos tanto para las familias chino-americanas como para los miembros de la familia que se habían quedado en China. Aunque muchos chinos han hecho carrera como médicos, abogados o grandes hombres de negocios, Chinatown sigue siendo uno de los barrios étnicos más cerrados y coherentes de Nueva York. Se maravillará de la febril actividad, de los mercados callejeros con sus productos exóticos y, por supuesto, de la abundancia de restaurantes.

Pasee por la calle Mott, el corazón de Chinatown, y elija algún restaurante que le parezca atractivo para almorzar o cenar (aquellos a los que acuden los propios chinos son probablemente los mejores y están menos occidentalizados). Los menús se imprimen generalmente en inglés y en chino. Uno de los restaurantes más famosos es *Hong Fat*, en la calle Mott 63. La mejor panadería china es *Lung Fong*, en Mott 41, abierta diariamente de 9.00 a 22.00 h. Si quiere comer barato, pruebe en *Wanton Garden*, en Mott 52; un ambiente peculiar y precios muy asequibles.

Siga por la calle Mott hacia el sur, hasta Chatham Square, donde se cruza con Bowery. Al otro lado de la plaza, en St. James Place (entre las calles Oliver y James) hay vestigios anteriores a Chinatown: el cementerio **Shearith Israel**, el primero de la comunidad judía, creado en 1654 por judíos originarios de España y Portugal.

Regrese al Bowery, camine hacia el norte y tuerza al oeste en la calle Bayard hasta llegar a *Chinatown Ice Cream Factory*, la fábrica de helados cercana a la calle Elizabeth 65, con sus exóticos sabores, tales como jengibre, papaya

CHINATOWN Y TRIBECA

1. Hong Fat
2. Lung Fong
3. Cementerio Shearith Israel
4. Chinatown Ice Cream Factory
5. Kam Man Food Products
6. Franklin Furance
7. Museo Alternativo
8. Collective for Living Cinema
9. Triplex

Chinatown: China en Nueva York

y mango. Abierta diariamente desde el mediodía hasta medianoche. En esta calle encontrará muchas tiendas pequeñas de aparatos electrónicos y telas, así como de pescados y mariscos, vendidos directamente desde los criaderos. No debe perderse la tienda de *Kam Man Food Products*, en la calle Canal 200. Ojee las mercancías, aventúrese hasta el piso inferior y contemple la gran variedad de comida exótica.

Tribeca: Arte en el barrio industrial

Tribeca, acróstico de "**T**riangle **B**elow **C**anal" (triángulo de calles por debajo de la calle Canal), abarca varias manzanas entre Broadway y el río Hudson y entre la calle Barclay al norte y la calle Canal al sur. Vale la pena realizar una corta visita para conocer sus galerías, restaurantes y clubes. Tribeca está a corta distancia de Chinatown, por la calle Canal, al norte de World Trade Center por West Broadway, o al oeste del Ayuntamiento por la calle Chambers. Como alternativa, tome la línea de metro 1, 2 ó 3 hasta la estación Chambers y salga en la intersección con la calle West Broadway.

Tribeca, un barrio de edificios comerciales del siglo XIX, es uno de los últimos barrios de Manhattan en proceso de "nobiliarización". Proceso desencadenado cuando la población pudiente se da cuenta de la excelente situación de un barrio, y se interesa por sus edificios comenzando a invertir en su mejora, por lo cual el valor de las propiedades y los alquileres suben... y los habitantes menos pudientes se ven obligados a mudarse. Frecuentemente, el primer paso suele ser el descubrimiento y "colonización" del barrio por parte de los artistas. Aún quedan galerías, salas de espectáculos y algunos excelentes clubes de baile.

Una señal evidente del renacimiento de un barrio es la aparición de buenos restaurantes y aquí encontraremos varios. *One Hudson Cafe*, en la esquina de las calles Hudson y Chambers, cerca de la salida del metro, se especializa en mariscos y una amplia variedad de vinos (vendidos por copa) y cuenta con actuaciones de jazz todas las noches (excepto domingos).

Abierto de lunes a viernes desde el mediodía hasta las 15.00 h (para almuerzos), martes a viernes de 15.00 a 18.00 h (aperitivos) y martes a sábados de 18.00 a 23.00 h (para cenas). Música de martes a viernes de 17.00 a 23.00 h y sábados de 18.00 a 23.00 h. Tel. 608-5835.

Desde Chambers, caminando hacia el norte por West Broadway, llegaremos hasta otro grupo de restaurantes, clubes y galerías recomendados. El *Odeon*, convertido en cafetería, en West Broadway 145, es el punto de reunión de artistas, actores y músicos. Menús "nueva cocina" y precios altos. Abierto todos los días para el almuerzo y la cena. Tel. 233-0507. **Franklin Furnace**, en la calle Franklin 112, (entrada gratuita) ofrece arte experimental, con una gran colección de publicaciones de obras de arte (libros, postales y revistas) y exposiciones de artistas. Abierto de martes a sábados de 12.00 a 18.00 h. Al norte de la calle Franklin, en West Broadway 223, se encuentra **Artists Space**, donde se exhiben trabajos visuales y escénicos de artistas desconocidos. Abierto de martes a sábados, tel. 226-3970. Continúe por West Broadway hacia el norte y gire hacia el este en la calle White. En el **Museo Alternativo**, en White 17, podrá disfrutar de un concierto informal o escuchar lectura de poesía. Abierto de miércoles a sábados de 11.00 a 18.00 h, tel. 966-4444. En el **Collective for Living Cinema**, en White 52, se proyectan películas poco conocidas de todo el mundo. Hay que pagar entrada. Tel. 925-2111. Ambos están cerrados entre junio y septiembre.

Mientras pasea en dirección este por la calle White preste atención a los hermosos edificios de hierro fundido, con sus ventanas en arco. Fueron construidos a principios del siglo XIX como edificios comerciales y ahora son utilizados como depósitos o talleres textiles.

Al norte de la calle White, en la Sexta Avenida frente al pequeño Tribeca Park, encontrará un edificio de ladrillos marrones perteneciente a la compañía telefónica *AT&T*, notable por los ángeles que lo adornan.

Regrese a West Broadway, diríjase hacia el norte (contemple el edificio *Empire State* a lo lejos) y gire hacia el oeste en North Moore. Pase los depósitos y las rampas de descarga de mercancías, ignore la suciedad: está en camino hacia la calle Hudson, la principal zona de galerías de arte de Tribeca. La mayoría están abiertas de martes a sábados de 11.00 a 18.00 h.

Podrá comer de forma excelente y barata en *Hamburger Harry's*, en la calle Chambers 157, yendo hacia el sur por la calle Hudson y luego hacia el oeste por Chambers. Las paredes están pintadas de un llamativo azul cobalto; las hamburguesas son preparadas al carbón.

Cruce la calle Greenwich hasta el Borough of Manhattan Community college. Vale la pena llegar hasta aquí por el teatro de la escuela, **The Triplex**, en la calle Chambers 199. Consulte de antemano sobre las representaciones, tel. 618-1980. Los artistas que se presentan aquí son mundialmente famosos. Cerrado de junio a septiembre.

Hay tres buenas razones para terminar una noche en Tribeca, aunque haya pasado el día en otro lugar. Acuda al norte de la calle Canal a *J. S. Vandam*, en la calle Varick 150, esquina a Vandam; *Heartbreak*, en Varick 179; y *Sounds of Brazil*, en Varick 204. En *J. S. Vandam*, restaurante y bar, comen los artistas y actores del barrio y acuden en masa desde el norte de la ciudad buscando locales de moda. Abierto de domingos a jueves de 19.00 a 0.30 h, y viernes a sábados de 19.00 a 3.00 h, tel. 929-7466. *Heartbreak*, un restaurante barato con estilo de cafetería durante el día (10.00 a 16.00 h) se transforma en una discoteca por la noche, con música rock de la década de los 50. Exige consumición mínima y está completamente lleno los fines de semana, tel. 691-2388. *Sounds of Brazil*, conocido también como *S.O.B.*, ofrece jazz latino en vivo. Tel. 243-4940.

Para hacer una comida rápida a altas horas de la noche o un desayuno a muy tempranas horas de la mañana, camine por la calle Hudson y doble a la izquierda en Laigh. Al final de esta calle, en West, se encuentra uno de los tres *Market Diners* de Manhattan, todos ellos abiertos las 24 horas del día, todos los días de la semana.

Para comprender a fondo la vitalidad de Nueva York recuerde que mientras usted disfruta de la vida nocturna en Tribeca, se encuentra a sólo unos pasos de la zona histórica de la ciudad que es actualmente el centro financiero del mundo.

Bajo East Side y Little Italy: Comida típica y gangas

Bajo East Side (la parte este inferior de Manhattan, al sur de la calle East Houston y al este de la calle Bowery) es, más que cualquier otro barrio, el símbolo del primer emplazamiento de los inmigrantes. No espere encontrar aquí grandes panorámicas, sin embargo podrá disfrutar de comidas típicas de distintas tradiciones, ropa barata y utensilios para el hogar.

Utilice la línea de metro 4, 5 ó 6 o el RR hasta la estación de Canal, diríjase hacia el este por la calle Canal hasta llegar a Orchard. Esta es la calle comercial más activa del barrio, el tramo entre las calles Delancey y East Houston se transforma en peatonal los domingos de 8.00 a 16.00 h.

Las mayores oleadas de inmigrantes llegaron a las costas de los EE.UU. entre 1880 y 1920. La mayoría de ellos provenían de Italia y Rusia. Los primeros huían de una economía agrícola deficiente y los últimos eran judíos que buscaban libertad religiosa. Ambos grupos se asentaron principalmente en el hambriento y superpoblado Bajo East Side, después de que los inmigrantes irlandeses y alemanes, que habían llegado en olas anteriores, hubieran ascendido en la escala social alejándose de esta zona.

En 1880, aproximadamente la mitad de los habitantes de Nueva York vivían en habitaciones alquiladas sobre los restaurantes del Bajo East Side y trabajaban en ellos, aunque su preparación fuese alta. El trabajo en los restaurantes era en muchos casos la única opción viable: requería solamente una inversión de capital mínima y cierta familiaridad con la cocina de su

1. Calle Orchard y zona peatonal
2. Russ and Daughters
3. Ratner's
4. Il Cortile
5. Puglia's
6. Galería Annina Nosei
7. Manhattan Brewing Co. (fábrica de cerveza)
8. Global Village
9. Museo Holográfico
10. Galería Sperone Westwater
11. Nuevo Museo de Arte Contemporáneo
12. Galerías John Gibson y Twining
13. Galería Mary Boone
14. Galería Leo Castelli

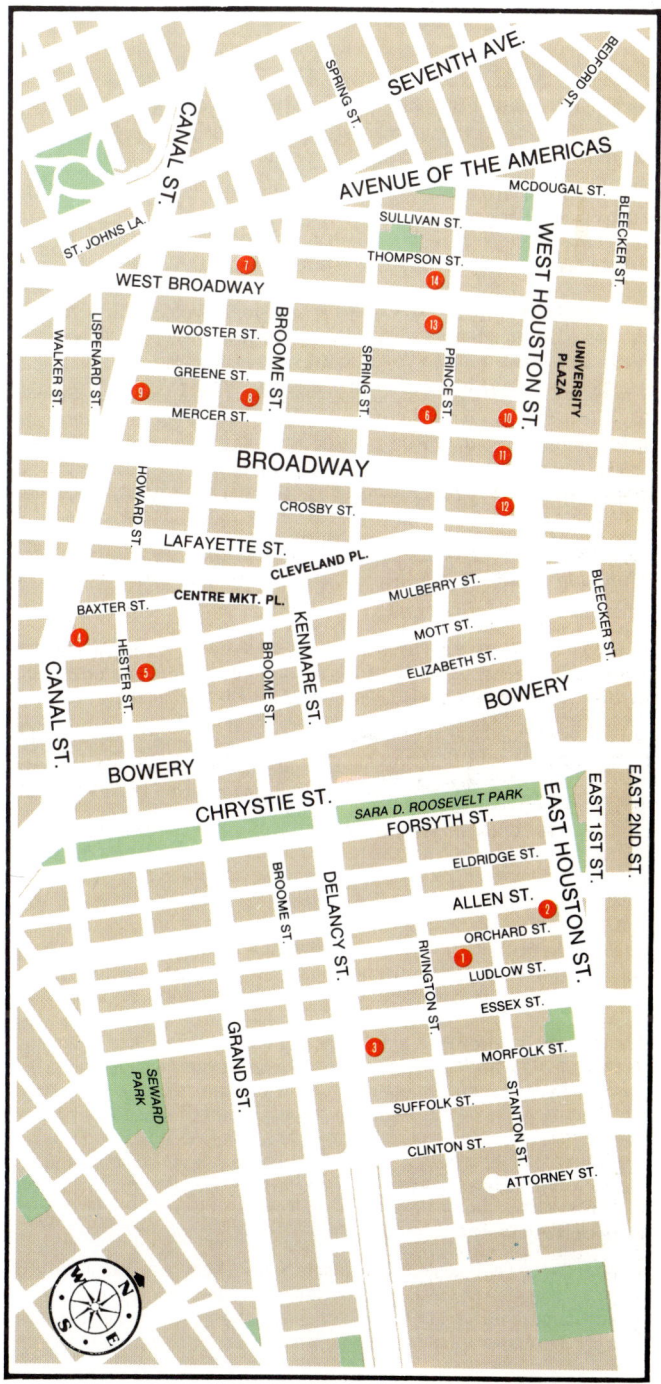

país nativo. De esta manera los propietarios tenían buenas oportunidades económicas y los clientes disfrutaban de la compañía y la familiaridad, lo que les facilitaba su integración en el nuevo país.

Cada nueva oleada de inmigrantes aportaba sus gustos culinarios. Al éxodo de grupos europeos después de la Segunda Guerra Mundial sucedió una corriente de inmigrantes de Puerto Rico, República Dominicana, Centroamérica y Sudamérica. Aunque la mayoría de las familias judías ya se habían mudado a otras zonas de la ciudad, muchas de ellas poseen todavía negocios en el barrio, que mantiene aún un incuestionable sabor judío. Por lo tanto, recomendamos no visitarlo los sábados sino los domingos, cuando todos los establecimientos están abiertos y llenos de vida.

En medio de toda esta actividad tan excitante encontrará también carteristas bien camuflados; tenga cuidado con su cartera. A diferencia de las elegantes boutiques de Madison Avenue, en esta zona de la ciudad es costumbre regatear los precios; básese para ello en su propio juicio y discreción. Lo peor que puede pasar es que encuentre un vendedor que no está dispuesto a negociar, pero no pierde nada si trata de conseguir un precio mejor. Si no le importa el amontonamiento y el aparente caos del comercio callejero, éste es el lugar ideal para encontrar las mejores gangas imaginables en ropa de marca, trajes, telas, ropa interior, ropa de cama y mucho más. Tómese tiempo para pasear por las calles.

Entre las tiendas que se recomienda visitar están *Leslie Bootery*, en la calle Orchard 36 y 37, donde encontrará zapatos de hombre y de mujer; en *Forman's*, Orchard 82, ropa femenina de marca; en *Fine and Klein*, Orchard 119, carteras y artículos de cuero a excelentes precios; y en *Ezra Cohen*, Grand 307, cerca de Orchard, sábanas y ropa de cama. Caminando en dirección norte por la calle Orchard, se irá adentrando en una serie de tiendas históricas que no ha cambiado prácticamente en los últimos 100 años.

En East Houston gire hacia el oeste, para descubrir en la primera manzana algunos de los vendedores más famosos de pescado ahumado, ensaladas y quesos. Después de comprar un *bagel* en *Moishe's*, East Houston 181, diríjase a *Ben's Cheese Store* para paladear un trozo de su queso con moras, con pasas y nueces o con verduras. El resultado es tan dulce y sabroso como una tarta de queso, pero con menos calorías. En el local de al lado, en el número 179, se encuentra *Russ and Daughters*, el ejemplo más clásico de ''delicatessen'', rebosante de filetes de pescado ahumado, caviar, ensaladas, mantecados y chocolates servidos por atentos vendedores. No deje de comprar un poco de *lox*, la versión neoyorquina del salmón ahumado. El lox noruego, el arenque en salsa de crema y el salmón blanco son algunas de sus exquisitas especialidades. Un poco más hacia el oeste, en una tienda poco atractiva, en la esquina de las calles Forsythe y East Houston, encontrará a *Yonah Schimmel Knishery*, con su menú de patatas, *kasha*, espinacas y frutas. Tanto *Russ and Daughters*, como *Yonah Schimmel Knishery*, se sienten muy orgullosos de servir a la tercera o cuarta generación de clientes.

Regresando hacia el este, pasamos la calle Orchard y llegaremos a *Katz Delicatessen*, en East Houston 205, tel. 254-2246, un restaurante bastante famoso que, a la hora del almuerzo, está repleto de gente. Doble hacia el sur por la calle Essex hasta *Bernstein-on-Essex*, en el número 135, un restaurante de delicatessen (ultramarinos) donde también se sirve comida china; tel. 473-3900. Su *pastrami* poco graso con salami duro le sabrá a gloria. Continúe en dirección sur hacia la calle Delancey. Al este verá la entrada al puente *Williamsburg*, construido en 1903 para comunicar Manhattan con Brooklyn.

Ratner's, en Delancey 138, tel. 677-5588, comenzó como una panadería y es indudablemente el "dairy restaurant" más famoso de la ciudad. Pese a todo, su historia es más impresionante que la comida.

Si todavía tiene hambre, hay otros dos restaurantes que vale la pena considerar. Continúe hacia el sur por Delancey hasta Essex y gire hacia el oeste en la calle Grand; allí encontrará el *Grand Dairy Restaurant*, más pequeño que *Ratner's*, pero su cocina es mejor (Grand 131, tel. 673-1904). Los domingos pida sopa de repollo y *blintzes* de queso con arándanos. El último restaurante, *Sammy's Famous Roumanian Restaurante*, en la calle Chrystie 157, tel. 673-0330, requiere algunas puntualizaciones. Llegará hasta él continuando por Grand en dirección oeste y doblando hacia el norte en Chrystie. Si decide ir a *Sammy's*, olvídese de la dieta. El menú es prácticamente interminable y se recomienda especialmente el hígado picado, costillas de ternera y filetes rumanos. Los *Eggcreams* (una mezcla de jarabe de chocolate, leche y agua carbonatada que sólo puede hacerse en Nueva York) son preparados en la mesa con la soda en anticuados sifones. Está abierto para cenar hasta las 2.00 h y los fines de semana se ameniza la cena con canciones, danzas y comedias. Este es uno de los lugares típicos de Nueva York.

Una manzana hacia el oeste se encuentra **Bowery**, en donde hay un gran número de tiendas especializadas en equipos de cocina industrial que a muchos les gustaría tener en sus hogares. En varias tiendas en Chrystie, entre Hester y Grand, se pueden encontrar utensilios chinos como *woks*, coladores especiales, etc. En *King Glassware*, Bowery 112, tel. 226-5067, y *Empire Food Service Equipment*, Bowery 114, tel. 226-4447, encontrará una gran variedad de hornos y equipos para restaurantes de alta calidad. Más al norte está *New York China*, en Bowery 208, tel. 966-6730, con una gran selección de porcelana y cubiertos de plata. Al norte de la calle Spring, Bowery es un lugar deprimente, abandonado y lleno de mendigos.

Alternativas culinarias a los restaurantes judíos se pueden encontrar en las proximidades, en el Barrio Chino y en Little Italy.

Little Italy

Para llegar a **Little Italy** desde el Lower East Side, camine por la calle Grand hacia el oeste hasta el Bowery, o utilice la línea 6 de metro o bien el RR hasta la estación Canal y desde allí camine hacia el este por la calle Mulberry.

Little Italy —la pequeña Italia— ocupa unas pocas manzanas al norte de la calle Canal. Su calle principal es Mulberry; Little Italy se va estrechando a medida que Chinatown se amplia al norte de Canal. El nombre de Little Italy era originalmente el de una zona del Harlem; el barrio italiano del Lower East Side, el más pobre de los dos, era conocido como *New Italy*. Muchas familias han prosperado desde entonces y se han mudado, pero algunas todavía viven en este lugar.

Glatt Kosher en Lower East Side

Camine por Little Italy en las noches cálidas, cene en uno de sus muchos y buenos restaurantes y disfrute de un *cappuccino* con pastas. Septiembre es una época especialmente interesante para visitarlo, durante el Festival de San Genaro (dura una semana) una celebración napolitana en honor del santo martirizado por los romanos en el año 306. La calle se transforma en una concurrida y alegre feria con celebraciones, juegos y mucha comida.

Comience el paseo en la calle Canal y vaya hacia el norte a la calle Mulberry. El restaurante *Il Cortile*, en Mulberry 125, recubierto con paneles de madera, es uno de los más elegantes de la zona aunque un poco caro. Abierto de lunes a jueves desde mediodía hasta medianoche, los viernes y sábados desde mediodía hasta la 1.00, y los domingos de 13.00 a 24.00 h. Tel. 226-6060. Un poco más adelante, en Mulberry 129 esquina a Hester se encuentra *Umberto's Clam Bar*, famoso porque fue el lugar elegido para "liquidar cuentas" entre diversas pandillas hace algunos años. La comida, sin embargo, es decente. Abierto de 11.30 a 6.00 de la mañana, Tel. 431-7545. Yendo hacia el este por la calle Hester encontrará en el número 189 *Puglia's*, un establecimiento informal y agradable fundado en 1919. Tel. 966-6006. Sus precios son razonables. A veces hay música que contribuye a crear un ambiente cordial. Volviendo a la calle Mulberry, en el número 133, está el *SPQR*, tel. 925-3120, una combinación de restaurante y club nocturno, bastante elegante y caro. La comida quizás no sea tan buena, pero el ambiente es lujoso. Abierto de domingos a viernes desde el mediodía hasta medianoche y los sábados de 13.00 a 1.00 h.

Fiesta en Little Italy

El pequeño Café Napoli en Little Italy

Le recomendamos que tome los postres en uno de los dos lugares mencionados a continuación. *Ferrara's* (fundado en 1892), en la calle Grand 195, tel. 226-6150; famoso por sus pastas y café "expresso" que podrá disfrutar en una mesita al aire libre. Abierto diariamente de 7.30 a 24.00 h. Pero quizás los mejores postres sean los de *Cafe Roma*, un poco más al norte, en la calle Broome 385, cerca de la calle Mott. Abierto de lunes a sábados de 8.00 a 24.00 h, tel. 226-8413.

Tenga presente que la mayoría de los restaurantes del Lower East Side y Little Italy **no** aceptan tarjetas de crédito.

Soho: Cuna de las galerías de arte

"Soho" es una contracción de "**SO**uth of **HO**uston", al sur de la calle Houston, o más precisamente, el área limitada por las calles West Houston y Canal al norte y al sur, y Broadway y la Sexta Avenida al este y el oeste.

El Soho es muy visitado por sus numerosas galerías de arte, tiendas de moda y algunos deliciosos restaurantes. Las calles comerciales y de mayor actividad son Spring, Prince y especialmente West Broadway. Aunque el paseo que propondremos le llevará también por las calles más tranquilas, si tiene poco tiempo, limítese a las calles principales. Los sábados y domingos por la tarde son ideales para "observar a la gente".

La mayoría de las boutiques están abiertas de martes a domingos y cierran los lunes; la mayor parte de las galerías abren de martes a sábados desde mediodía hasta las 18.00 h. Veremos algunas de las galerías de arte más famosas; busque información en periódicos y revistas sobre las exposiciones y deje suficiente tiempo para visitar otras galerías que encontrará mientras pasea.

Puede llegar al Soho en metro de la siguiente manera: con el RR hasta la estación Prince y desde allí caminando hacia el oeste; con la línea 6 hasta Spring y caminando hacia el oeste; o la línea E hasta Spring y avanzando hacia el este. Es posible encontrar algunos lugares donde aparcar en las calles. Hay un pequeño estacionamiento en la calle Wooster, entre West Houston y Prince.

Lo que hoy es Soho fue territorio indio hasta el siglo XVII. De las muchas hileras de edificios de hierro forjado, de principios del siglo XIX, el único que queda en pie se encuentra en la calle Spring 107. A mediados del siglo XVIII el Soho era un barrio residencial exclusivo (la elegante camisería *Lord & Taylor* estaba en la calle Grand) pero con el correr del tiempo fue ocupado por la industria, hasta el punto de que a fines de la década de 1950 estaba dedicado exclusivamente a actividades industriales. Los primeros artistas que llegaron al barrio lo hicieron de forma ilegal.

Desde que Manhattan en general comenzara a experimentar un renacimiento en todos los sentidos, emergiendo prácticamente de la bancarrota de mediados de la década de 1970 y volviendo a transformarse en un lugar de moda para vivir y trabajar, el Soho cambió drásticamente. Entre 1960 y 1970 un gran número de edificios fueron transformados con vistas a combinar estudios de arte con residencias y los artistas comenzaron a afluir en masa. Los edificios prefabricados de hierro forjado ofrecían amplios espacios para vivir y trabajar y eran muy buscados por los artistas, deseosos de aislarse del bullicio de los camiones y la carga y descarga de mercancías de los barrios de alquileres más baratos.

Las galerías llegaron al poco tiempo y los restaurantes y boutiques los siguieron. Finalmente, el alto precio de los alquileres hizo salir a los artistas, y quedaron las galerías y boutiques. Hoy en día Soho es un lugar de moda que puede ser visitado con tranquilidad. Pese a las grandes diferencias entre las exposiciones de las galerías de arte, la mayoría de éstas tienen un diseño similar: grandes y espaciosas salas, techos altos y un aspecto limpio y pulcro. Algunos detalles — como las columnas de hierro forjado y los cielorrasos de hojalata prensada — han sobrevivido desde la época de los depósitos, contrastando con los pisos de madera brillantes y las paredes blancas que ofrecen un fondo neutro ideal a las pinturas y esculturas.

Comenzaremos el paseo en Prince esquina Broadway, caminando hacia el oeste por Prince, hasta la Galería **Annina Nosei**, en el número 100, con sus exposiciones neoexpresionistas. Tel. 431-9243.

A pocos pasos, en Prince 116, se encuentra *Agnes b.*, perteneciente a una cadena internacional de boutiques especializadas en ropa francesa para hombres, mujeres y niños. Las paredes están decoradas con pósters de películas francesas. Los precios son relativamente razonables.

En la misma calle, en el número 160, la panadería *Vesubio Bakery* vende deliciosos panes y galletas italianas. Una excelente opción para un almuerzo o cena rápidos es *Elephant and Castle*, en Prince 183, tel. 260-3600, que se especializa en tortillas, hamburguesas y una extensa lista de vinos de Borgoña (vendido por copa). Precios razonables.

Doble hacia el sur en la calle Sullivan, al este en Spring y al sur en Thompson, y contemple las torres gemelas del World Trade Center a lo lejos. Uno de los restaurantes instalados recientemente en la zona es *Wrapsody*, en Thompson 73, tel. 219-9727, especializado en comida envuelta de diversas maneras, como por ejemplo camarones, tomate y arroz envueltos en hojas de banana. Abierto para almuerzos y cenas de martes a domingos.

Cruzando la calle Broome, en Thompson 40, se encuentra la cervecería **Manhattan Brewing Co.**, con su propia taberna. No es la primera cervecería comercial de los EE.UU. — que fue establecida en 1632 por la Compañía Holandesa de las Indias Orientales — pero fue una de las primeras que se abrieron. Suba a la taberna en el primer piso y observe las enormes barricas de fermentación. Se sirven almuerzos y cenas típicos de tabernas, con una gran variedad de cervezas de fabricación propia. Abierto de martes a domingos de 11.30 a 1.00 h.

Al salir de la cervecería y dirigirse hacia el este por la calle Broome, a su izquierda, en el número 492, encontrará *Amazonas*, un restaurante y club nocturno con comida y música auténticamente brasileñas. Tel. 996-3371. Abierto para cenar de domingos a jueves de 18.30 a 23.30 h. Viernes y sábados de 17.30 a 1.30 h. Continúe hacia el este por Broome, donde encontrará varias galerías de arte, hasta llegar a **Global Village**, en Broome 454, tel. 966-7526. Es una tienda de vídeos, dedicada especialmente a películas documentales, con una sala de proyección, con 75 butacas, utilizada para pasar películas sobre las que se debate. Llame previamente; se cobra entrada.

Doblando hacia el sur en la calle Mercer llegará hasta el **Museo de Holografía**, en Mercer 11, tel. 925-0526. Allí tendrá la oportunidad de ver una incomparable exposición de hologramas, las imágenes láser tridimensionales que recrean todas las características visuales de un objeto,

Arte contemporáneo en Nueva York

excepto su solidez. El museo es pequeño pero muy atractivo y recomendable. En sus tiendas se venden películas, retratos y joyas. Abierto de martes a domingos de 11.00 a 18.00 h. Se paga entrada.

Regrese por la misma calle Mercer, y luego camine una manzana hacia el oeste por la calle Grand hasta Greene y siga hacia el norte. Este es el corazón del Soho histórico del siglo XIX, con sus característicos edificios de hierro forjado, que fue reconocido oficialmente zona histórica en 1973. El hierro forjado prefabricado, aunque más barato que la construcción tradicional, proporcionaba a las fachadas de los edificios el mismo aspecto de la albañilería común; el propietario elegía la fachada por catálogo: renacentista o neogótica.

Camine a lo largo de la calle Greene, prestando atención a las escaleras de incendios. Después de todo un día en galerías de arte uno no puede dejar de notar que la luz del sol les da una apariencia de esculturas asimétricas al aire libre. Las calles adoquinadas contribuyen a crear un ambiente especial.

El *Greene st. Cafe*, en Greene 101, tel. 925-2415, es una combinación de restaurante y club nocturno con una decoración tropical a base de árboles en macetas y balcones. Los precios son un poco más altos que en otros lugares de los alrededores. Para acceder a la sala de la planta alta, donde se presentan cantantes de jazz y comediantes, se cobra entrada sin consumición mínima. En la puerta contigua está el *Soho Kitchen*, tel. 925-1866, un restaurante informal y divertido, decorado con grandes pinturas de estilo abstracto. Es un bar atractivo, con una variedad de 125 vinos y champagnes, vendidos por copa. El menú, imaginativo y ligero, tiene precios razonables. Abierto para cenar de lunes a viernes de 16.00 a 24.00 h; los sábados desde las 17.00 h. El bar está abierto hasta las 2.00 de la mañana los viernes. Los sábados se sirve un desayuno tardío. Cerrado los domingos.

En la calle Greene encontrará varias galerías, entre ella **Sperone Westwater**, en Greene 142, con exposiciones de arte contemporáneo europeo y norteamericano, tel.431-3685. Camine dos manzanas hacia el este por West Houston y doble hacia el sur en Broadway para ver otras exposiciones de arte moderno. El **New Museum of Contemporary Art**, en Broadway 583, tel. 219-1222, está dedicado exclusivamente al arte de nuestro tiempo, principalmente aquél que ha sido rechazado por los museos más grandes y famosos. Está abierto de miércoles a domingos de 12.00 a 18.00 h, y permanece cerrado durante el verano. Enfrente, en Broadway 568 y 578, hay una manzana donde se encuentran nuevas galerías recién instaladas en el lugar, que vale la pena visitar. Entre ellas, la **John Gibson Gallery**, tel. 925-1192, y la **Twining Gallery**, tel. 431-1830, en las cuales se presentan pinturas, esculturas y fotografías contemporáneas. En **Hand in Hand**, tel. 219-1844, encontrará una amplia selección de libros de arte. **Lorence Monk**, tel. 431-4355, se especializa en grabados contemporáneos. La mayoría de las galerías están abiertas de martes a sábados de 12.00 a 18.00 h.

En cierta manera, hemos reservado la mejor calle para el final del paseo. Continúe hacia el este por la calle Spring hasta West Broadway. Si camina hacia el norte por esta última encontrará una boutique, galería o restaurante a cada paso. Vaya primero por la acera este y luego por la oeste, para no perderse nada. No deje de visitar las galerías más importantes: **Mary Boone**, en el número 417, y **Leo Castelli**, a corta distancia. Mary Boone adquirió una fama considerable hace algunos años como el prototipo de comerciante de arte con buen ojo para descubrir talentos incipientes. Castelli es una de las galerías mejor establecidas del Soho.

En *D. F. Sanders*, West Broadway 386, Tel. 925-9040, se pueden conseguir artículos del hogar y muebles sofisticados. En la puerta de al lado está *Think Big!*, donde los artículos más variados se transforman en gigantes, clips para papeles del tamaño de un ser humano o lápices de cera de dos metros de largo.

El paseo no incluye todas las calles del Soho sino que se concentra en las más interesantes. De éstas, West Broadway, Prince y Spring le permitirán captar el verdadero ambiente de la zona. No deje de entrar, por lo menos, en uno de los restaurantes del barrio, la mayoría de los cuales sirven desayunos tardíos los sábados y domingos.

Si llega al barrio por la noche y quiere cenar, camine hacia el sur por Broadway y regrese al corazón del Soho; encontrará un gran número de buenos restaurantes al doblar hacia el este, en la calle Spring. El *New Deal*, en Spring 152, tel. 431-3663, sirve cenas especiales a precios razonables en una atmósfera tranquila, con jazz de fondo por la noche. *Tennessee Mountain*, en Spring 143, tel. 431-3993, ofrece probablemente las mejores costillas asadas de la ciudad y también a precios razonables. El *Spring st. Natural*, en Spring 66, sirve excelentes comidas completamente naturales.

Para una cena elegante y cara camine hacia el sur en West Broadway, hasta la calle Grand. La mejor selección será *Chanterelle*, en Grand 89, tel. 966-6960, cuyo menú de estilo "nueva cocina" cambia cada dos semanas. Para cenar a un precio más asequible continúe hacia el oeste por Grand hasta el *Moondance Diner*, en la esquina de la Sexta Avenida. Este pequeño restaurante, decorado al estilo de la década de los 50, satisfará su apetito en un ambiente agradable.

Después de cenar puede disfrutar de alguna de las maravillosas producciones musicales en el informal *Ark Theater*, en Spring 131, tel. 431-6285. Si está interesado en un teatro más experimental, vaya al *Performing Garage*, en Wooster 33, tel. 966-3651.

A corta distancia, en Watts 57, tel. 431-1590, se encuentra otro lugar donde se puede disfrutar de la vanguardia artística, el *Film Forum*, donde se proyectan películas extranjeras y de intención crítica.

Greenwich Village: Donde todo está permitido

El *Greenwich Village* es conocido como el lugar donde germinan las nuevas ideas, tanto socioculturales, como políticas o de moda, o quizás habría que decir "anti-moda". En comparación con el tranquilo y conservador *Uptown*, el Village está siempre en vanguardia. Las chispas que encendieron el comunismo norteamericano, la generación "beat" de la década de los '50, el movimiento pacifista de la década de los '60, el movimiento en pro de los derechos de los homosexuales y el *punk-rock* tuvieron su origen en el Village.

En lo que fuera un poblado indio se estableció en el siglo XVIII un barrio de prósperos colonos. Hacia fines del siglo XIX se transformó en el lugar de residencia de artistas y escritores como Winslow Homer, Mark Twain y Henry James, que escribió sobre una floreciente familia del Village, en 1881, en su novela *Washington Square*.

El *Washington Square Park* cuenta con una rica historia. Allí se encuentra todavía un olmo inglés conocido como "el árbol del verdugo", porque era utilizado para las ejecuciones a fines del siglo XVIII. Emma Goldman, la famosa anarquista que vivía en las proximidades y difundía su mensaje de libertad sin límites para todos, fue acusada, sin pruebas, de complicidad en el asesinato del Presidente McKinley, en 1901.

Otros famosos habitantes del Village fueron Edna St. Vincent Millay, O. Henry, Diego Rivera y Eugene O'Neill, quien formó una de las primeras compañías de teatro fuera de Broadway, la *Provincetown Players*.

La proliferación de institutos que concentran una amplia población juvenil, contribuye a crear esa atmósfera de tolerancia general. En la ciudad de Nueva York viven en la actualidad unos 777.000 estudiantes de institutos superiores, una población superada solamente por las diez ciudades más grandes del país. En el Village se encuentra la *New York University* (NYU), el *New School*, el *Parsons School of Design* y el *New School for Social Research*.

¿Se trata de una atmósfera intelectual inherente? ¿O de un ambiente de rebelión constante? Sea cual fuere la explicación, las extrañas modas del Village, sus bares informales y los amenos cafés dan lugar a un intercambio de ideas siempre abierto.

Puede disfrutar del West Village tanto de día como a altas horas de la noche, ya sea para pasear, comprar, cenar o bailar en uno de los muchos clubes. Hemos dividido la visita en dos días y un paseo nocturno. Como podrá ver, el barrio está repleto de actividad. El tiempo ideal para visitarlo comprende desde el atardecer hasta altas horas de la noche. No hay necesidad de apurarse: las tiendas suelen estar abiertas hasta muy tarde, no hay puntos concretos de atracción y la principal diversión es pasear por las calles.

GREENWICH VILLAGE

1. Edificio y museo del Forbes Magazine
2. Primera iglesia Presbiteriana
3. Segundo cementerio de Shearith Israel
4. Iglesia de la Ascención
5. Second Childhood
6. Teatro Cherry Lane
7. Westbeth
8. Mercado mayorista de carne Gansevoort
9. The Blue Note
10. "Time Landscape"
11. Bleecker St. Cinema
12. Circle in the Square Downtown
13. The Chess Shop
14. Teatro Minetta Lane

NUEVA YORK

Primer día

Tome el metro RR, 4, 5 ó 6 hasta la estación Union Square/calle 14 y camine un par de manzanas hacia el oeste, hasta la Quinta Avenida. El Village comienza en la calle 14.

Los edificios de ladrillos de la Quinta Avenida son más grandes, más altos y están más ornamentados que los de las calles laterales de los alrededores. Contemple, por ejemplo, el sólido edificio en el número 50 de la Quinta Avenida, esquina a la calle 12, donde se encuentran las oficinas del *Forbes Magazine* y un museo en el que se exhibe la colección privada de su fundador, Malcolm Forbes. Abierto de martes a sábados de 10.00 a 16.00 h, entrada libre.

La **Graduate Faculty of Political and Social Sciences**, en el 65 de la Quinta Avenida, una extensión de la New School for Social Research, fue fundada en 1933 para europeos fugitivos del régimen nazi.

Vaya hacia el oeste por la calle 12. Las casas entre los números 34 al 44, construidas en 1860 en estilo neorrenacentista, similar al de la India House en Hanover Square en el Bajo Manhattan, eran consideradas las más elegantes de Nueva York cuando fueron construidas.

Regresando a la Quinta Avenida, encontramos la **Primera Iglesia Presbiteriana** entre las calles 11 y 12, entrada por la calle 12 oeste, número 12. La presencia de la comunidad presbiteriana en Nueva York se remonta a 1716, cuando fue recibida con frialdad por los colonizadores ingleses, miembros oficiales de la Iglesia de la Trinidad (Trinity Church) en Wall Street.

Durante la Revolución los presbiterianos apoyaban a los rebeldes, mientras que en la Trinidad estaban a favor de los ingleses. Tras los correspondientes arreglos de la posguerra, la Trinidad ofreció temporalmente sus instalaciones a los presbiterianos, cuya iglesia estaba siendo reconstruida. En 1845 la iglesia fue terminada en estilo gótico del siglo XV, tomando como modelo la Iglesia de St. Savior en Bath, Inglaterra, con una torre que recuerda al *Magdalen College* de Oxford. El Presidente Theodore Roosevelt, nacido en Nueva York, fue bautizado aquí. Cuando visite la iglesia, preste atención a las vidrieras, tres de las cuales fueron diseñadas por Louis Tiffany, el artista estadounidense famoso por sus vidrios iridiscentes multicolores.

Continúe hacia el sur por la Quinta Avenida y doble hacia el oeste en la calle 11 oeste, con sus hermosos y bien conservados edificios. La casa del número 60, construida en 1842, es típica de Andrew Lockwood, el principal constructor de los edificios de esta calle, con sus combinaciones de estilo federal y neoclásico. Más hacia el oeste, cerca de la esquina de la calle 11 oeste y la Sexta Avenida, se encuentra el segundo cementerio de **Shearith Israel**, perteneciente a las congregaciones judías de origen español y portugués. El primer cementerio de la congregación, creado en 1654, está en Chinatown. El segundo, que fue utilizado entre 1805 y 1829 quedó reducido a un pequeño triángulo, rodeado por edificios.

A la hora del almuerzo cruce la Sexta Avenida para comer una pizza en *Ray's*, el famoso restaurante del Village. Luego vuelva a la Quinta Avenida y continúe en dirección sur. En la esquina de la calle 10 oeste está la **Iglesia de la Ascensión**, de estilo gótico inglés, diseñada por Richard

Upjohn, construida en 1840 y redecorada alrededor de 1888 según los planos del arquitecto Stanford White. La popular firma de White, *McKim, Mead & White*, tuvo a su cargo gran parte de la arquitectura de la ciudad a principios de siglo, incluyendo el enorme edificio de la *General Post Office* en la Octava Avenida. Si bien White diseñó el arco del Washington Square Park, se hizo tristemente famoso fue por haber sido asesinado de un tiro por Harry K. Thaw, el celoso esposo de su ex-amante, la artista Evelyn Nesbit, durante uno de sus espectáculos.

En el interior de la iglesia hay un mural, *La Ascención*, del pintor norteamericano John La Farge, cuyas obras se encuentran también en la **Iglesia de la Encarnación**, en la calle 35 esquina a Madison Avenue. La Farge esturo muy influido por su amigo Henry James y muchas de sus obras tienen como personaje principal a un artista. La iglesia se encuentra abierta diariamente de 12.00 a 14.00 y de 17.00 a 19.00 h.

Camine hacia el oeste por la calle 10 oeste, otra hermosa manzana residencial. Samuel Clemens —más conocido como Mark Twain— vivió en el número 14. Si mira hacia el sur por la Quinta Avenida verá el arco de **Washington Square Park**, erigido en 1889 con motivo del centenario de la presidencia de George Washington.

El parque, sus fuentes y los músicos de jazz en las calles, ponen una nota refrescante durante el verano. Los fines de semana, desde abril hasta que empieza a nevar, *La Boule New Yorkaise* se reúne en el extremo sur del parque para jugar a la *petanca*. Los espectadores son bienvenidos.

Este atractivo parque es seguro durante el día. Por la noche, a menos que haya espectáculos, aléjese de él ya que se transforma en punto de venta de drogas y es muy peligroso.

Caminando hacia el este por Waverly Place, desde el extremo norte del parque, encontrará varios restaurantes. En el *Waverly Coffee Shop*, un lugar popular para los estudiantes de la NYU en la esquina de la calle Mercer, podrá disfrutar de una taza de café o una comida barata y de la selección de *muffins* probablemente más amplia de Nueva York, para tomar allí mismo o para llevar.

Desde el extremo sur del parque camine por la calle 4 oeste hasta la Sexta Avenida. Entre las calles 3 y 4 hay varias canchas de baloncesto que atraen a multitudes. Cruzando la Sexta Avenida, en la calle 3, se encuentra el *Waverly Twin Theater*, donde se estrenan películas durante el día y la noche; tel. 929-8037. En el Waverly, al igual que en otros cines del Village, se ofrece una sesión especial de medianoche, generalmente con películas míticas y clásicas. Cuando se presentan películas como *Rocky Horror Picture Show*, la audiencia participa del espectáculo vistiéndose como los personajes y repitiendo el diálogo de la película.

Al oeste de la Sexta Avenida, en el número 161 de la calle 4 oeste, se encuentra *Pink Pussycat Boutique*, que ofrece una cantidad de novelas eróticas inagotable.

Si desea seguir caminando encontrará tiendas exóticas en la avenida Greenwich esquina a la calle 8. Desde Sheridan Square vaya hacia el este por la calle Christopher a lo largo de Sheridan Square Park. En una corta extensión de la calle Christopher existen varias tiendas bonitas de

Washington Square: El corazón de Greenwich Village

ropa, juguetes, etc. Doble hacia el oeste en la avenida Greenwich, entre las avenidas Sexta y Séptima; tiene a su disposición toda una calle para comprar ropa.

Regrese en dirección este a la Sexta Avenida y camine varias manzanas hacia el norte hasta *Balducci's*, entre las calles 9 y 10. Este es el mejor lugar para comer en el Village, una verdadera fiesta para los ojos y el paladar. Si no encuentra aquí lo que desea, olvídese, probablemente no existe.

Vuelva en dirección sur a la Sexta Avenida y doble hacia el este en la calle 8 oeste, otra entretenida calle comercial donde encontrará las modas más extrañas en ropa, peinados y joyas. Las tiendas y su clientela suelen tener un aspecto algo salvaje. En esta calle abundan las zapaterías, algunas de las cuales ofrecen verdaderas gangas. Puede entrar al *Be Bop Cafe*; su decoración y su música recuerdan la década de los 50. Hacia el este, en el número 52 de la calle 8 oeste, se encuentra el *8th st. Playhouse*, un cine que también ofrece funciones a medianoche.

Las sugerencias sobre diversiones nocturnas se encuentran más adelante, en el apartado "Por la noche".

Segundo día

Exploraremos algunas de las calles más bonitas del Village, sus mejores restaurantes y teatros, partiendo de Sheridan Square. Puede llegar caminando desde la calle 8 oeste, donde terminó el itinerario anterior o en la línea 1 del metro hasta la estación Christopher.

Sheridan Square

Desde Sheridan Square camine hacia el sur por la Séptima Avenida y hacia el este por la calle Bleecker. En esta sección de la calle Bleecker hay varios restaurantes recomendables. Para ir de compras, en *Second Childhood*, encontrará una maravillosa y pequeña tienda de juegos antiguos (Bleecker 283, tel. 898-6140), como peonzas, soldaditos y animalillos de lata.

En *Golden Disc*, en el número 239, se compran y venden discos especiales. Cruce la Séptima Avenida y continúe hacia el oeste por Bleecker y verá más tiendas y excelentes restaurantes. Al llegar a la calle Bank rodee el campo de juegos por el norte y luego gire hacia el sur en la calle Hudson. No deje de ver *Second Hand Rose*, en Hudson 573, que vende muebles y una gran selección de papeles de empapelar de los años 1920 a 1950, todo excelentemente conservado.

Continúe por la calle Christopher hacia el este. Deténgase en un pequeño enclave del Village que cuenta con algunas de las manzanas más singulares de toda la ciudad: árboles, hermosas ventanas y casas alineadas muy bien conservadas. No se líe con las, aparentemente, confusas calles. Siga nuestras instrucciones y podrá internarse en el Nueva York de hace un siglo.

Doble a la derecha en Bleecker y camine hasta la calle Grove, en el número 55 se encuentra el *Duplex Jazz Club*, tel. 255-5438. Camine hacia el oeste por Grove y gire en Bedford hacia el sur. De los bares famosos de Nueva York, *Chumley's* —legendario para sus adeptos pero prácticamente desconocido para el resto de la población— es el menos afectado por la publicidad y su presencia en la calle Bedford 86 pasa casi desapercibida; se accede a través de un callejón apenas se da la vuelta en la calle Barrow.

Después de pasear un poco por esta zona típica, doble hacia el sur en la calle Barrow. Camine en dirección este hasta que se transforma en la calle Commerce, la más bonita de todas. Al cruzar Bedford, mire a la izquierda y preste atención a la casa situada en el número 75½. Es la casa más estrecha de la ciudad, mide menos de 3 metros de ancho. En Commerce 38, tel. 989-2020, está el *Cherry Lane Theater*, un teatro íntimo. Unos pasos más allá se halla *Blue Mill Tavern*, un pequeño bar-restaurante fundado en 1926, con pocas pretensiones pero excelente para tomarse un respiro.

Regrese por donde llegó, doble hacia el norte en Hudson y luego hacia el oeste por la calle 11 oeste. En la esquina con la calle Washington está el *Black Ship*, tel. 242-1010, un hermoso restaurante de estilo campestre francés, con menú de precio fijo. Continúe por la misma calle hasta la calle West, que constituye el límite oeste del Village, paralelo al río Hudson. Hacia el sur hay varios clubes y cines de homosexuales. En esta calle doble hacia el norte para dirigirse a **Westbeth**, el artístico complejo de la esquina de West y Bethune. Los edificios pertenecían originalmente a la *Bell Telephone Laboratory (Western Electric)*, que en 1896 invirtió 119.000 dólares en adquirir el terreno para sus talleres. Aquí se hicieron las primeras películas habladas, se descubrió el transistor y se presentó por primera vez al público la televisión.

Los sólidos edificios de hormigón armado y acero que se ven hoy en día fueron inaugurados en 1970. Se concibieron como una respuesta a la necesidad de espacios amplios y accesibles de los artistas y constituyen una evidencia más del compromiso de la ciudad de Nueva York con sus artistas. La realización del proyecto Westbeth produjo desgravación de impuestos y requirió el patrocinio del FHA.

Acceda al complejo por la entrada de la calle Bethune. Encontrará una sala para cine y teatro, galerías en la planta baja donde se exponen al público los trabajos de los artistas residentes en el lugar, y un estudio compartido por escultores. El coreógrafo Merce Cunningham alquila estudios de danza para ofrecer representaciones.

Si desea cenar cerca de Westbeth, puede hacerlo en el *Black Sheep* mencionado anteriormente, o en *Yellow Rose*, un restaurante mejicano de la calle West 521.

Si sigue caminando desde Westbeth por la calle West en dirección norte llegará al **Gansevoort Wholesale Meat Market**, un mercado de carne que debe su nombre al antiguo muelle Gansevoort. El escritor Herman Melville trabajó aquí como inspector de aduanas, porque no podía alimentar a su familia con novelas como *Moby Dick* y *Billy Budd*. El mercado es un lugar interesante, aunque no precisamente bonito.

Por la noche

El West Village, especialmente las calles al sur de Washington Square Park, es el lugar ideal para visitar al anochecer o a altas horas de la noche. Llegue a la plaza después del recorrido anterior, o bien con las líneas A ó E del metro hasta la estación de la calle 4 oeste.

En una noche agradable limítese a pasear o llame a un club de jazz para hacer la reserva y llegue temprano, así podrá callejear un poco por la zona.

Comience en la esquina de la calle 4 oeste con la Sexta Avenida, avance hacia el sur por ésta y doble hacia el este en la calle 3 oeste. El *Blue Note*, en el número 131, tel. 475-8592, es un agradable club de jazz que atrae a los músicos más famosos y mejores. Las mesas ocupadas alrededor de un pequeño escenario crean un ambiente de camaradería entre los músicos y el público. Un espectáculo de jazz en este club será uno de los momentos cumbres de su visita a Nueva York. El precio de la entrada y la consumición mínima pueden ser cubiertos con la bebida o la cena.

Continúe por la calle 3 oeste hasta el número 118, donde encontrar *Bleecker Bob's Golden Oldies Record Shop*, una de los diversas tiendas del Village que se especializan en discos antiguos difíciles de encontrar. La mayoría de estas tiendas están abiertas hasta muy tarde por la noche.

Doble hacia el sur en La Guardia Place y cruce la calle Bleecker. Ahí se encuentra **Time Landscape**, una recreación del bosque de roble mixto y la ondulada topografía del Manhattan precolonial. Para regresar a la vida nocturna del lugar, gire hacia el este en Bleecker. Esta calle, entre La Guardia y la Sexta Avenida, es la más animada a altas horas de la noche. En cada esquina parece surgir un café, un lugar perfecto para disfrutar de una bebida o tomar un café y observar el movimiento juvenil y artístico de la calle. Entre los cafés hay varios clubes excelentes, muchos de ellos más legendarios que los músicos que tocan en su interior.

En el *Bleecker Street Cinema*, en Bleecker 144 esquina a La Guardia, tel. 674-2560, se proyectan películas clásicas americanas y extranjeras. *Preachers*, en el número 145, tel. 533-4625, ofrece música pop y rock a altas horas de la noche. *Bitter End*, en el 147, tel. 673-7030, es un club de música muy conocido en el barrio; de él surgieron muchos artistas, como Woody Allen y Robert Klein, pero la mayoría de los que se presentan aquí en la actualidad son desconocidos. En el *Village Gate*, cruzando a Bleecker 160, tel. 475-5120 ó 473-7270, se sirven comidas y bebidas y se

Una pared en el Village

puede escuchar música en la amplia sala de la planta inferior, mientras que el más pequeño, *Top of the Gate*, en la planta superior, está reservado para espectáculos musicales de cabaret. *Circle in the Square Downton*, en Bleecker 159, tel. 254-6330, es un bonito e íntimo teatro con 300 butacas que rodean al escenario por los tres costados.

NUEVA YORK

Un descanso en una taberna

El Rincón de España, en Thompson 226, al norte de Bleecker, tel. 260-4950, es un excelente restaurante español, con precios razonables y una notable paella. Para los postres pruebe en uno de los muchos cafés de los alrededores. En uno de los quioscos de prensa que trabajan las 24 horas del día, podrá comprar la prensa internacional al concluir su noche del sábado.

Chess Shop, en Thompson 230, está abierto todos los días de 12.00 a 24.00 h para amantes del ajedrez y para el público que desea mirar. Se juega también backgamon, y naipes. También se dan clases.

En el *Sullivan Street Playhouse*, en Sullivan 181, al sur de Bleecker, tel. 674-3838, se presenta la comedia musical que lleva más tiempo en escena en el mundo, 30 años: *The Fantasticks,*. Gire al norte en la calle MacDougal, una manzana al oeste de Sullivan. Ahí encontrará el *Minetta Lane Theater*, uno de los más nuevos de Nueva York. Un poco más al norte, está la compañía teatral más antigua de la ciudad, *Provincetown Playhouse*, fundada por Eugene O'Neill, en MacDougal 133, tel. 477-5048.

Diríjase hacia el oeste por la calle 4 y doble a la izquierda por la calle Cornelia, hasta *Sabor*, en el número 20, tel. 243-9579, que ofrece su deliciosa comida cubana. Abierto solamente para cenar. En el número 29 se encuentra *Cornelia Street Cafe*, con espectáculo de música pop, rock y folk en vivo, tel. 929-9869.

Continúe hacia el oeste por la calle 4 oeste mirando los escaparates de las tiendas. En el número 120, esquina con la calle Jones, encontrará el *Peculier Pub*, un pequeño bar que se las arregla para ofrecer 200 tipos de cervezas locales e importadas. Doble a la izquierda en la calle Barrow 17 y encontrará *One If By Land, Two If By Sea*, un caro restaurante continental con un ambiente agradable situado en lo que fuera el cobertizo de carruajes de Aaron Burr. Tel. 255-8649.

Regrese a la calle 4 oeste y continúe en esa dirección hasta llegar a Sheridan Square, donde se cruzan la calle 4 oeste, Christopher y la Séptima Avenida. En esta intersección cuenta con varias posibilidades de diversión nocturna. *Circle Rep.*, una compañía teatral en Séptima Avenida Sur número 99, tel. 924-7100, que ofrece generalmente buenos espectáculos. En el número 100 está el *Actor's Playhouse*, tel. 691-6226. Además de las obras regulares, ofrece producciones estudiantiles los lunes a las 20 h. En el número 88 está situado *Sweet Basil's*, uno de los mejores clubes de jazz de Nueva York, tel. 242-1785. Se cobra la entrada y una consumición mínima. Un poco más al norte, en Séptima Avenida Sur número 178, esquina a la calle 11, está el mundialmente famoso *Village Vanguard*, un club de jazz establecido en un sótano que celebra ya su quincuagésimo aniversario. Tel 255-4037.

A la hora de la cena puede probar uno de los restaurantes mencionados previamente o caminar por la Séptima Avenida Sur hasta el excelente *Village Maha Rajah*, en la esquina con Bleecker, tel. 243-4362, con precios razonables. Pruebe los diferentes panes. Otra posibilidad, más cara, en la misma dirección, es *Vanessa*, en Bleecker 289, tel. 243-4225, un hermoso restaurante americano con un menú muy creativo.

Salga de compras por la tarde y cene por la noche en uno de los abundantes restaurantes y cafés. Puede disfrutar de un espectáculo o un recital de jazz temprano y asistir a otro más tarde, dado que la mayoría de los clubes ofrecen dos funciones los fines de semana.

El East Village: Una creatividad asombrosa

Pese a que en los últimos años se ha transformado en un lugar de moda para visitantes, el *East Village* tiene mucho que ofrecer: teatros, galerías, clubes de bailes restaurantes con precios asequibles, y el arte de vanguardia más asombroso creado en los últimos 15 años. Vístase como le resulte más cómodo para visitar este barrio modesto. El mejor momento para ello es el atardecer o por la noche, especialmente viernes y sábados. Las galerías están cerradas los lunes.

El East Village, al igual que el West Village, abarca desde la calle Houston hasta la 14. Los límites este y oeste están demarcados por la Quinta Avenida, desde la calle 14 hasta la 8, y por Broadway, desde la 8 hasta Houston. Es posible que no encuentre ninguna diferencia entre el este y el oeste en Broadway mismo, pero las diferencias socio-económicas se acentúan a medida que se dirija a un lado u otro.

El West Village parece ser el más próspero de los dos, con sus boutiques y sus restaurantes lujosos y caros. El East Village es una comunidad de artistas, actores e inmigrantes. Sus galerías presentan trabajos más experimentales y la comida es más barata. El East Village se encuentra en proceso de cambio, mientras que el West Village está más consolidado. Este último, si bien está muy lejos de ser conservador, ha sido un barrio de artistas desde hace muchos años, al que la gente del norte de la ciudad acudía masivamente para escuchar conciertos de jazz por las noches o a divertirse disfrutando del extraño estilo de sus calles.

Si visita el East Village durante el día tome el metro RR hasta la estación de la calle 8, vaya hasta la esquina de Broadway y la calle 8 este y camine hacia el norte por Broadway. Los grandes escaparates en la esquina de Broadway y la calle 10 este, **Broadway Windows**, contribuyen a crear ambiente con sus cambiantes exposiciones de obras de arte de gran tamaño. Justo enfrente se encuentra **Grace Church**, una hermosa iglesia episcopaliana neogótica terminada en 1846. Fue diseñada por James Renwick Jr., y es famosa por sus vidrieras, los altos arcos y el púlpito tallado. Abierta al público de lunes a viernes de 10.00 a 17.45 h y los sábados de 12.00 a 16.00 h. En Broadway, frente a la iglesia, hay varios comercios de antigüedades, entre los cuales se distingue *Fifty-Fifty*, en el número 793, tel. 777-3208, con un interesante mobiliario y accesorios de mediados de siglo. En esta parte del East Village (de Broadway hacia el norte hasta las calles 11, 12, y 13 una manzana hacia el oeste) abundan este tipo de comercios. Muchos de ellos son mayoristas, pero otros están abiertos también al público.

Hay dos tiendas que no debe dejar de visitar. En la esquina noroeste de Broadway 821, *Forbiden Planet*, tel. 473-1576, un fabuloso comercio de ciencia ficción, con una interminable variedad de juguetes, máscaras, juegos, libros y más de 15.000 revistas. Los vendedores le harán demostraciones de robots mecánicos y le recibirán con gusto aunque sólo quiera mirar la mercancía. Cruzando a la esquina noreste, se sentirá igualmente bien

EAST VILLAGE

BROADWAY

GREAT JONES ST.

LAFAYETTE ST.

BLEECKER ST.

BOND ST.

Cooper sq.

FOURTH AVE.

THIRD AVE.

STUYVESANT ST.

BOWERY

SECOND AVE.

EAST 1ST ST.

EAST 2ND ST.

EAST 3RD ST.

EAST 4TH ST.

EAST 5TH ST.

EAST 6TH ST.

ST. MARKS PL.

EAST 9TH ST.

FIRST AVE.

EAST 14TH ST.

EAST 10TH ST.

EAST 11TH ST.

EAST 12TH ST.

EAST 13TH ST.

AVENUE A

TOMPKINS SQ. PARK

EAST HOUSTON ST.

AVENUE B

EAST 7TH ST.

EAST 8TH ST.

AVENUE C

AVENUE D

FRANKLIN D. ROOSEVELT DRIVE

EAST RIVER

recibido en *Strand Bookstore*, Broadway 828, tel. 473-1452, que se precia de ser la mayor tienda de libros usados de Nueva York. El local era antiguamente un almacén de ropa; encontrará en él más de dos millones de libros nuevos, viejos y que ya no se editan, generalmente a precios increíblemente bajos. Incluso puede conseguir libros recientes a mitad de precio. Si no encuentra lo que busca, consulte a los vendedores.

Continuando hacia el norte por Broadway, contemple el edificio Empire State a lo lejos, por la calle 13. En ésta doble hacia el oeste, luego al sur en University Place (la Universidad de Nueva York cuenta con muchas propiedades en la zona). En esta calle se concentran varios clubes que conviene visitar por la noche: dos de jazz, el *Bradley's* en el número 70, tel. 228-6440, y el *Knickerbocker Saloon*, en el número 33, tel. 228-8490. Este último es un restaurante decorado al estilo de principios de siglo. No se cobra entrada ni consumición mínima. Música hasta las 2.30 de la madrugada. En el popular *BBQ*, en University Place 21, se sirve excelente pollo asado.

Camine hacia el sur y doble hacia el este por la calle 10 este. En **Margo Feiden Galleries**, University Place 75, se exponen más de 1.000 dibujos originales del famoso caricaturista Al Hirschfeld. Este octogenario artista ha dibujado a personalidades del mundillo teatral desde hace más de seis décadas. Una de sus peculiaridades es que muchas de sus caricaturas esconden el nombre de su hija, "Nina". Entrada gratuita. Abierto de lunes a viernes de 10.00 a 18.00 h; sábados y domingos de 13.00 a 17.00 h. Algunos cuadros están a la venta y se pueden conseguir pósters.

Doble al sur en Broadway y luego por la calle 8 este, cruce Lafayette. A su derecha, en la esquina de la Cuarta Avenida, se encuentra el edificio de la **Fundación Cooper Union**, nombrada así en honor del conocido inventor y filántropo Peter Cooper. La Escuela para el Fomento de la Ciencia y el Arte, fundada por Cooper en 1859, siempre fue gratuita. Se entra por la calle 7 este; fíjese en el programa de exposiciones y conciertos o bien llame al tel. 254-6300.

La calle 8 este se transforma en St. Marks Place cuando cruza las Avenidas 3 y 4. Aquí encontrará ropa usada en tiendas como *Trash and Vaudeville*, en el número 4, tel. 982-3590. Doble hacia el norte en la Segunda Avenida. A su izquierda, en el número 133, está el *St. Marks Cinema*, donde se proyectan películas de moda y, en las funciones de medianoche, películas míticas y clásicas.

1. Iglesia Grace
2. Librería Strand
3. Edificio de la Fundación Cooper Union
4. Iglesia St. Mark-in-the-Bouwerie
5. Teatro Entermedia
6. P.S. 122
7. Pyramid Club
8. McSorley's Old Ale House
9. Teatro Público
10. Teatro Astor Place
11. Old Merchants House of N.Y.
12. Tower Records
13. Bottom Line

Al lado, en el número 135, se encuentra la **Ottendorfer Library**, una institución centenaria que es también la más antigua de las bibliotecas públicas que aún funciona en su local original. Fue creada por Oswald Ottendorfer, propietario de un diario germano-estadounidense, para inmigrantes alemanes. Sin embargo, los nuevos tiempos se reflejan en el hecho de que se han ido agregando en sus estantes volúmenes en polaco, ucraniano, chino, francés y español.

Esta zona, desde la Segunda Avenida en dirección este, es el barrio de los inmigrantes y los artistas. La zona entre las calles 4 y 11 y las Avenida A y C está colmada de galerías, teatros experimentales y restaurantes típicos baratos cuyas delicias gastronómicas no debe perderse. Los manjares revelan tres grandes culturas y los restaurantes difieren tanto en sus características como en sus menús. Los restaurantes polaco-ucranianos tienden al estilo funcional de la década de los '50, con fórmica, vidrio y baldosas en brillantes tonos terracota; son también centros culturales y políticos para su clientela. Puede comer en ellos rápido y barato y el servicio es muy atento. Los restaurantes hispanos son también amistosos con los visitantes y se vuelcan especialmente con las personas de su propia lengua y cultura. La decoración suele ser en colores brillantes, con banderas y mapas de sus países de origen. Los animados restaurantes hindúes emanan ambiente exótico. Las luces bajas, las telas coloreadas y la música autóctona del sitar producen la sensación de haber sido transportado a otro lugar del mundo.

En la esquina noroeste de la Segunda Avenida y la calle 10 se encuentra la iglesia de **St. Mark's-in-the-Bouwerie**. El edificio de estilo georgiano tardío, construido en 1799, reemplazó a la capilla que Peter Stuyvesant, último gobernador de Nueva Amsterdam, había construido en 1660 en su granja del *Bouwerie*. Aquí están enterrados Stuyvesant y siete generaciones de sus descendientes. Su lápida forma parte de los cimientos de la iglesia. Con el apoyo legal de Alexander Hamilton, St. Mark's fue abierta como la primera parroquia independiente de la Iglesia de la Trinidad en Manhattan, estableciendo capillas en toda la ciudad, para responder a las necesidades de los inmigrantes sin invocar a la discriminatoria práctica de los bancos particulares de pago en las iglesias. En la actualidad, St. Marks es un punto de reunión de artistas. El Proyecto Poesía viene presentando lecturas semanales desde hace 18 años. Isadora Duncan y Martha Graham bailaron aquí. El *Theater Genesis*, fundado en 1965, fue una de las primeras compañías teatrales de "off-off-Broadway" en producir las obras tempranas de Sam Shepard, que recibió el Premio Pulitzer. Llame al tel. 674-8112 para solicitar información sobre las representaciones (cerrado entre junio y septiembre).

El *Theater for the New City*, en la Segunda Avenida 162, tel. 254-1109, es una de las muchas compañías de teatro experimental del barrio. El *Entermedia Theater*, en la Segunda Avenida esquina a la calle 12 este, tel. 475-4191, presenta obras de calidad.

Para comprar equipo de cámping o deportivo, el lugar ideal es *Hudson's*, una manzana al oeste, en un local que ocupa toda una manzana a lo largo en la Tercera Avenida entre las calles 12 y 13. En *Footlight Records*, calle 12 este, encontrará discos de espectáculos de Broadway y otros muchos que habitualmente son difíciles de encontrar.

Si sigue hacia el este por la calle 11, pasando la Primera Avenida, llegará a un barrio en el que abunda el tráfico de drogas. Sin embargo, en este descuidado barrio con alquileres baratos se encuentran algunas de las mejores galerías de arte nuevas del East Village, con exposiciones de algunos de los trabajos más provocativos del país. Si bien este arte desafía toda clasifficación éstas son algunas de sus características: tamaño reducido, humorísticos, políticos, intencionadamente toscos y cargados de energía, como si hubieran sido arrancados de los pinceles. Hay en el East Village más de 60 galerías y clubes, muchas de las cuales, incluidas algunas de las más importantes, se encuentran en las calles 10 y 11.

Los **Tenth Street Baths**, en la calle 10 este número 268, son considerados los únicos supervivientes de los tradicionales baños turcos originales. Son llamados *schvitz*, nombre popular de *idish*, baños de vapor, y el calor en su interior puede ser insoportable. Eran muy comunes en Nueva York en la época en que mucha gente no tenía duchas propias. Muchos de estos establecimientos se han transformado en locales de dudosa reputación, pero los Tenth Street Baths mantienen gran parte de su atmósfera del siglo XIX y el público acude solamente a relajarse. Los gánsteres solían venir aquí para discutir sobre negocios, dejando sus revólveres al cuidado del empleado. Hay que pagar entrada y un suplemento si quiere obtener una *platzka*, un vigoroso masaje con jabón y cepillo de hojas de roble. Tel. 473-8806.

Dirigiéndose al oeste en la Primera Avenida y doblando hacia el sur podrá elegir entre varias opciones para divertirse por la noche.

P.S. 122, en la Primera Avenida 150, cerca de la calle 9, era antiguamente una escuela que se ha transformado en un importante centro de arte experimental donde se ofrecen espectáculos. Aunque no es elegante, expone trabajos tan buenos como otras galerías de los alrededores y es un lugar ideal para contemplar lo último en danza, música o teatro. Tel. 477-5288.

El *Pyramid Club*, más al oeste, en la Avenida A 101, entre las calles 6 y 7, tiene preferencia por las danzas extrañas y exóticas. La audiencia, increíblemente desinhibida, luce vestimenta de todos los estilos imaginables y practica los bailes más insólitos. Se cobra entrada. Después de haber probado las numerosas posibilidades de entretenimiento del barrio, puede volver a este club a altas horas de la noche.

Desde aquí un corto paseo le llevará hasta otra concentración de galerías, en las calles 5 y 6. **Postmasters Gallery**, al sur, tiene un aspecto más refinado que otras. Abierta de miércoles a domingos de 12.00 a 18.00 h. Tel. 477-5630.

Camine hacia el oeste por la Primera Avenida, que parece la cumbre de la civilización en comparación con "Alphabetland" (Avenidas A, B y C). Doble en dirección norte hacia el restaurante polaco *Polonia*, en la Primera Avenida 126, entre las calles 7 y St. Mark's Place. Al igual que los restaurantes ucranianos mencionados anteriormente, *Polonia* es pequeño, acogedor y barato, ideal para una comida rápida. Pruebe las sopas caseras y los *peiroge* de patatas o los budines de pasta.

Al llegar a la esquina de St. Mark's Place verá el *Theater 80 St. Mark's*, cine que ofrece en funciones de medianoche películas clásicas, tel. 254-7400. De aquí diríjase hacia el sur y luego al oeste por la calle 7. En el

Edificio de la Fundación Cooper Union

número 15 encontrar *McSorley's Old Ale House* (1854), uno de los bares favoritos y famosos del barrio. Abierto solamente para hombres hasta 1970, *McSorley's* fue obligado a admitir mujeres después de una contienda legal, tel. 473-8800.

Visite *Surma*, en el número 11 de la calle 7 este, tel. 477- 0729, podrá ver libros ucranianos y huevos de Pascua hermosamente decorados.

Continúe hacia el oeste por la calle 7, cruzando las avenidas 3 y 4. Pase el edificio de la Cooper Union y doble hacia el sur en la calle Lafayette. Antes de dirigirse hacia el sur, preste atención a *Astor Wines and Spirits*, en Astor Place 12, que es probablemente la tienda de licores más grande de Nueva York, tel. 674-7500.

En Lafayette número 425 se encuentra el *Public Theater*, sede original de la Astor Library. El teatro fue renovado, lo dirige el productor Joseph Papp y pertenece a varias compañías teatrales y al Festival Shakespeare de Nueva York; *Delacorte Theater* ofrece espectáculos gratuitos durante el verano en Central Park. *A Chorus Line*, la obra de mayor éxito en Broadway, se originó aquí. En la taquilla venden entradas a precio completo, pero el *Public Theater* ofrece también entradas a mitad de precio, para el día de la representación, a través del sistema *Quiktix*.

El *Astor Place Theater*, cruzando la calle en Lafayette 434, también presenta

Graffiti en East Village

espectáculos de calidad. El teatro mismo es un lugar histórico, uno de los cuatro supervivientes del *Colonnade Row* o *LaGrange Terrace*, conjunto formado por nueve edificios con columnas, construido en la década de 1830. Las 28 elegantes columnas corintias enmarcaban majestuosamente el complejo residencial. John Jacob Astor, que tenía su biblioteca en la acera de enfrente, y Washington Irving, autor de *Rip van Winkle* y *Legend of Sleepy Hollow*, vivieron aquí.

En Colonnade Row se encuentra también *Indochine*, en Lafayette 430, un restaurante especializado en cocina vietnamita, propiedad de uno de los fundadores del *Odeon* de Tribeca. En *Indochine* compartirá el colorido ambiente con los magnates, modelos y fotógrafos del arte y la moda de Nueva York. Los precios son bastante razonables pero las raciones son pequeñas. Abierto diariamente de 18.00 a 0.30 h. Tel. 505-5111.

Siguiendo hacia el sur por Lafayette diríjase hacia la calle 4 este. En el número 29 se sitúa **Old Merchants House of New York**, construida en 1831-32. Es la única casa de Manhattan del siglo XIX que ha sobrevivido con su mobiliario original y recuerdos familiares intactos. Abierta los domingos de 13.00 a 16.00 h; existe la posibilidad de otros horarios de visita concertando citas especiales. Tel. 777-1089.

El *Bowery Lane Theater*, en Bowery 330 esquina a la calle 2, tel. 677-0060, es la sede de la compañía teatral *Cocteau Repertory*, que se especializa en la resurrección de obras clásicas relegadas. _La Mama (E.T.C.)_, en la calle 4 este 4A, tel. 475-7710, presenta excelentes producciones de obras nuevas y de vanguardia. Las primeras obras de Sam Shepard fueron representadas aquí.

Camine hacia el norte por el Bowery y doble hacia el oeste en la calle Great Jones para llegar al _Great Jones St. Cafe_, en el número 54, tel. 674-9304, un buen lugar para terminar la noche. Es pequeño y probablemente tenga que esperar para conseguir una mesa libre. La comida es buena, los precios son razonables y está abierto hasta las 4 de la mañana.

Ahora diríjase al oeste, hacia Broadway. En la esquina de la calle Great Jones hallará _Caramba!_, un restaurante mexicano siempre lleno de gente. Los camareros preparan el cóctel _Margarita_ más fuerte que puede encontrarse desde Acapulco hasta el norte, tel. 420-9817.

En esta zona de Broadway hay siempre una gran actividad. En la esquina de Broadway y la calle 4 este abre sus puertas _Tower Records_, la tienda de discos más grande de Nueva York, con una sucursal en el Upper West Side. Cuenta con una enorme colección de discos de jazz. Abierto de 9.00 a 24.00 h, todos los días del año. El anexo de _Tower's_, con discos clásicos baratos, está a la vuelta, con entrada por la calle 4 este y Laffayete; abre diariamente de 9.00 a 23.00 h. Tel. 505-1500. No se lo pierda.

Unas manzanas hacia el oeste, en la calle 4 oeste número 15 está _Bottom Line_, un club de música pop y rock en el que suelen presentarse artistas de primera línea. Generalmente hay que reservar entradas. Tel. 228-6300.

Al norte de Broadway se encuentran algunas tiendas de ropa antigua y de prendas únicas. Dos de ellos, el _Unique Clothing Warehouse_, en Broadway 718 y 726 esquina a la calle 8, tel. 674-1767 y el _Antique Boutique_, en Broadway 712-714, esquina a Washington Place, tel. 460-8830, no pueden dejar de visitarse. Este último ofrece una amplia colección de ropa antigua, desde fracs amarillos hasta camisas para jugar a los bolos y joyas.

Nuestro paseo por el East Village concluye en _Astor Place Haircutters_, en la esquina de Broadway y Astor Place. Si quiere puede llevarse un original recuerdo de su visita. Todo lo nuevo y radical en cortes de pelo se encuentra aquí. Póngase a la cola, que generalmente llega hasta la calle, y observe cómo cortan el pelo artísticamente y con precisión, forma parte de la diversión. Cuando escuche su nombre por la megafonía llegó su turno. Podrá elegir entre una gran variedad de estilos y colores para combinar o contrastar con la ropa. Tel. 475-9854.

Gramercy Park: Un rincón sereno

Definiremos el barrio de *Gramercy Park* como la zona que se extiende entre la calle 14 al sur, la 27 al norte, la Quinta Avenida al oeste y los complejos residenciales de Stuyvesant Town y Peter Cooper Village al este, con el parque en el mismo centro.

Gramercy Park, al igual que Greenwich Village, fue el lugar de residencia de importantes figuras del mundo de la literatura, como Washington Irving y O. Henry. Ambos barrios fueron decretados distrito histórico por la Sociedad Artística Municipal de Nueva York en 1957. La Sociedad sostiene que los edificios forjaron un lazo histórico con el parque Gramercy original hace 150 años.

Tome el metro RR, 4, 5 ó 6 hasta la estación Union Square, donde se junta la calle 14 con Broadway. Hace un siglo la calle 14 era considerada una vía noble; Union Square era uno de los parquecillos más bonitos de la ciudad y *Tiffany's* y *Lord & Taylor* se encontraban en las proximidades. En la actualidad la situación es diferente, por la calle 14 aún se puede ir de compras, pero solamente se encuentra mercancía barata, está llena de gente y es sucia.

Union Square, punto de reunión de traficantes de drogas en los últimos años, está cerrado en la actualidad para ser limpiado, renovado y replantado, con lo cual se espera recuperar su reputación de antaño. En el extremo norte del parque, se reúnen los miércoles y sábados agricultores y proveedores en el mercado al aire libre **Union Square Greenmarket**, donde se encuentran frutas, verduras y huevos a bajo precio.

Desde Union Square camine hacia el este por la calle 14 hasta Irving Place y desde ahí hacia el norte. La sede central de *Consolidated Edison*, el principal abastecedor de electricidad de Nueva York, está a su derecha, en Irving Place 4. En el interior del edificio se encuentra el **Con Edison Energy Museum**, que expone una crónica de la era de la electricidad. Entrada libre. Abierto de martes de sábados de 10.00 a 16.00 h. Se entra por la calle 14 este, número 145, tel. 460-6244.

Continúe hacia el norte por Irving Place. Washington Irving (1783-1859), el primer escritor nacido en los EE.UU. que alcanzó un gran éxito (*Rip van Winkle, The Legend of Sleepy Hollow*) vivió en el número 49, en la esquina de la calle 17. En *Irving Plaza*, Irving Place 17, cerca de la calle 15, tel. 477-3728, podrá disfrutar de música moderna, jazz, salsa y blues. No muy lejos, hay dos buenos restaurantes italianos, en Irving Place entre las calles 17 y 18: *Paul and Jimmy's* y *Sal Anthony's*, tel. 982-9030.

Enfrente se encuentra *Pete's Tavern*, en Irving Place 66, tel. 473-7676. Según dicen, el conocido escritor de cuentos O. Henry frecuentaba este establecimiento a principios de siglo, mientras escribía su famoso *The Gifts of Magi*.

GRAMERCY PARK Y CHELSEA

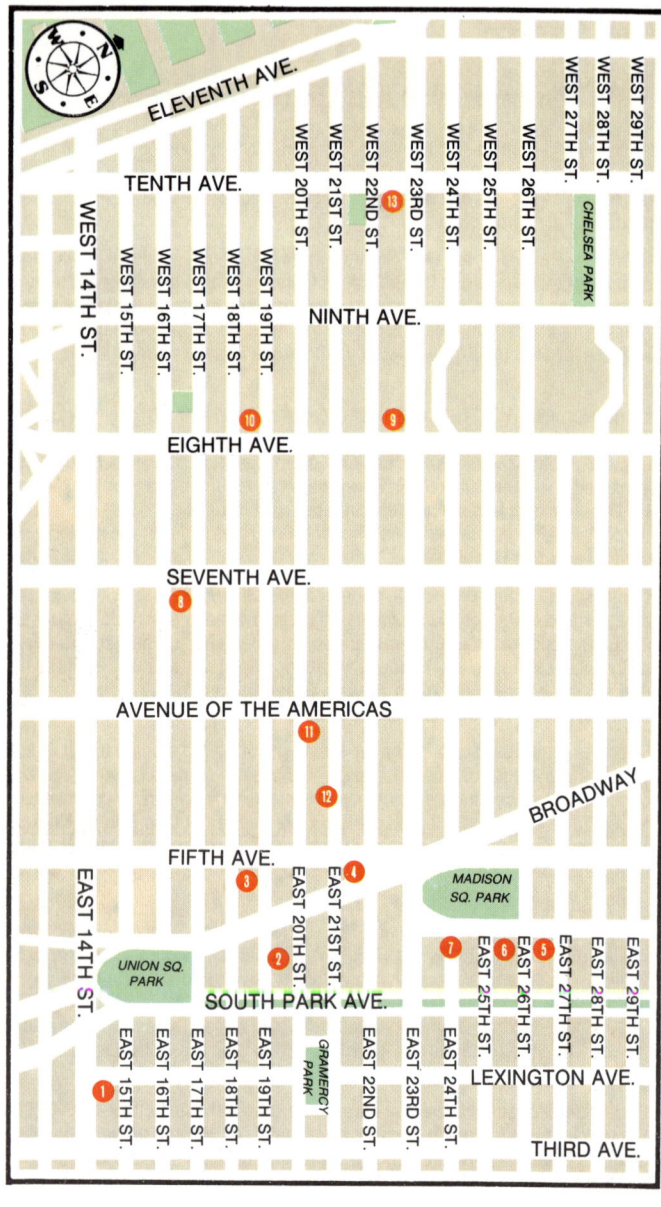

Al sur de Broadway

Una manzana hacia el norte por Irving Place se encuentra **Gramercy Park**. Es el último parque privado que queda en Nueva York, propiedad de los dueños de los terrenos adyacentes. Al norte y sur del parque pueden verse todavía las hermosas casas originales; hasta podría esperarse que por las calles pasen carruajes con caballos en lugar de automóviles.

Preste atención en especial a las casas de los números 15 y 16 de Gramercy Park South. La primera fue diseñada por Vaux & Radford en 1867 para Samuel J. Tiden, Gobernador del Estado de Nueva York (1874) y candidato presidencial del partido Demócrata (1876) en la elección más controvertida de la historia de los EE.UU.: todo indicaba que Tilden era el ganador, pero los republicanos se negaron a reconocerlo, negociaron con demócratas del sur indecisos y éstos cedieron los votos electorales de sus estados a

---

1. Museo de la energía Con Edison
2. Casa natal de Roosevelt
3. Barnes & Noble
4. Edificio Flatiron
5. Edificio de N.Y. Life Insurance
6. Juzgado de Madison Square
7. Edificio de Metropolitan Life Insurance

8. Barney's
9. Hotel Chelsea
10. Teatro Joyce
11. Limelight
12. Danceteria
13. Empire Diner

cambio de la promesa de los republicanos de retirar tropas federales del sur de los EE.UU., después de la Guerra de Secesión. El candidato republicano Rutheford B. Hayes obtuvo los votos que necesitaba, cuatro meses después de las elecciones de noviembre. Tilden falleció en 1886 dejando propiedades por valor de cinco millones de dólares, tres de los cuales ayudaron a crear la Biblioteca Pública de Nueva York. La casa de Tilden es en la actualidad el **National Arts Club**. El club mismo es privado pero se acepta al público que quiera visitar la **Grand Gallery**, abierta de martes a domingos de 13.00 a 18.00 h (cierra en julio y agosto).

La casa del número 16 es *The Players*, creada en 1888 como residencia para actores y rediseñada por el arquitecto Stanford White en 1906. Preste especial atención al asta de la bandera, las lámparas y las máscaras de comedia y tragedia, sobre la entrada.

Lexington Avenue comienza en el extremo norte del parque; hacia el norte tiene la hermosa vista del edificio Chrysler, obra maestra de estilo modernista. Camine por Park Avenue y doble hacia el oeste en la calle 20. En el número 28 nació Theodore Roosevelt (1858), el único presidente electo nacido en Nueva York. El museo, una réplica de la casa donde pasó su infancia Roosevelt, incluye cinco habitaciones victorianas. Abierto de miércoles a domingos de 9.00 a 17.00 h. Los sábados a las 14.00 h. hay conciertos. Hay que pagar entrada, los niños hasta 16 años entran gratis. Llame al tel. 260-1616 para confirmar los horarios de conciertos.

Continúe hacia el sur por Park Avenue, hasta el *Roundabout Theater*, en su nueva ubicación en un edificio de estilo neoclásico federal renovado, en la calle 17 este número 100. El *Roundabout*, fundado hace 19 años, pone en escena nuevas producciones de obras teatrales famosas, con artistas conocidos; tel. 242-7800. Camine hacia el oeste por la calle 17 y doble hacia el norte en Broadway. En el número 867 de ésta calle, esquina a la calle 18, se encuentra *Paragon Sporting Goods*, una amplia tienda con una gran selección de trajes de esquí, equipos de cámping, etc. Tel. 255-8036.

Doble en la Quinta Avenida y podrá visitar varias grandes librerías y tiendas de ropa para hombres. *Barnes & Noble Bookstore Sales Annex* es un enorme local en el que todos los libros se venden con grandes descuentos. Mire los escaparates de todas las librerías de la ciudad pero venga a comprar aquí; tel. 807-0099. Justo enfrente se encuentra la tienda de discos *Classical Record Center*. En *French and Spanish Bookstore*, en la esquina de la Quinta Avenida y la calle 19, podrá encontrar una inmensa selección de libros y diccionarios en español, francés y otros idiomas; tel. 673-7400. Si está interesado en publicaciones sobre China (libros, revistas y anuncios sobre actos de la población china en Nueva York) encontrará lo que busca en *China Books and Periodicals*, Quinta Avenida 125, entre las calles 19 y 20, tel. 677-2650.

Continúe hacia el norte por la Quinta Avenida. El edificio **Flatiron**, diseñado por D. M. Burnham y construido en 1902, ocupa todo el triángulo formado por las calles 22 y 23 en el lado este de la Quinta Avenida. Es uno de los símbolos de la supremacía arquitectónica de Nueva York y fue tomado como motivo para las famosas fotografías tomadas por Alfred Stieglitz y Edward Steichen. Tras un período de decadencia el edificio está siendo reconstruido y al mismo tiempo se ha redescubierto como belleza arquitectónica.

Cruzando la calle 23, al lado este de la Quinta Avenida, se encuentra

Madison Square, una de las plazas más bellas de la ciudad. La más famosa de sus estatuas es el monumento al almirante Farragut, en la esquina noroeste, diseñado por Stanford White y esculpido en 1881 por Augustus Saint- Gaudens, neoclasicista norteamericano del mismo círculo de Stanford White y John La Farge. Deténgase en el lado oeste del parque; mirando hacia el este podrá observar los hermosos edificios de la Avenida Madison. De norte a sur se encuentra el moderno rascacielos de la *NY Life Insurance* en el número 41, el bajo edificio de la Cámara de Apelaciones de la Corte Suprema del estado, el *Metropolitan Life* y la *Metropolitan Tower*. Este conjunto representa una espectacular variedad de estilos arquitectónicos. El **NY Life Insurance Building** fue terminado en 1928 en base a los planos de Cass Gilbert, quien también diseñó el *Woolworth Building*, el edificio de la Aduana y el de la Corte en el bajo Manhattan. Aquí se encontraba originalmente el *Madison Square Garden*, el complejo deportivo y de ocio construido en 1890. Aquí fue tiroteado Stanford White, su diseñador, por Harry K. Thaw mientras presenciaba un espectáculo de la actriz Evelyn Nesbit, la ex amante de White y esposa de Thaw.

El nuevo *Madison Square Garden* se encuentra en *Pennsylvania Station*, entre las calles 31 y 33 y las avenidas 7 y 8.

El **Madison Square Courthouse**, en la esquina noreste de Madison Avenue y la calle 25, es la sede de la Cámara de Apelaciones de la Corte Suprema del estado en Manhattan. Fue diseñado en 1896 y es un hermoso edificio de mármol blanco adornado con columnas y estatuas. En el vestíbulo de entrada, entrando por la calle 25, se presentan exposiciones de temas histórico-legales.

El **Metropolitan Life Insurance Building**, con sus enormes puertas, está conectado con la torre hacia el sur, en Madison Avenue. Diseñada por Le Brun e hijos en un ecléctico estilo renacentista italiano y construida en 1908-09, esta torre tiene relojes en sus cuatro caras, con un diámetro de más de 8 metros cada uno y con minuteros de más de media tonelada de peso. La más grande de sus campanas, que toca una melodía de Haendel cada quince minutos, pesa más de 3.000 kg.

Camine hacia el este por la calle 23. *Madison Hardware Company*, en la calle 23 número 105, es la tienda más importante de trencitos de juguete, algunos de hasta 45 años de antigüedad, aún en sus cajas originales. En su taller se pueden arreglar todos los modelos construidos en los últimos ochenta años. Puede visitarse de lunes a viernes de 8.00 a 18.00 h y los sábados de 8.00 a 16.00 h, tel. 777-1110.

En la esquina de la Tercera Avenida y la calle 22 encontrará el popular restaurante germano-americano *Rolf's* (en la zona conocida en el pasado como "Little Germany", la pequeña Alemania, por la población de inmigrantes que se instaló en el lugar después de haber vivido en el Lower East Side); ofrece un menú barato y un bar siempre repleto de gente. Tel. 478-8713.

En los alrededores de Gramercy Park se pueden elegir diversas y excelentes opciones de entretenimiento después de la cena, a altas horas de la noche. Hacia el sur, en la Tercera Avenida 190, esquina a la calle 17, se encuentra el famoso *Fat Tuesday's*, donde tocan conocidos músicos de jazz. Se cobra la entrada y consumición mínima, tel. 533-7902. En *Tramp's*, calle 15 este número 125, tel. 777-5077, se ofrecen actuaciones de jazz y blues, con

Estatua humana

entrada y cosumición mínima. Otro club interesante es el *Irving Place*, mencionado anteriormente, cerca de la calle 15, Tel. 477-3728.

Si prefiere teatro y un estilo más clásico, lo podrá encontrar en el *Roundabout*, en la calle 17 este, número 100, tel. 242-7800; en *Repertorio Español*, en la calle 27 este, número 138 entre las avenidas Lexington y Tercera, tel. 889-2850; en el *Vineyard Theater*, en la calle 26 este, número 309, tel. 944-9300; o en el *Jewish Repertory Theater*, en la calle 14 este, número 344, cerca de la Primera Avenida, tel. 279-4200. Todos permanecen cerrados durante el verano.

Chelsea: Cena y baile a ritmo joven

Pese a su gran extensión, desde la calle 14 hasta la 30 y desde la Quinta Avenida hasta el río Hudson, todas las atracciones de Chelsea durante el día pueden abarcase en un par de horas. Sin embargo, al caer la noche Chelsea despierta ofreciendo una gran variedad de restaurantes, teatros experimentales y excitantes clubes de baile.

Tome en el metro la línea 1, 2 ó 3 hasta la calle 14 y diríjase hacia el norte por la Séptima Avenida entre las calles 15 y 18; encontrará grandes tiendas. La principal de ellas, razón suficiente de por sí para visitar Chelsea, es *Barney's*, que ocupa todo el lado este de la Séptima Avenida entre las calles 16 y 17. En el pasado era exclusivamente una tienda de ropa para hombres, pero en la actualidad ofrece ropa de famosos diseñadores como Perry Ellis, Issey Miyake, Missoni, Ralph Lauren y Giorgio Armani, tanto para hombres como para mujeres y niños. Aquí podrá vivir una refinada experiencia que mejorará si solicita previamente un vendedor y un sastre llamando al tel. 929-9000. *Barney's* ofrece también una pequeña sección de artículos para el hogar de muy buen gusto, llamado *Chelsea Passage*, una sección de joyería antigua y un café en el piso superior.

¿Busca zapatos? Cruce la Séptima Avenida, al número 116; *Adamici Shoes*, tel. 620-0290, encontrará la última moda de calzado masculino italiano.

Continúe por la Séptima Avenida en dirección norte, en la calle 19 mire a su derecha, contemplará el edificio del *Empire State*.

En la calle 23, de dos sentidos, doble hacia el oeste. La sección entre Broadway y la Octava Avenida era originalmente una de las zonas residenciales más elitistas de la ciudad de Nueva York, pero en la década de 1880 fue ocupada por hoteles, bares, teatros y establos. Esta metamorfosis se debió en parte a la construcción del tren elevado ("El"). La estación de la calle 23 se encontraba en medio y se transformó en un lugar donde se desarrollaron de forma natural el comercio y los lugares de diversión. Mientras se dirige hacia el oeste preste atención al *Hotel Chelsea*. Éste fue inaugurado en 1884 como una de las primeras cooperativas de edificios de apartamentos de Nueva York. En 1905 se convirtió en hotel y fue el lugar de residencia favorito de artistas y escritores como O. Henry, Dylan Thomas, Thomas Wolfe, Sarah Bernhardt, Jackson Pollack y Arthur Miller. Contemple con detenimiento la decoración floral de los balcones y visite la galería de arte en la planta baja. Las habitaciones no tienen nada de particular y están lejos de ser lujosas.

En la Octava Avenida doble hacia el sur para visitar la zona histórica de Chelsea: de la calle 22 a la 20, entre las avenidas Octava y Décima. Las calles 20 y 21 son particularmente bonitas, bordeadas de casas y edificios de apartamentos de principios de siglo.

Regrese a la Sexta Avenida y diríjase hacia el norte para acceder a la galería **Master Eagle**, en la calle 25 oeste, número 40, la sala de exposiciones de

Master Eagle Reproductions Company. En el sexto piso suelen encontrarse ilustraciones de estudiantes y profesionales. Abierto de lunes a viernes de 9.30 a 16.30 h, entrada gratuita, tel. 294-8277. La última atracción diurna en Chelsea es el **Distrito de las flores**, en la Sexta Avenida, entre las calles 27 y 30. La mayoría de las tiendas venden flores solamente al por mayor.

En cuanto a la vida nocturna Chelsea ofrece una amplísima selección de restaurantes, teatros "off-Broadway" y clubes de música y baile a altas horas de la noche. Puede comenzar cenando en el centro de Chelsea (Octava Avenida entre las calles 16 y 19), allí se encuentran una serie de restaurantes agradables "con precios razonables" de estilo mexicano, caribeño y norteamericano. Por ejemplo, *Claire's* en la Séptima Avenida número 156 y *Meriken* en la calle 21 oeste, número 162, que sirve comida japonesa moderna a un público juvenil multitudinario (tel. 620-9684).

Ahora podemos dedicarnos al entretenimiento. Los espectáculos en Nueva York no se limitan solamente a Broadway, lo cierto es que existe una gran proliferación de compañías teatrales y de danza con nombres misteriosos, muchas de ellas experimentales y muy exigentes con la calidad de sus producciones. Chelsea se especializa precisamente en este tipo de espectáculos. Se recomienda verificar siempre los horarios de las representaciones.

En cuanto a espectáculos de danza Chelsea ofrece dos maravillosas opciones. El *Joyce Theater*, en la Octava Avenida 175, esquina a la calle 19, al norte de la zona de restaurantes de la Octava Avenida, ha dejado de lado las funciones de cine para dar paso a representaciones de compañías de danza tanto locales como de fuera de la ciudad; tel. 242-0800. La compañía *Dance Theater Workshop*, dedicada a la promoción de danza moderna, se presenta en el *Bessie Schonberg Theater*, en la calle 19 oeste número 219, tel. 691-6500. En esta sala también se llevan a cabo lecturas de poesía y pantomimas.

Hay otras muchas compañías de teatro prestigiosas en la zona, como por ejemplo *The Production Company*, en la calle 28 oeste, número 15, al este de Broadway, tel. 686-1470, y *The Actor's Outlet*, en la calle 28 oeste, número 120, tel. 255-7293.

Otras compañías menos conocidas de Chelsea ofrecen propuestas de vanguardia. Una de ellas es *Apple Corps Theater*, en la calle 20 oeste, número 336, tel. 929-2955. Consulte sobre horarios y funciones antes de acudir; se pueden hacer reservas telefónicas y pagar al retirar las entradas cuando llega al teatro. Esta es una forma de entretenimiento relativamente barata, para teatros pequeños, en los que cualquier asiento es bueno.

Los amantes de los clubes nocturnos no se verán decepcionados en Chelsea. En *Caroline's*, Octava Avenida 332, esquina a la calle 28, suelen presentarse actores que han obtenido cierta popularidad a través de los clubes más pequeños de la ciudad. Las representaciones se ofrecen de martes a domingos a las 21.00 h y un show adicional los viernes y sábados a las 23.30 h. Se cobra entrada y se exige consumición mínima de dos bebidas, tel. 924-3499. En el *Ballroom Theater*, en la calle 28 oeste, número 253 podrá escuchar música pop y a vocalistas de jazz en un agradable ambiente de cabaret; los fines de semana se ofrecen dos shows nocturnos, tel. 594-0326.

*N*UEVA YORK

El *Jazz Cultural Center*, en la Octava Avenida 368, cerca de la calle 27, tiene bien ganada su fama; se presentan en él vocalistas, instrumentalistas y bailarines, tel. 244-0997. *Eagle Tavern*, calle 14 oeste número 355, tel. 924-0275, es el centro de reunión local para la música country, folk y blues.

Si desea un entretenimiento más dinámico, en Chelsea abundan los clubes de baile hasta altas horas de la noche. En realidad es una diversión que resulta bastante costosa tanto en el precio de admisión como en el consumo de bebidas que suelen ser caras. En algunas discotecas, especialmente las más nuevas y populares, el portero decide si usted "encaja" en el tipo de ambiente que el club desea crear.

El *Peppermint Lounge*, en la Quinta Avenida 100, esquina a la calle 15, tel. 989-7457, consta de tres niveles separados, y ofrece música muy diversa que va desde éxitos de la década de los 50 hasta *New wave*. *Roxy Roller Disco*, en la calle 18 oeste número 515, entre las calles 10 y 11, es una pista de patinaje durante la semana y se convierte en una de las discotecas más populares en los fines de semana. Aquí encontrará a un público sumamente variado. Otra de las discotecas que goza de gran popularidad en la actualidad es *Limelight*, situada en un edificio que era antiguamente una iglesia, en la Sexta Avenida esquina a la calle 20, tel. 245-6555. Si bien la cuestión de la popularidad en Nueva York es algo que cambia prácticamente todas las semanas, *Limelight* logra mantener la suya gracias a su sobresaliente equipo de sonido y a su excelente acústica. *Private Eyes*, con su moderna fachada cromada, en la calle 21 oeste número 12, tel. 206-7770, es más un bar y un club de video que una discoteca. Es uno de los locales más nuevos del barrio que aprovecha la popularidad de la música en video de los últimos años.

Probablemente la reina de las discotecas sea *Danceteria*, a pocos pasos de *Private Eyes*, en la calle 21 oeste número 30, tel. 620-0790. Ofrece cuatro plantas de música y baile tras una fachada con escenas de jungla. El público que acude a este lugar es muy joven y divertido.

¿Está cansado? Aun así no se vaya de Chelsea sin haber entrado en *Empire Diner*, en la Décima Avenida número 210, esquina a la calle 22. Este arquetipo de restaurante económico hecho de acero inoxidable y vidrio se llena con la "gente guapa" que sale de los clubes del barrio cuando cierran. Está abierto las 24 h, todos los días, excepto los lunes de 5.00 a 8.00 h. La verdadera actividad comienza en este local a las dos de la mañana.

Herald Square: Macy's y mucho más

Comenzaremos nuestro itinerario en la intersección de la Quinta Avenida con la calle 34. Tome la línea RR ó N del metro hasta la calle 34 y camine una manzana hacia el este, o la línea 6 hasta la calle 33 y camine hacia el oeste. Esta sección de Midtown de Manhattan, al sur de la calle 42, incluye algunas de las tiendas más famosas del mundo. Comenzaremos sin embargo con el número uno en la lista de las atracciones obligatorias para todo visitante: el edificio **Empire State**, en la esquina de la Quinta Avenida y la calle 34.

Este es, indudablemente, el más renombrado símbolo de la ciudad de Nueva York y probablemente el más famoso rascacielos del mundo, con una altura de aproximadamente 450 m. Fue diseñado por Shreve, Lamb & Harmos Associates y se terminó en 1931. En el piso 86 hay un observatorio cubierto con tiendas de recuerdos y una galería de observación exterior equipada con prismáticos de gran alcance. En el extremo superior, en el piso 102 (aproximadamente 381 m sobre el nivel de la calle), hay otro observatorio cubierto; la vista desde allí es espectacular. En un día claro hay una visibilidad de unos 130 km y por la noche el panorama de la ciudad es impresionante. Los observatorios se encuentran abiertos diariamente desde las 9.30 hasta medianoche. La taquilla se encuentra debajo del vestíbulo principal; se hacen descuentos a ancianos y niños menores de 12 años. Asegúrese antes sobre la visibilidad del día. Tel. 736-3100.

Su sencilla ornamentación es modernista y la fachada de granito, aluminio y níquel parece brillar. Desde 1977, los últimos 30 pisos se iluminan de 21.00 a 23.00 h con lámparas de alta potencia situadas en los pisos en los que el edificio escalonado se estrecha. El diseñador de la iluminación, Douglas Leigh, ha añadido recientemente 32 lámparas de alta potencia alrededor del mástil de anclaje (diseñado para el amarre de zepelines), creando el efecto de halo que se contempla en el diseño original de 1930. El mármol de la entrada fue importado de Italia, Francia, Bélgica y Alemania. Cuenta con 73 ascensores que recorren una distancia conjunta de 11,20 km, y con una escalera de 1.860 peldaños desde la planta baja hasta el piso 102.

---

1. Empire State Building
2. Altman's
3. Lord & Taylor
4. Herald Center
5. Macy's
6. Madison Square Garden
7. Oficina Central de Correos
8. Terminal de autobuses Port A
9. Iglesia Marble Collegiate
10. Iglesia de la Transfiguración
11. Iglesia de la Encarnación
12. Biblioteca Pierpont Morgan
13. Biblioteca Pública de Nueva York
14. Edificio de American Standard
15. Edificio W. R. Grace & Co.
16. Edificio Lincoln
17. Grand Central Terminal
18. Edificio Philip Morris
19. Juzgado Sniffen
20. Cuartel del Regimiento 69

HERALD SQUARE Y EAST SIDE, DE LA CALLE 26 A LA 42

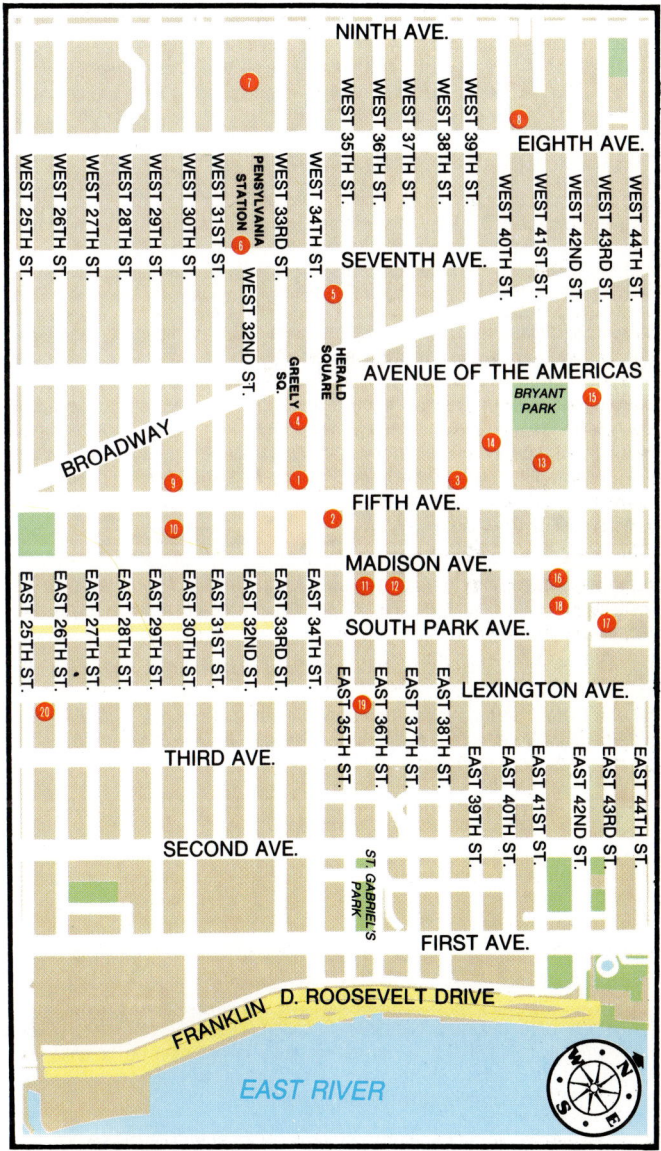

NINTH AVE.

WEST 35TH ST.
WEST 36TH ST.
WEST 37TH ST.
WEST 38TH ST.
WEST 39TH ST.

EIGHTH AVE.

WEST 40TH ST.
WEST 41ST ST.
WEST 42ND ST.
WEST 43RD ST.
WEST 44TH ST.

WEST 25TH ST.
WEST 26TH ST.
WEST 27TH ST.
WEST 28TH ST.
WEST 29TH ST.
WEST 30TH ST.
WEST 31ST ST.
WEST 33RD ST.
WEST 34TH ST.

PENSYLVANIA STATION

SEVENTH AVE.

WEST 32ND ST.

GREELY SQ.

HERALD SQUARE

AVENUE OF THE AMERICAS

BRYANT PARK

BROADWAY

FIFTH AVE.

MADISON AVE.

EAST 25TH ST.
EAST 26TH ST.
EAST 27TH ST.
EAST 28TH ST.
EAST 29TH ST.
EAST 30TH ST.
EAST 31ST ST.
EAST 32ND ST.
EAST 33RD ST.
EAST 34TH ST.

SOUTH PARK AVE.

EAST 35TH ST.
EAST 36TH ST.
EAST 37TH ST.
EAST 38TH ST.
EAST 39TH ST.

LEXINGTON AVE.

EAST 40TH ST.
EAST 41ST ST.
EAST 42ND ST.
EAST 43RD ST.
EAST 44TH ST.

THIRD AVE.

SECOND AVE.

ST. GABRIEL'S PARK

FIRST AVE.

FRANKLIN D. ROOSEVELT DRIVE

EAST RIVER

Allí se encuentra la sala de exposiciones de los **Records Mundiales de Guinness**, donde se exhiben 250 records mundiales a través de películas de video, fotografías, hologramas, etc. Abierto diariamente de 9.00 a 20.00 h.

Si está interesado en visitar tiendas encontrará en esta zona, entre otras, *Gimbel's, Altman's, Lord & Taylor* y la más maravillosa de todas: *Macy's*. Cada una tiene su estilo y carácter propios, cuidadosamente cultivados por sus directores. Muchas de ellas ofrecen servicios de compra personalizados: solicite a su "vendedor personal" qué es lo que busca y él le seleccionará varios artículos. De esta manera ahorrará tiempo y no le quedará nada por ver. Para disfrutar de una excelente y saludable comida conozca el café *Macy's L'étoile* en la planta baja, entre las 15.00 y las 17.00 h.

Camine hacia el norte por la Quinta Avenida hasta *Lord & Taylor*, en la esquina de la calle 38. Esta tienda ofrece una atmósfera tranquila y relajada, y pone a su disposición atentos vendedores; sus escaparates en Navidad son una verdadera atracción, no deje de verlos. Tel. 391-3675. También encontrará tres restaurantes que harán más agradables sus compras.

Desde allí diríjase hacia el sur por la Quinta Avenida, hasta la calle 31 y doble al este en Broadway. Donde esta calle hace esquina con la calle 31 encontrará *Olden Camera*, tel. 725-1234, una gran selección de equipos de fotografía antiguos, a muy buenos precios. Debe tener paciencia hasta encontrar algo que funcione bien. Antes de adquirir cualquier artículo tanto en *Olden* como en cualquier otra tienda de cámaras fotográficas en Nueva York, es recomendable consultar la sección "Arts and Leisure" del *Sunday Times*, o revistas especializadas en fotografía, para tener una idea de los precios del mercado.

Siga hacia el norte por Broadway hasta la calle 33, donde se encuentra *Gimbel's*. Esta tienda, al igual que su sucursal en Uptown, en la calle 86 esquina Avenida Lexington, se especializa en ropa de moda a precios razonables. Tel. 564-3300.

En el cruce de la calle 33 con Broadway se encuentra el recientemente inaugurado **Herald Center**, donde estuvo la tienda *E. J. Korvettes*. Cada una de sus siete plantas expone una zona diferente de Nueva York con sus características. La planta dedicada a *Central Park* es un lugar excelente para que los niños se diviertan.

Cruzando Broadway, acceda al edificio de la calle 34 oeste, número 45, oficina 607, donde está *Flosso Hornmann Magic Co. (1869)*, una tienda dedicada a la magia que fuera propiedad del famoso Harry Houdini, en la cual se encuentra una amplia colección de trucos populares y antiguos. Abierto de lunes a viernes de 10.30 a 17.30 h y los sábados de 10.30 a 15.30 h. Tel. 279-6089.

Toda la manzana de la calle 34 entre Broadway y la Séptima Avenida está ocupada por *Macy's*, la tienda más grande del mundo, que por su insólita abundancia y variedad de artículos es una atracción verdaderamente obligatoria para cualquier visitante. Si quiere llegar directamente, utilice directamente la línea 2 ó 3 del metro hasta la estación de la calle 34. La planta baja muestra un hermoso estilo modernista y ofrece multitud de joyas, artículos de cuero, cosmética y perfumería.

En el balcón que la rodea se encuentra la tienda del *Museo Metropolitano de Regalos Artísticos* y el *Café l'étoile*. Entre el piso de entrada y el de ropa para hombres hay un área destinada a boutiques de moda y recuerdos de Nueva York. En *Macy's* hay de todo, pero probablemente la sección más sorprendente sea *The Cellar*, el sótano, en donde encontrará caviar importado, pastas frescas, deliciosa repostería y una enorme variedad de golosinas y quesos, así como todo lo imaginable para equipar las cocinas modernas. Para acceder a los pisos superiores utilice una de las antiguas escaleras mecánicas de madera.

Visitar *Macy's* es una experiencia especialmente divertida, pese a las aglomeraciones los días de fiesta, comenzando por el día de Acción de Gracias, acontecimiento televisado a nivel nacional que se planifica durante todo el año. Bandas de música y carrozas se dirigen hacia la Quinta Avenida en medio de enormes globos con conocidos personajes de series infantiles como la rana Kermit, Supermán y otros. El día de Acción de Gracias señala el comienzo de la temporada de compras navideñas. *Macy's* entró para siempre en el folclore de la Navidad norteamericana gracias a la maravillosa película de 1947 *Miracle on 34th Street*, en la cual la joven Natalie Wood acaba creyendo en Papá Noel. Si llega a Nueva York en diciembre, no deje de ver a Papá Noel en **Santaland**, una de las tradiciones de *Macy's*. Si se asusta solamente de pensar en las aglomeraciones de las fiestas, utilice el servicio personalizado de *Macy's*, tel. 560-4181.

Salga de *Macy's* por la Séptima Avenida, conocida como **Fashion Avenue**, la avenida de la moda, por ser el centro de producción de ropa desde principios de siglo, cuando los productores decidieron mudarse a esta zona en busca de mejores condiciones de trabajo y mayor proximidad a las grandes tiendas que habían llegado procedentes del Lower East Side. El alto precio de los alquileres en Midtown amenaza ahora con alejar a los talleres a otras zonas más baratas, dejando solamente los locales de exhibición de mercancías. Manhattan superó a Londres como lugar más caro del mundo en el alquiler de locales comerciales. La industria del vestido, sin embargo, no se mudará de un día para otro, todavía tendrá que esquivar el visitante el trasiego de carretillas con ropas que son transportadas a mano por la Séptima Avenida.

Las calles al sur de la 34 son conocidas como el **Distrito de las pieles**. Camine hacia el norte por la Séptima Avenida y al llegar a la calle 35 mire a su derecha; hasta Broadway la calle parece un cañón, rodeada por altos edificios que no permiten el paso de la luz del sol. Los rascacielos que están en la esquina de la Séptima Avenida y la calle 37 hasta hace poco tiempo estaban ocupados, casi exclusivamente, por tiendas especializadas en trajes de boda. Una manzana hacia el sur se encuentra *Fashion Atrium*, un maltrecho hotel cuya rehabilitación costó millones de dólares; actualmente es uno de los principales centros donde se vende ropa deportiva femenina de calidad. La mayoría de las tiendas se dedican al comercio al por mayor. Se ofrece un paseo informativo por el barrio que incluye explicaciones de sus actividades; lo organiza **International Ladies' Garment Workers Union**, tel 265-7000, el famoso gremio textil de ropa de mujer, creado en 1900, que fue un importante instrumento en los primeros pasos del movimiento sindical y sus esfuerzos en pro de salarios más justos y de mejores condiciones de trabajo.

La importancia de la fuerza laboral y la iniciativa empresarial de los judíos

Empire State Building

en la industria del vestido se ve reflejada silenciosa pero potentemente en las calles del barrio. Preste atención a la estatua del _Obrero Textil_, de Judith Weller, en la explanada de la Séptima Avenida número 555, esquina a la calle 39. Una típica figura judía, con la cabeza cubierta, sentada frente a la máquina de coser, es un tributo a las generaciones de trabajadores judíos que desarrollaron este sector de la economía. Una manzana hacia el este, la esquina noroeste de la calle 39 y Broadway fue llamada **Golda Meir Square**, en memoria de la ex primer ministro de Israel. En este lugar se encuentra un busto de Golda Meir, obra de Beatrice Goldfine. En la calle 34, justo al oeste de la Séptima Avenida, hay una sinagoga. En las proximidades abren sus puertas dos excelentes y populares restaurantes: _Jerusalem 2_, en Broadway, entre las calles 37 y 38, tel. 398-1475, y _Moshe Peking_, en la 37 entre las avenidas Quinta y Sexta, tel. 594-6500. En ambos se concentra gran cantidad de público a la hora del almuerzo.

Regresaremos a los alrededores de _Macy's_ para visitar otros importantes lugares. El primero es **Madison Square Garden**, diseñado por Charles Luckman Associates como sucesor del Garden original, situado frente a Madison Square. El enorme pabellón de deportes, construido sobre la estación de tren _Penn Station_, entre las calles 31 y 33 y las avenidas Séptima y Octava, es probablemente el complejo deportivo y de espectáculos más utilizado en los EE.UU., con más de 600 celebraciones por año, incluyendo los circos _Ringling Brothers Barnum_ y _Bailey Circus_, la exposición anual canina de _Westminster Kennel Club Dog_ y la exposición anual dedicada a las necesidades y preocupaciones de la tercera edad. Para informarse sobre las actividades llame al tel. 568-8300.

Aunque el edificio original de la _Penn Station_ (diseñado por McKim, Mead & White) fue desmantelado en 1962, el servicio ferroviario subterráneo aún facilita las conexiones de trenes entre Nueva York y Connecticut (_Metro-North_), Long Island (_Long Island Railroad — LIRR_) y el resto del país (_AMTRAK_). El movimiento de pasajeros en el _LIRR_, un servicio suburbano, es verdaderamente frenético en las horas punta, con interminables colas para información y adquisición de billetes. Es sin embargo un excelente medio para acceder a Long Island y sus atracciones, por ejemplo, Jones Beach, popular playa de la costa sur.

La noble grandiosidad de la antigua _Penn Station_ se conserva en el majestuoso edificio de correos, **General Post Office**, situado en la Octava Avenida entre las calles 31 y 33, diseñado también por McKim, Mead & White. Aprecie la magnífica escalera de entrada y la inscripción sobre ella que dice: "Ni la nieve, ni la lluvia, ni el calor, ni las tinieblas, ni la noche detendrán a estos carteros en el rápido cumplimiento de su deber". La oficina de correos fue inaugurada en 1914, reemplazando a la antigua oficina de City Hall Park. Además de los servicios postales comunes encontrará diversas exposiciones históricas que resaltan la construcción del edificio y los métodos antiguos para repartir cartas.

La oficina de correos es famosa también como dirección postal de Papá Noel; miles de cartas dirigidas a Santa Claus llegan aquí todos los años. La "Operación Santa Claus", establecida hace medio siglo por los empleados del correo permite que las adorables cartas enviadas por los niños lleguen a conocimiento del público durante el mes de diciembre, en la oficina número 3016. Le aconsejamos que las lea y envíe una respuesta si así lo desea.

Hacia el oeste, entre las avenidas 11 y 12 y las calles 34 y 38 se encuentra el **Centro de Convenciones de N.Y. Jacob K. Javits**, diseñado por I. M. Pei. El Centro lleva el nombre de quien a lo largo de tres mandatos fuera Senador de los EE.UU. y conocido activista, en favor de los derechos civiles y el bienestar social. Tiene una superficie de unas nueve hectáreas y es considerado el edificio de este tipo más grande del mundo. Su presupuesto original de 375 millones de dólares llegó ya a 462 millones. El Centro proveerá espacio para exposiciones, salas de conferencias, tiendas, restaurantes, un cine y la teconología más avanzada del mundo para facilitar la realización de conferencias.

Uno de los últimos barrios de clase media de Manhattan puede ser recorrido a lo largo de la Novena Avenida, entre las calles 37 y 40. Esta zona es conocida como barrio Clinton o "La cocina del infierno", ya que fue testigo del período de guerra entre las mafias a principios de siglo. Se extiende desde la calle 34 a la 59, desde la Octava Avenida hasta el río Hudson. Las tres manzanas a lo largo de la Novena Avenida incluyen algunos mercados de alimentación a los que acuden los más famosos chefs de la ciudad. Aunque no se trata de un lugar excepcional, el recorrido, alrededor de una hora, resulta muy interesante.

En la Novena Avenida número 488 hay un lugar muy especial, *Manganaro Gorsseria Italiana*, un pequeño restaurante de ambiente hogareño que ofrece deliciosos sandwiches y ensaladas, y con una tienda en la que se venden panes frescos, carnes ahumadas, quesos, etc. Aparte de sus apetitosos aromas, en *Manganaro* se preparan también gigantescos sandwiches de dos metros de longitud, véalos con sus propios ojos. A mediodía se encuentra muy concurrido, tel. 947-7325. En el número 592 de la Novena Avenida se encuentra el *Empire Coffee and Tea*, con más de 200 tipos de café, té y especias. El propietario molerá su propia selección de granos en una antigua máquina de 1926; tel. 586-1717, para envíos a domicilio.

Cruzando la Novena Avenida, entre las calles 38 y 40 se encuentra el **Mercado central de pescados**, que vale la pena visitar incluso aunque no desee comprar.

En los tiempos de Nieuw Amsterdam, este barrio era conocido como Blooming Dale. Su principal vía, actualmente Broadway, era Bloomingdale Road; la calle 42 era un riachuelo y el río Hudson estaba bordeado por verdes alamedas. En 1803 la zona era cultivable y el visionario John Jacob Astor, un pobre inmigrante que luego se transformó en un próspero comerciante de pieles y bienes inmuebles, compró tierras en este lugar. En aquel entonces la calle 14 era el límite norte de la ciudad de Nueva York.

Una comisión municipal completó el mapa de las calles de Manhattan en 1811. A medida que la urbanización fue expandiéndose hacia el norte, los vecinos de Astor vendieron sus tierras obteniendo grandes ganancias. Astor, sin embargo, retuvo las suyas, alquilándolas por parcelas y prohibiendo a sus sucesores la venta. Esta política produjo la enorme fortuna que amasó la familia. Sin embargo, la zona se llenó de construcciones baratas, ya que los inquilinos no podían aspirar a retener las tierras una vez que concluía el contrato de alquiler.

Clinton se transformó en una zona comercial en la década de 1850, cuando se instalaron vías ferroviarias en mitad de la Avenida 11 hasta la terminal en la calle 30. Posteriormente el barrio fue ocupado por inmigrantes; en este período fue conocido como "La cocina del infierno".

Desde medidados del siglo pasado hasta poco antes de la Segunda Guerra Mundial, la Novena Avenida fue conocida como **Paddy's Market**; los vendedores ambulantes con carretas colmadas de productos frescos competían abiertamente con las tiendas. Cuando se decidió desmantelar el tren "El" (elevado) de la Novena Avenida, la vía fue ampliada y las carretas se instalaron en un solar, en la calle 39, una solución que no tuvo éxito y que duró poco tiempo. **Port Authority Bus Terminal**, construida en 1950, fue ampliamente renovada y ampliada en 1982. Esta terminal, a la que llegan todas las líneas de autobuses independientes, conecta a Nueva York con el resto del país y con Canadá.

En la actualidad Clinton es un barrio en evolución. Por un lado sus habitantes de clase obrera tratan de renovar los edificios y mantener sus apartamentos y por el otro los altísimos precios de los inmuebles en Manhattan y la gran "limpieza" que se está llevando a cabo en Times Square y sus alrededores amenazan con iniciar un proceso de "nobiliarización", igual que ya sucedió en otros barrios de Nueva York.

East Side, entre las calles 26 y 42: Libros, libros y más libros

La zona al este de la Quinta Avenida, entre las calles 26 y 42 gustará más a los amantes de la arquitectura que a quienes deseen salir de compras. Aquí encontrará hermosas iglesias, algunos de los edificios más famosos de Nueva York, como la Biblioteca Pública, muchos hoteles y restaurantes de calidad. Vale la pena dedicarle a este itinerario un par de horas que pueden combinarse con el paseo propuesto para la zona este entre las calles 42 y 51.

Para llegar aquí tome el metro RR hasta la calle 28 y camine en dirección a la Quinta Avenida, o bien la línea 6 hasta la estación de la calle 28 y diríjase hacia el este, a la Quinta Avenida.

La iglesia **Marble Collegiate Church** (1854), en la esquina de la Quinta Avenida y la calle 29 es una parroquia de la Iglesia Protestante Reformista Holandesa de Nueva York, establecida en 1628 bajo la administración de Peter Minuit, el primer gobernador holandés de Nueva Amsterdam. En la iglesia se encuentra el **Museo y Biblioteca de Tierra Santa**, donde se exponen auténticas piezas históricas de Tierra Santa, entre ellas símbolos cristianos, judíos e islámicos. Abierto los martes de 10.00 a 16.00 h. Visitas con guía los domingos a las 12.15 h. Tel. 686-2770.

Siguiendo hacia el este por la calle 29 se encuentra la **Iglesia de la Transfiguración**, un edificio gótico construido en 1856, abierta diariamente de 8.00 a 18.00 h. Entre sus atractivos cabe mencionar el hermoso jardín delantero y sus ventanas, bautizadas en memoria de diversos artistas.

Continúe en dirección este por la Avenida Madison. En la esquina de la calle 30 se encuentra la **Academia de Arte Dramático Americana**, diseñada por los arquitectos McKim, Mead & White para el Colony Club.

Old Grolier Club se encuentra hacia el este, caminando por la Avenida Madison, en la calle 32 oeste número 29. Fue diseñado en 1890 en estilo neoclásico y luce columnas que contrastan curiosamente con los monótonos edificios que lo flanquean.

La **Iglesia de la Encarnación** está en la esquina noreste de la calle 35 y la Avenida Madison. Fue diseñada en 1864 por E. T. Little en estilo neogótico y su interior está adornado con hermosas vidrieras de Tiffany, grabados en madera de Daniel Chester French (autor de la escultura de Lincoln sentado en el Lincoln Memorial, Washington D.C.) y un mural del famoso pintor de John La Farge.

La **Biblioteca Pierpont Morgan** está situada en la esquina noreste de la calle 36 y la Avenida Madison, en uno de los edificios más notables de la ciudad, un palacio de estilo renacentista italiano diseñado por McKim, Mead & White en 1905. John Pierpont Morgan Jr. (1837-1913) fue probablemente el hombre más influyente de su época, inversor en ferrocarriles, financiador de la fusión de empresas que creó la *US Steel* (la compañía productora de

Acero y vidrio: Nueva York moderno

acero que fue la primera en alcanzar un valor de mil millones de dólares). Y alcanzó la fama por ser un gran coleccionista de arte y literatura en los últimos años de su vida. Su biblioteca, que actualmente es un museo, alberga exposiciones itinerantes y permanentes de obras de arte y valiosos manuscritos. Abierto de martes a sábados de 10.30 a 17.00 h y los domingos de 13.00 a 17.00 h. Cerrado los lunes y días festivos. Se cobra la entrada, tel. 685-0610.

Diríjase hacia el norte y en la calle 40 doble hacia el oeste. En la esquina sureste de la Quinta Avenida está la delegación de Midtown de la **Biblioteca Pública de Nueva York**, la que realiza más préstamos de libros de toda la ciudad. Su entrada se encuentra flanqueada por los famosos leones que en Navidad son adornados con guirnaldas florales. El edificio, construido en 1915, fue originalmente un gran almacén. En la planta baja se encuentra la tienda de regalos de arte del *Metropolitan Museum*.

La **Biblioteca Central de Investigación**, a su lado, diseñada por Carrere & Hastings, cuya construcción en 1911 costó nueve millones de dólares, está considerada como el mejor ejemplo del estilo modernista en los Estados Unidos. Es una de las cinco bibliotecas de investigación más grandes del mundo. Ocupa dos manzanas de la Quinta Avenida, entre las calles 40 y 42, un lugar que fue antiguamente un cementerio humilde y luego un depósito de agua. En el vestíbulo de entrada (el hermoso Astor Hall, en memoria de John Jacob Astor) podrá obtener información y encontrará también una librería y diversas exposiciones. Entrada gratuita lunes y miércoles a las 11.00 y las 14.00 h, tel. 930-0501. Si es un día soleado puede almorzar en las escaleras, al aire libre, como lo hace la gente de allí, disfrutando de los conciertos de música callejera.

Camine hacia el oeste por la calle 40, en el número 20, al oeste de la Quinta Avenida, encontrará **Wendell L. Willkie Building of Freedom House**, llamado así en memoria del candidato republicano a la presidencia en 1940, quien tras perder las elecciones contra Franklin D. Roosevelt escribió el libro *One World*, una llamada al entendimiento entre todas las naciones. En la actualidad acoge a una organización que se preocupa por los derechos humanos en todo el mundo. El edificio fue diseñado originalmente por Henry J. Hardenbergh (el mismo que diseñó el edificio *Dakota* y el *Plaza Hotel*) como sede del *New York Club*.

Continúe hacia el oeste hasta llegar al espléndido edificio del **American Standard**, terminado en 1924, que destaca por su combinación de colores. Fue diseñado y construido por Raymond Hood, responsable también de gran parte del *Rockefeller Center*, para la *American Radiator Co*. Su exterior de ladrillos negros y piedra dorada fue descrito como uno de los más atrevidos experimentos de color en edificios modernos.

Cruce la calle 40; a lo largo de la Sexta Avenida, entre las calles 40 y 42 encontrará el **Bryant Park**, en la parte trasera de la biblioteca, bautizado en memoria del conocido poeta William Cullen Bryant. Constituye un buen descanso en medio de tantos rascacielos, es un lugar tranquilo con senderos embaldosados, árboles, hiedras y una explanada en el centro de la cual, durante los fines de semana en verano, al mediodía, se ofrecen conciertos de jazz al aire libre. Aquí tuvo lugar la primera feria americana de exposiciones en el *Crystal Palace Exhibition* (1853-54). Después de que el palacio, supuestamente a prueba de fuego, se quemara por completo en 1858, el lugar fue utilizado por el ejército de la Unión para su entrenamiento durante la Guerra Civil. En la actualidad hay aquí un mercado de flores, una librería y dos cafés.

The Bryant Park Music and Dance Tickets Booth, en la calle 42 entre las avenidas Quinta y Sexta, es una oficina donde se compran entradas a mitad de precio para conciertos y bailes en el mismo día, o bien a precio completo si es con antelación. Abierto de martes a domingos de 12.00 a 19.00 h y sábados de 11.00 a 19.00 h. Tel 382-2323.

En la acera de enfrente verá el edificio **W. R. Grace & Co.**, con su insólita forma curvada, recubierto con mármol travertino y vidrio. En su parte posterior, en la calle 43, está la Grace Plaza, donde a veces se celebran conciertos al aire libre.

Deténgase en la parte posterior de la Biblioteca, en la Sexta Avenida y disfrute del panorama: el edificio de American Standard a su derecha, el Grace a su izquierda y el edificio de Chrysler un poco más lejos a la izquierda.

Camine hacia el este por la calle 42, cruzando las avenidas Quinta y Madison. Entre en el **Lincoln Building**, en el número 60 y preste atención a las paredes del vestíbulo, cubiertas con citas de Abraham Lincoln. En la entrada hay una copia de bronce, en miniatura, del "Lincoln sentado" (del Lincoln Memorial, en Washington).

Cruzando la calle 42 se encuentra el magnífico edificio de estilo modernista **Grand Central Terminal**, una de las mayores estaciones de ferrocarril del mundo. La estructura de la primitiva terminal, construida en 1871 por el magnate de la navegación y los ferrocarriles Cornelius Vanderbilt, se conserva en el edificio actual, transformado en una verdadera joya urbana que fue motivo de una ardua batalla por su conservación en la década de los 70. La fachada de la calle 42 está adornada con un grupo de estatuas obra de Jules Coutan: *Mercurio*, *Hércules* y *Minerva*. Bajo éstas y sobre la estatua del propio Vanderbilt hay un reloj de 4 metros de diámetro. La terminal cuenta con casi 54 km de vías, un gigantesco vestíbulo de 114 x 36 metros recubierto de mármol y un techo abovedado de 38 metros de altura, decorado con las constelaciones del zodíaco y ventanas de unos 23 metros de altura. Cuando la luz solar las atraviesa, se comprende por qué esta sala es tan apreciada por los fotógrafos y se transformó en uno de los sitios predilectos para los productores de películas. Desde el reloj del vestíbulo salen excursiones gratuitas los miércoles a las 12.30 h. Tel. 935-3960.

Al salir de la terminal por la calle 42 observe como Park Avenue se transforma en un túnel elevado que da la vuelta alrededor de la terminal y el edificio de Pan Am, siguiendo hacia el norte a través del edificio Helmsley.

Sobre la calle 42, enfrente de la terminal Grand Central, se alza el edificio **Bowery Savings Bank**, de estilo neoclásico. En la esquina sureste de la calle 42 y Park Avenue se encuentra el edificio de **Philip Morris**, una estructura de granito gris con 26 pisos y dos fachadas completamente distintas (líneas verticales en la que da a Park Avenue y horizontales en las calles 41 y 42). Paul Goldberger, crítico del *N.Y. Times* especializado en arquitectura, ha atacado este tipo de experimentos, ya que el edificio es contemplado generalmente desde la esquina.

Sin embargo, cuando se trata de respaldar las artes, la *Philip Morris Corporation* es irreprochable, como lo atestigua su regalo a la ciudad, la sucursal de Midtown del **Whitney Museum of American Art**, en el edificio Philip Morris. La planta baja, con un techo a 13.7 metros de altura y grandes ventanales, es un lugar sereno en el que puede contemplarse una amplia muestra de esculturas; además cuenta con una galería en la que se presentan exposiciones temporales. Entrada gratuita. Abierto de 7.30 a 21.30 diariamente y domingos de 11.00 a 19.00 h. Tel. 878-2550. Los lunes, miércoles y viernes a las 12.30 se dan conferencias sobre arte.

Park Avenue, una amplia vía de doble sentido, debe su nombre a que en un tiempo la zona verde que ocupaba el centro de la calzada era tan ancha que en ella había bancos y senderos peatonales. Cada 20 minutos salen autobuses hacia el aeropuerto de Newark, desde la esquina sudeste de Park Avenue y la calle 41.

Continúe hacia el este por la calle 42 y doble hacia el sur por la Tercera Avenida. Esta zona fue denominada **Murray Hill** en memoria de Robert Murray, cuya casa de campo se encontraba en este lugar a finales del siglo XVIII. Es un elegante barrio de finales del siglo pasado, en sus calles laterales pueden contemplarse hermosas casas de ladrillo marrón. En la calle 38 este, número 150-152 se aprecia una estructura arquitectónica original: una casa de ladrillos, separada del resto, alejada de la calle, con un portón que conduce a un patio cerrado por un muro que proporciona intimidad; sobre el muro, como si cuidaran la entrada, hay dos delfines de cobre.

Caminando hacia el oeste por la calle 36, preste atención a **Sniffen Court**, en el número 156. Sus encantadores edificios de la época de la Guerra Civil, utilizados en el pasado como establos, rodean una hermosa explanada adornada con plantas y farolas. Los edificios tienen sólo dos plantas, algo inusual en el Manhattan moderno.

Doble al sur en la Avenida Lexington y entre en *Sido's*, al sur de la calle 31, tel. 686-2031; podrá disfrutar de una excelente comida de Oriente Medio a precios razonables. Puede elegir entre una gran variedad de entradas (*tahini, baba ganoush, laban, tabouli*, etc.) y comerlas con pan árabe (*pita*). En la calle 26 se encuentra **69th Regiment Armory**, con sus curiosas paredes laterales curvas. Aquí, en el famoso *Armory Show* de 1913, la exposición internacional de arte moderno, los estadounidenses tuvieron la primera oportunidad de disfrutar del cubismo y el fauvismo (Picasso, Braque, Matisse, etc.), poniendo fin a su aislamiento del mundo artístico. El público y los críticos se sintieron especialmente escandalizados por la obra maestra de Marcel Duchamp *Desnudo bajando la escalera*.

Excursión en helicóptero

Una última dirección interesante en el barrio: el helipuerto, al final de la calle 34 este. Los vuelos parten de 9.00 a 21.00 h diariamente (entre enero y marzo de 9.00 a 18.00 h) excepto en Navidad y Año Nuevo. Mínimo dos pasajeros por vuelo, tel. 895-5372.

El distrito de los teatros: ¡Arriba el telón!

Aunque existen teatros en todos los barrios de Nueva York, se puede hablar indudablemente de un Distrito de los Teatros, limitado aproximadamente por las calles 42 y 57, al oeste de la Sexta Avenida. Hay tantos lugares interesantes en esta amplia zona, que hemos organizado la información sobre los puntos de interés alrededor de los respectivos teatros. En algunos casos llegamos tan lejos del corazón del distrito que prácticamente se puede hablar de "excursiones".

Ninguna visita a Nueva York puede considerarse completa sin haber asistido, por lo menos una vez, al teatro. Todas las compañías de "Broadway" se encuentran aquí y también muchas de las consideradas "off-Broadway". Estos términos hacen referencia más bien al tipo de teatro que ofrecen que a las características físicas de sus locales. El término "Broadway" incluye las grandes compañías teatrales comerciales, al este y al oeste de la avenida Broadway, que suelen representar los grandes éxitos musicales y los dramas. Las compañías "off-Broadway" están más alejadas, tanto en espíritu como físicamente, sus obras son más experimentales y el precio de las entradas más barato. Sin embargo, como el costo y el riesgo de poner en escena nuevas obras en Broadway es alto, muchos productores recurren a obras "off-Broadway" que han tenido éxito y las presentan en Broadway. Este fenómeno está dando como resultado que las diferencias entre ambas corrientes teatrales sean cada vez menores.

Recuerde que generalmente no hay representaciones los domingos y los lunes por la noche.

Nuestra primera preocupación es la compra de las entradas. Para conseguir mayor información consulte la sección "Entradas" de esta guía, aunque posiblemente ya se encuentre frente a *TKTS* en Times Square o *Ticket Central* en la calle 42 oeste número 406. Después de comprar sus entradas le sugerimos que preste atención a la dirección en que se encuentra el teatro y planifique las actividades del día (museos, compras, cena, etc.) en sus alrededores. Recuerde que las funciones nocturnas suelen empezar a las 20.00 h.

Si en el restaurante se le hace tarde para la función, hágaselo saber al camarero, como hacen los neoyorquinos. En los restaurantes de este distrito están acostumbrados a este tipo de prisas.

Llegó el momento de visitar **Times Square**, el corazón de Broadway. Sus alrededores (la calle 42 entre las avenidas Sexta y Novena y la parte adyacente a Broadway) están lejos de ser la zona más bonita de Nueva York. Pero sus resplandecientes luces, la enorme cantidad de tiendas de pornografía y los cines le proporcionan un gran colorido, especialmente por la noche. Algunos consejos: no pasee solo por calles aparentemente desiertas, permanezca junto a otras personas, tenga cuidado con sus pertenencias, esté siempre alerta y trate de no parecer despistado. Si tiene en cuenta estos consejos no tendrá de qué preocuparse.

NUEVA YORK

A pesar de que no es el lugar más adecuado para dar paseos, Times Square es un lugar de visita obligatorio. Con sus resplandecientes luces de neón es el símbolo del ritmo y la vitalidad de la ciudad de Nueva York.

Desde 1906, cada 31 de diciembre a las 23.59 h una enorme bola de aluminio inicia un descenso controlado de un minuto desde la parte superior del edificio de One Times Square. La bola, que en los últimos años ha sido sustituida por una manzana, simbolizando el apodo de Nueva York, "The Big Apple" (la gran manzana), mide unos 2 m de diámetro y se ilumina con luces rojas. El 1 de enero no comienza hasta que la bola no llega al suelo y se parte en dos.

Existen dos edificios notables en la zona: el **Knickerbocker** en la esquina sureste de la calle 42 con Broadway y el **New Amsterdam**, en la calle 42 oeste número 214, cerca de Broadway. El primero, cuya construcción fue encargada por John Jacob Astor (bisnieto del inmigrante alemán que inició el imperio financiero de la familia) fue construido para ser un hotel en 1902. Hoy es un edificio de oficinas con un moderno interior, aunque su ornamentada fachada y su techo abuhardillado son los originales. En el New Amsterdam, primer teatro de la manzana que cobró fama, se presentaron por primera vez Fanny Brice, Eddie Cantor y Will Rogers ante el público neoyorquino.

Las atracciones de la zona nos llevan en tres direcciones distintas:

Itinerario 1: El corazón del Distrito de los Teatros.

Town Hall, construido en 1921, en la calle 43 oeste número 123, tel. 840-2824, es la única sala de conciertos de la zona. Este sobresaliente edificio diseñado por McKim, Mead & White incluye en su cartelera permanentemente debuts selectos de artistas jóvenes y un programa de operetas.

El **Museo del teatro**, al oeste de Times Square, en la galería del *Minskoff Theater*, entre las calles 44 y 45, expone informativamente la historia del teatro y el espectáculo. Abierto de miércoles a sábados de 12.00 a 20.00 h; domingos de 13.00 a 17.00 h. Se sugiere aportar una pequeña cantidad. Tel. 944-7161. Los fervientes aficionados al teatro disfrutarán visitando la librería *Drama Bookshop*, un tesoro escondido en el segundo piso en la Séptima Avenida 723, al norte de la calle 48. En ella se codeará con jóvenes actores que, entre una actuación y otra, ojean la extensísima cantidad de obras, libretos, libros de cine y teatro. Abierta de lunes a viernes de 9.30 a 18.00 h, miércoles hasta las 20.00 h y sábados de 10.30 a 17.00 h. Tel. 944-0595.

Itinerario 2: Fuera del Distrito de los Teatros

El *Joseph Patelson Music House*, en la calle 56 oeste, número 160, cuenta con una enorme colección de partituras, discos y cassettes, nuevos y usados. Abierto de lunes a sábados de 9.00 a 18.00 h, tel. 582-5840. A pocos pasos, en la calle 56 oeste, número 129, tel. 765-0900, está el *Mysterious Bookshop*, muy frecuentado por su insólita colección de libros de suspenso nuevos y usados. Camine hacia el noroeste hasta la esquina de la calle 57 y Broadway para llegar a *Coliseum Books*, que ofrece una gran variedad de libros nuevos. Tel. 757-8381.

Preste atención al extraño diseño del edificio de **Hearst Magazine**, en la

Novena Avenida entre las calles 56 y 57. Originalmente debía tener siete pisos más de los que tiene actualmente; su ornamentación, con columnas, estatuas y jarrones compensa su forma truncada.

Las atracciones culturales de la zona incluyen el Centro Cultural Caribeño, la Sociedad de Horticultura, el Museo de Laboratorios de Manhattan. El **Caribbean Cultural Center**, en la calle 58 oeste, número 408, cerca de la Novena Avenida, tel. 307-7420, ofrece grandes exposiciones de cultura caribeña. Abierto de martes a viernes de 11.00 a 18.00 h, sábados de 13.00 a 17.00 h. Se cobra la entrada. La **Horticultural Society**, en la calle 58 número 128, tel. 757-0915, entre las avenidas Sexta y Séptima, ofrece conferencias, cursos y paseos relacionados con la flora. Abierto de lunes a viernes de 9.00 a 17.00 h, miércoles hasta las 19.00 h. Finalmente, aquí se halla el **Museo para niños de Manhattan**, en la calle 54 oeste, número 314, entre las avenidas Octava y Novena Tel. 765-5904, que es a la vez museo y centro de estudios y artístico. Se presentan en él generalmente exposiciones que son el deleite tanto de niños como de adultos. Se cobra la entrada. Abierto de miércoles a domingos de 13.00 a 17.00 h.

Dos excelentes restaurantes donde almorzar o cenar son *Juliana's*, un pequeño café en la calle 53, esquina a la Octava Avenida, tel. 582-4503, que sirve comida italiana ligera y *Caramba*, en la Octava Avenida número 918, entre las calles 54 y 55, tel. 245-7910, que ofrece un sabroso menú mexicano y fuertes cócteles ''Margarita'' a base de tequila, que parecen no surtir efecto hasta que uno decide ponerse en pie.

Itinerario 3: Un paseo nocturno por los teatros ''Off- Broadway''.

La acera sur de la calle 42, entre las Avenidas Novena y Décima, está cortada por la Avenida Dyer. Diríjase desde Times Square hacia el oeste por la calle 42. El edificio original de **McGraw-Hill**, diseñado por Raymond Hood (arquitecto del Rockefeller Center y del edificio del *NY Daily News*) y construido en 1931, se encuentra en la calle 42 número 330. Su estilo modernista le ha valido la inscripción en el Registro Histórico Nacional. Las bandas azul metálico, plateadas y doradas en la planta baja constituyen la ornamentación típica asociada generalmente con la primera etapa del diseño modernista.

Los teatros off-Broadway no son espectáculos gratuitos. Para obtener más información sobre las numerosas posibilidades a la hora de adquirir entradas consulte en esta guía la sección ''Entradas''. Por otra parte, en la sección ''Espectáculos'', encontrará una lista parcial de los teatros.

Aun cuando puede darse la circunstancia de que encuentre algunos teatros cerrados, siempre hallará lugares que valgan la pena. Al margen de los teatros mismos, preste atención a los ingeniosos murales decorativos con trampantojo de Richard Haas a ambos lados de la Avenida Dyer.

Entre al *Theater Arts Bookshop*, en la calle 42 oeste, número 405, una pequeña y hermosa tienda con una buena selección de libros de teatro y piezas teatrales. Puede que encuentre a algún actor famoso ojeando los libros.

Encontrará un entretenimiento alternativo a poca distancia: el *Westside Arts Theater*, en la calle 43 oeste, número 407, tel. 541-8394. O si lo prefiere pruebe en *Improvisation*, calle 44 oeste, número 358, al este de la Novena

ZONA DE LOS TEATROS, QUINTA

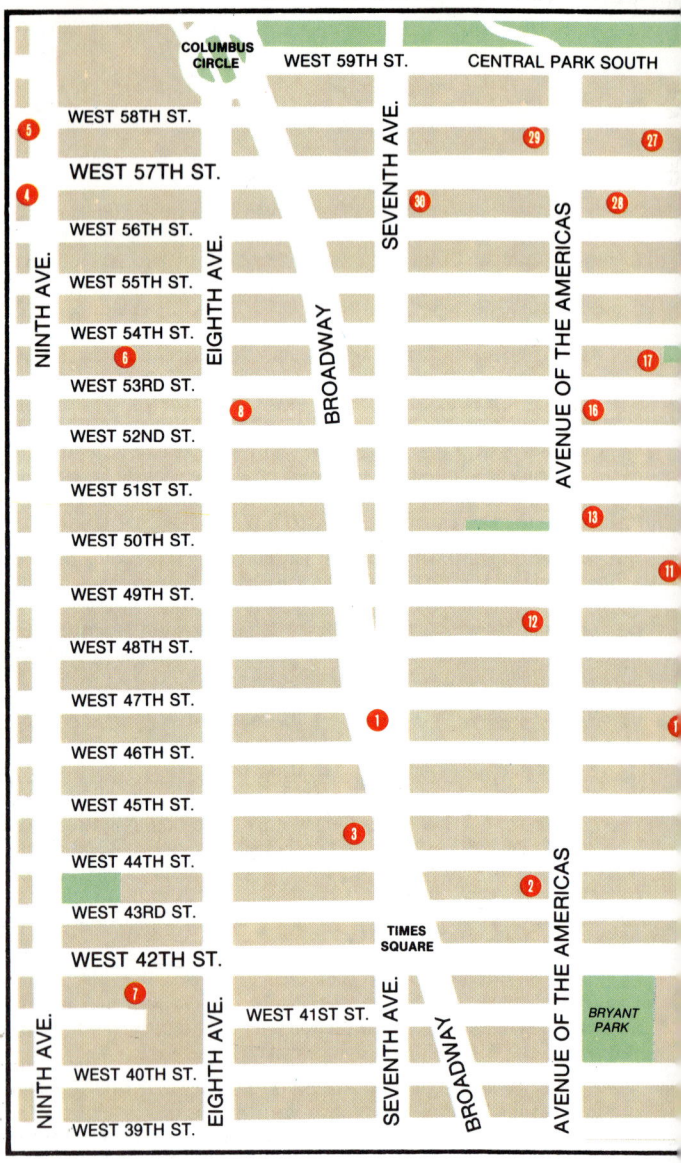

1. TKTS
2. Town Hall
3. Museo del teatro
4. Edificio del Hearst Magazine
5. Centro Cultural Caribeño
6. Manhattan Laboratory Museum (Museo para niños)
7. Edificio original de McGraw-Hill
8. Sala de baile Roseland
9. Biblioteca pública de Nueva York
10. Distrito de los diamantes
11. Edificio RCA
12. Edificio McGraw-Hill
13. Radio City Music Hall
14. Catedral St. Patrick
15. Saks Fifth Avenue
16. Estudios CBS
17. Museo de Arte Americano

FIFTH AVE.

24

26

PARK AVE.

EAST 59TH ST.

EAST 58TH ST.

EAST 57TH ST.

23 22

EAST 56TH ST.

THIRD AVE.

EAST 55TH ST.

EAST 54TH ST.

20

EAST 53RD ST.

EAST 52ND ST.

MADISON AVE.

EAST 51ST ST.

14

LEXINGTON AVE.

EAST 50TH ST.

15

PARK AVE.

EAST 49TH ST.

EAST 48TH ST.

EAST 47TH ST.

VANDERBILT AVE.

EAST 46TH ST.

SECOND AVE.

EAST 45TH ST.

EAST 44TH ST.

EAST 43RD ST.

EAST 42TH ST.

FIFTH AVE.

EAST 41ST ST.

THIRD AVE.

EAST 40TH ST.

EAST 39TH ST.

18. Museo de Arte Moderno (MOMA)
19. Iglesia St. Thomas
20. Museo de Radiodifusión
21. Iglesia Presbiteriana
    de la Quinta Avenida
22. IBM Corporate Headquarters/
    Galería de Ciencia y Arte
23. Trump Tower/Tiffany's

24. Edificio General Motors
25. Hotel Plaza
26. Edificio Fuller
27. Galería Max Protech
28. Galería Marlborough/
    Galería Kennedy
29. Steinway Showroom
30. Carnegie Hall

Avenida. Aquí podrá disfrutar de comida, bebida, comedia y canciones en una íntima atmósfera de cabaret. Se cobra la entrada y consumición mínima. Tel. 765-8268.

Para cenar en este zona lo más conveniente es acudir a los restaurantes de la Calle 46 entre las Avenidas Octava y Novena. Recomendamos tres de ellos: *Orso*, *Barbetta* y *Joe Allen*. *Orso*, en el número 322, tel. 489-7212, es nuevo y el precio de sus platos italianos es razonable. Hasta puede que distinga a algún actor novel en las mesas.

Barbeta, en el número 321, tel. 246-9171, también italiano, tiene un hermoso local con jardín abierto en el verano. Aunque resulta caro, la comida es auténticamente italiana y está bien preparada.

Joe Allen, más barato y parecido a un bar, en el número 326, tel. 581-6464, es uno de los favoritos entre los actores.

En la manzana de los teatros encontrará *La Rousse*, en la calle 42 oeste número 414, tel. 736-4913, otro local preferido por los actores; *China*, en el número 411 de la calle 42 oeste, tel. 947- 1933; *West Bank Cafe*, en el número 407, tel. 695-6909, un pequeño y atractivo restaurante italiano; y el *Lois Lane's*, un restaurante-tienda de alimentación muy saludable, en la calle 42 esquina a la Novena Avenida, tel. 695-5055.

Si su entretenimiento preferido es visitar los clubes nocturnos acuda a *Don't Tell Mama*, en la calle 46 oeste, número 343, tel. 757-0788, un cabaret y piano-bar muy selecto que ofrece, entre otras cosas, un disco-bar para los muy jóvenes los sábados a las 15.00 h. Se cobra entrada y consumición mínima.

Dos manzanas hacia el sur, en la calle 44 oeste, número 234, tel. 221-8440, se encuentra el famoso *Sardi's*, donde directores y artistas de grupos teatrales se reúnen las noches de estreno a esperar las críticas. La comida no es nada especial y tampoco barata, pero la gente acude para ver y ser vista. Un poco más al norte existen diversos lugares en los cuales tendrá la oportunidad de encontrar celebridades del mundo del espectáculo. En *Walli's*, calle 49 oeste, número 224, tel. 582-0460, se sirven excelentes filetes y langostas. *Rosa's Place*, en la calle 48 oeste, número 303, tel. 586-4853, ofrece buena comida mexicana a precios razonables. *Mama Leone's*, calle 48 oeste, número 239, tel. 586-5151, es un lugar divertido, festivo y turístico, pero la comida es más famosa por su abundancia que por su calidad.

Más cerca de Times Square hay otro grupo de restaurantes recomendables. *Hisae's*, en la calle 45 oeste, número 318, tel. 489-6100, se especializa en mariscos al estilo oriental a precios razonables. El *Barking Fish Cafe*, Octava Avenida número 676, tel. 382-3314, ofrece un ambiente hogareño. El *Cafe Un, Deux, Trois*, en la calle 44 oeste número 123, entre la Sexta Avenida y Broadway, tel. 354-4148, cuenta con un local amplio, decorado en colores pastel y muy frecuentado por gente joven. En la calle 45 oeste, número 123, tel. 581-8088, se encuentra *Cabana Carioca*, que dispone de un delicioso menú brasileño.

Mike's American Bar and Grill es como un enclave del lejano oeste en el distrito de los teatros, Décima Avenida esquina a la calle 46, tel. 246-4115. Se sirven platos de comida casera a precios razonables. No se deje desalentar por su aspecto exterior poco impresionante.

Más cerca del *Carnegie Hall*, del centro de la ciudad y del extremo norte del distrito de los teatros encontrará dos de los mejores *delicatessen* de la ciudad: el *Stage Deli*, en la Séptima Avenida número 834, al norte de la calle 53, tel. 245- 7850, y *Carnegie Deli*, con cierta superioridad en la calidad de la comida, en la Séptima Avenida número 854, al norte de la calle 54, tel. 757-2245. En ambos sirven deliciosos sandwiches y los tamaños de las porciones le sorprenderán. En las inmediaciones se encuentra también *Seeda Thai*, en la calle 50 oeste número 204, tel. 586-4513, un elegante y típico restaurante tailandés con precios razonables.

Si se encuentra en esta zona entre en *Tastings*, en la misma manzana, calle 55 oeste número 244, tel. 757-1160, para comer un bocado después del teatro. Este lugar está administrado por el Centro Internacional del Vino y por ello sus comidas pueden ser acompañadas con una gran variedad de vinos.

La diversión en el distrito de los teatros no termina al bajar el telón. *Carnegie Tavern*, detrás de Carnegie Hall, en la calle 56 número 165, es un excelente lugar para concluir la noche en un ambiente amenizado por buenos pianistas de jazz. El *Sheraton Center*, en la Séptima Avenida, entre las calles 52 y 53, cuenta al menos con tres restaurantes y dos bares. Aquí podrá encontrarse a los políticos locales que acostumbran a frecuentarlo. Si quiere disfrutar de una hermosa vista urbana, visite el *Wine Bistro*, en el séptimo piso del *Novotel Hotel*, en Broadway esquina a la calle 52, tel. 867-3291; podrá degustar una copa de vino mientras disfruta de la música de piano y de la vista de las titilantes luces de neón.

En *New Negril*, calle 434 oeste, número 108, tel. 302-0500, se presentan actuaciones musicales de reggae jamaicano. Antes de ir llame por teléfono para averiguar quién actúa.

Tendrá la oportunidad de bailar fox-trot en el mundialmente famoso *Roseland Ballroom*, en la calle 52 oeste número 239, tel. 247-0200. A diferentes horas del día se cambia a estilos tan variados como el jazz de las grandes bandas o la salsa. Abierto de jueves a domingos desde las 14.30 h. Las discotecas más populares en la actualidad se encuentran más cerca del río Hudson, en las calles 56 y 57. *Visage*, un amplio bar-discoteca en la calle 55 oeste número 605, tel. 247-4242, es famoso por sus despampanantes bailarinas y los patinadores sobre hielo que actúan a los lados de la pista de baile. Abierto de martes a domingos de 22.00 a 4.00 h, se cobra la entrada. Y por último termine la noche en el *Hard Rock Cafe*, en la calle 57 oeste número 221, tel. 489-6565. El estilo del local fue concebido en Londres y recuerda ampliamente su lugar de origen, con una decoración que nos retrotrae a los años del rock and roll. Es nuevo y está de moda. Abierto hasta las 4.00.

Excursiones

Desde esta zona de Manhattan salen dos excursiones por el río. Una la de *Circle Line*, un crucero con guía alrededor de la isla de Manhattan (de finales de marzo a mediados de noviembre) que recorre unos 53 kilómetros en tres horas aproximadamente. Parte del muelle 48 sobre el Hudson, en el extremo oeste de la calle 42. La otra es la de *Dayliner*, tel. 563-3200, que parte del muelle 81, al sur de la calle 42 y dura un día. Siguiendo la tradición de los barcos de vapor que circulaban en 1863, con su rueda de propulsión

Times Square

a un costado, el *Dayliner* remonta el río Hudson hasta el **Parque Estatal de la Montaña del Oso** y la **Academia Militar West Point**. En ambos lugares se disfruta de espectaculares vistas del río Hudson en las proximidades de la ciudad de Poughkeepsie, particularmente en otoño, cuando las hojas de los árboles cambian de color.

En el muelle 86, en un extremo de la calle 46 oeste, sobre el río Hudson, puede visitar el **Intrepid**, que fue antiguamente una pista de aterrizaje y ahora se utiliza como museo marítimo, de aviación y del espacio; en él se exhibe, entre otras cosas, un submarino portamisiles. Se ofrecen al público películas informativas y exposiciones. Abierto de miércoles a domingos de 10.00 a 16.00 h, tel. 245-0072.

Quinta Avenida: "La Avenida"

La Quinta Avenida, entre las calles 42 y 59, es la principal arteria comercial de Nueva York; en ella se sitúan la mayor parte de las tiendas más exclusivas, concentradas entre el Rockefeller Center y la calle 57. Aquí encontrará las mundialmente famosas *Saks Fifth Avenue* y *Bergdorf Goodman*, las maravillosas joyas de *Tiffany's* y la grandiosidad de la catedral St. Patrick, la más hermosa de la ciudad. La famosa avenida, enmarcada por soberbios rascacielos, es también la ruta preferida para los desfiles.

Utilice las líneas 4, 5 ó 6 del metro hasta la estación 42nd. st/Grand Central; camine hacia el oeste por la calle 42 hasta la Quinta Avenida y diríjase hacia el norte. Dedíquele toda una tarde, pero no en domingo porque la mayoría de las tiendas cierran. En este capítulo describiremos las tiendas más selectas, restaurantes, clubes y edificios arquitectónicamente más importantes en el área que abarca una manzana al este y el oeste de la Quinta Avenida.

Si un neoyorquino de 1800 regresara a la Quinta Avenida de hoy en día, reconocería solamente la catedral St. Patrick. La avenida, con sus hileras de mansiones diseñadas al estilo europeo y habitadas por familias como los Vanderbilt y los Astor, era considerada la avenida residencial más prestigiosa del mundo. El gran cambio tuvo lugar en la década de 1920. Cuando *Saks* instaló aquí su sede de Herald Square, el *Times* declaró esta zona de la Quinta Avenida una nueva calle comercial. Durante la década siguiente fue construido el Rockefeller Center. En la actualidad es difícil imaginarse la Quinta Avenida sin esta hermosa amalgama de cultura, comercio y entretenimiento de estilo modernista. Entre las recientes construcciones cabe mencionar los rascacielos de vidrio de **Olympic Tower** y **Trump Tower**. La única mansión que aún se conserva es la que perteneció a Morton F. Plant, actualmente el edificio Cartier.

La Biblioteca Pública de Nueva York, la hermosa joya de estilo modernista diseñada por Carrere & Hastings y adornada con los leones de Edward C. Potter, se encuentra al sur de la calle 42 (ver "East Side, entre las calles 26 y 42"). Doble hacia el oeste en la calle 43; en el número 7 se encuentra el *Century Club* (lo distinguirá por su bandera azul con dibujo en blanco de Aladino y su lámpara) en un edificio de 1889 diseñado por McKim, Mead & White, los arquitectos más solicitados de su época. Hablando de clubes, hay que mencionar el *Harvard Club*, en la calle 44 oeste número 2127, diseñado por los mismos arquitectos en 1894 para graduados del Harvard College. Un poco más hacia el oeste, en el número 37, se encuentra el **NY Yacht Club**, diseñado por Whitney Warren, de Warren & Wetmore (1899). La Copa de América, el premio más prestigioso de las competiciones internacionales de yates, se guarda aquí desde 1857; fue ganado por el "America" en la "Copa Guinea Hundred" de Gran Bretaña, en 1851, y el trofeo se transformó en un premio internacional cuando fue otorgado al Yacht Club en 1857. Los yates norteamericanos mantuvieron la supremacía total durante 130 años, hasta que los australianos, utilizando una moderna embarcación, ganaron la copa en 1985. Desde entonces es un tema sumamente polémico el tipo de embarcaciones que deben competir en la Copa. Un juzgado de Nueva York concedió la razón a Nueva Zelanda, pero la Corte Suprema de Justicia se la devolvió a los EE.UU.

NUEVA YORK

En el número 42 encontramos el edificio clásico de la **Asociación de Abogados de la Ciudad de Nueva York**, diseñado por Cyrus Eidlitz y construido en 1896 con piedra caliza y mármol de Indiana. Contiene una de las bibliotecas de temas legales más completas del país. A su lado está el *Royalton Hotel*, diseñado en 1899 por Stanford White, de McKim, Mead & White.

En la acera de enfrente, en la calle 44 oeste número 59, se encuentra el famoso *Algonquin Hotel*, que fue lugar de reunión de la Mesa Redonda literaria, aquel grupo ingenioso y sarcástico integrado por humoristas como Robert Benchley y Dorothy Parker. Aún hoy el *Algonquin* es uno de los hoteles favoritos de escritores y gente de teatro y cuenta con varios restaurantes, el más famoso de los cuales es el *Oak Room*, tel. 840-6800.

Al este de la Quinta Avenida, en la esquina de la calle 44 y la Avenida Madison, abre sus puertas desde 1818 *Brooks Brothers*, la tienda de ropa para hombre y mujer en la cual los pantalones color caqui, la camisa abotonada tipo Oxford y la chaqueta azul marino han estado de moda durante años. Tel. 682-8800.

En la esquina de la calle 45 se eleva **Fred F. French Building**, una torre de estilo modernista construida en 1927. Aprecie la hermosa entrada adornada con arcos que da a la Quinta Avenida y los caballos alados sobre las ventanas de la planta baja.

En la calle 47 diríjase hacia el oeste para conocer la **manzana de los diamantes**. Entre la Quinta y la Sexta Avenidas encontrará enormes joyerías. El 80% del comercio de diamantes de los EE.UU. se lleva a cabo en esta zona. Entre los establecimientos más grandes destaca **National Jewelers Exchange**, **NY Jewelry Center** y **Diamond Center of America**. En esta calle los negocios se realizan de una manera muy singular, puesto que no hay dos diamantes idénticos, cada uno se vende individualmente. Las negociaciones son iniciadas por el vendedor; el comprador, si está interesado, escribe su oferta en un pequeño sobre en el cual introduce el diamante. El vendedor no puede abrir el sobre ni mostrarle el diamante a otra persona antes de aceptar o rechazar la oferta. Si la acepta, el comprador y el vendedor lo celebran con un apretón de manos y una bendición en *yiddish* para desearse buena suerte.

En medio de esta zona se encuentra **Gotham Bookmart and Gallery**, en la calle 47 oeste número 41, segundo piso, tel. 719-4448, que ofrece al público sus variadas exposiciones de arte. Durante el mes de diciembre instala un árbol de Navidad decorado con cientos de peculiares adornos. Entrada gratuita.

Regrese a la Quinta Avenida y continúe hacia el norte. Deténgase en la librería *Scribner's*, en el número 597, tel. 486-4070; su hermosa fachada de hierro y vidrio es inconfundible. El diseño es obra de Ernest Flagg y fue construida en 1913. Recientemente fue adquirido por *Rizzoli International Bookstores* pero mantiene su nombre y su reputación.

Siguiendo por la Quinta Avenida nos acercamos al **Rockefeller Center**, una ciudad dentro de la ciudad, 21 edificios que costituyen el mayor conjunto de rascacielos del mundo y una de las atracciones más típicas de Nueva York. Se extiende desde la calle 48 hasta la 52, y desde la Quinta Avenida hacia el oeste hasta mitad de camino entre la Sexta y la Séptima Avenidas, unas 9 hectáreas. En su centro se eleva el edificio RCA (Radio Corporation of America), en Rockefeller Plaza 30, un rascacielos de 70 pisos iluminado por la noche con potentes reflectores. Puede llegar hasta aquí directamente en metro, con las líneas N o RR hasta la estación 49th st. y caminar hacia el este desde la Séptima Avenida; con la línea 6 hasta la estación 51st st. y caminar hacia el oeste desde la Avenida Lexington; o bien con las líneas B, D o F hasta la estación de las calles 47-50.

Situado en el emplazamiento originalmente propiedad del Dr. David Hosack y posteriormente de la Universidad de Columbia, la historia del Centro está vinculada a la búsqueda de un nuevo emplazamiento para la Ópera Metropolitana, en 1926. La Ópera buscó el apoyo de John D. Rockefeller, quien firmó un contrato de alquiler con la Universidad de Columbia. Sin embargo, por carecer de fondos para su desarrollo, la Ópera se retiró al poco tiempo, dejando a Rockefeller sin un inquilino rentable en el momento en que la Bolsa caía en 1929. No contando con otra alternativa, Rockefeller tuvo que buscar la forma de rentabilizar el lugar ya que el alquiler que debía pagar a Columbia excedía en gran medida los ingresos que obtenía de sus inquilinos.

Tras una serie de desastrosos diseños arquitectónicos (el grupo Fine Arts Federation of NY, propuso la construcción de una nueva avenida entre la Quinta y la Sexta, desde la calle 42 hasta Central Park, cruzando el centro del complejo) un grupo de arquitectos, dirigidos por Raymond Hood (diseñador del edificio de American Standard), terminó el proyecto final. Las oficinas de alquiler dieron lugar a la invención de métodos poco convencionales para atraer inquilinos, tales como la asignación de trabajos de construcción a contratistas a condición de que aceptasen alquilar espacio para oficinas, y también la adjudicación de exclusividad a ciertas empresas de servicios, negándoles al tiempo dicho privilegio a sus competidores. El Presidente Hoover aportó su grano de arena al establecer tasas impositivas diferenciadoras para minoristas extranjeros.

El resultado es un hermoso obsequio de estilo modernista a la ciudad. El **edificio de la RCA**, reconocido como uno de los rascacielos más impresionantes del mundo, se encuentra entre la *Maison Française* y el *British Building*, que encuadran también los jardines *Channel Gardens*, con una fuente adornada con esculturas de criaturas marinas, realizada por Chambellan. En Navidad estos jardines son embellecidos con esculturas de ángeles rodeados de lucecillas blancas que atraen a los visitantes hacia la colorista iluminación del altísimo árbol de Navidad frente al edificio de la RCA.

Entre las tiendas existentes en Channel Gardens, cabe mencionar **La Librairie de France**, que se encuentra en el mismo emplazamiento desde hace más de medio siglo y que cuenta con una vasta selección de libros en francés, y la **Nikon House**, una gran tienda de fotografía en la esquina del British Building. Abierto de martes a sábados de 10.00 a 17.00 h. Tel. 586-3907.

Avanzando un poco más se llega a **Rockefeller Plaza**, una plaza bajo el nivel de la calle rodeada de banderas de todos los países del mundo. En invierno puede observar a los patinadores sobre hielo tras la estatua dorada de Prometeo, el héroe mítico, o arriesgarse a patinar, pagando la entrada

El interminable edificio de RCA

Rockefeller Plaza: La estatua de Prometeo

Navidad en Rockefeller Plaza

correspondiente y el alquiler de los patines. En verano los restaurantes del nivel inferior de la plaza se trasladan al aire libre.

Explore la plaza y preste atención a esculturas, relieves y bordes de los aleros. La estatua *Inteligencia*, de Lee Lawrie adorna la entrada al edificio de la RCA, otras esculturas de Lawrie se hallan sobre las entradas a la Maison Française y al British Building. Un tema común a todas las obras de arte del Centro es el de "las nuevas fronteras y la marcha de la civilización", con especial atención al hombre. Los murales que decoran el interior del edificio de RCA ilustran admirablemente este tema. Picasso y Matisse fueron los primeros artistas solicitados para realizar los murales por su gran reputación y el prestigio que darían al Centro, pero ellos no estaban disponibles ni dispuestos. En consecuencia, Rockefeller contrató a Sert y Brangwyn para los murales laterales y a Diego Rivera para realizar el fresco central. Sin embargo, el mexicano Rivera, comunista, resultó demasiado conflictivo y al negarse a borrar la inconfundible imagen de Lenin de su pintura, el trabajo fue suspendido y el mural destruido. Más adelante fue reemplazado por una maravillosa obra de Sert en la cual puede identificarse a Abraham Lincoln como hombre de acción y a Ralph Waldo Emerson, poeta y abogado de firmes convicciones, como hombre de pensamiento. Rivera, ofendido, volvió a pintar el mural en la ciudad de México, añadiendo un retrato de John D. Rockefeller representando el vicio.

Dentro del edificio de la RCA, descienda las escaleras para acceder al nivel comercial, con restaurantes, tiendas de regalos, boutiques y una galería dedicada a la historia del Centro. Abierto de lunes a viernes de 9.00 a 17.00 h.

Regrese al nivel principal y compre entradas para visitar los estudios de radio y televisión de la cadena **NBC**; con el precio de la entrada tiene derecho a comprar en la tienda de regalos de la NBC con un 20% de descuento. Le guiarán a través del estudio de control, el famoso *Studio 8-H*, las dos emisoras de radio de la red y los estudios utilizados para los programas *Saturday Night Live* y *The Today Show*. Las visitas con guía se llevan a cabo de lunes a sábados de 9.30 a 16.30 h. Tel. 664-4444. Algunos programas, como *Saturday Night Live*, *The Phil Donahue Show*, *Late Night with David Letterman* y el *Bill Cosby Show* se presentan en vivo o filmados ante la audiencia. Puede escribir a la NBC en Rockefeller Plaza solicitando entradas, que se sortean entre los solicitantes pero es muy difícil que los que están de paso en la ciudad las consigan para esos días. En cualquier caso puede disfrutar de una visita con guía por el Centro y el Observatorio, a una altura aproximada de 260 metros. Las visitas organizadas parten de la entrada principal del edificio de la RCA de lunes a sábados de 9.00 a 16.45 h. El precio de la visita depende de la ruta que elija. Tel. 489-2947. Desde el *Rainbow Room*, restaurante situado en el piso 65 de la torre, tel. 757-9099, podr apreciar una espectacular vista de la ciudad, pero pueden negarle la entrada si va vestido de una manera demasiado informal.

Salga del edificio de la RCA por la Sexta Avenida; de sur a norte hay tres rascacielos de diseño similar, el **Celanese**, el **McGraw-Hill** y el **Exxon**, cada uno de los cuales ocupa una manzana entera entre las calles 47 y 50. Los pequeños parques que se extienden detrás de los edificios de Exxon y McGraw-Hill, éste último con una cascada que puede atravesarse, están abiertos solamente cuando hace buen tiempo. Se cobra la entrada, tel. 869-0345. A continuación se encuentra el edificio de **Time and Life**, entre las calles 50 y 51.

Hemos llegado a la esquina noreste de la Sexta Avenida y la calle 50, al famoso edificio de estilo modernista donde se encuentra el teatro **Radio City Music Hall**, famoso por sus espectáculos que combinan actuaciones, películas y espectáculos de baile a cargo de las populares *girls The Rockettes*. En los últimos años las actuaciones en el Radio City se han ampliado a conciertos de conjuntos rock y pop. El teléfono de la taquilla es 757-3100. También puede visitar, pagando entrada, el edificio de Radio City, para admirar la fabulosa decoración de murales y pasillos.

Doble hacia el este en la calle 50 y deje atrás los edificios de Associated Press International. El **edificio Italia** en la esquina noroeste de la Quinta Avenida y la calle 50, fue notable por la obra de arte que adornaba la puerta de entrada. El grabado de viñedos y trigales reemplaza la decoración fascista que se quitó en 1940, antes de que Estados Unidos interviniera en la Segunda Guerra Mundial.

En la explanada de los edificios International, en la Quinta Avenida entre las calles 50 y 51, se encuentra la hermosa escultura de Atlas sosteniendo una esfera con los símbolos del zodíaco.

Cruzando la Quinta Avenida contemplará la espléndida catedral neogótica de **St. Patrick**. La más hermosa de las iglesias de Nueva York fue diseñada por James Renwick Jr. y construida en 1879, reflejando la creciente preeminencia de la Iglesia Católica Romana en Nueva York. La "misa del gallo" de Nochebuena en St. Patrick es uno de los acontecimientos más esperados en la ciudad; para poder asistir se deben reservar entradas en septiembre u octubre. Se puede acceder directamente a la catedral desde el metro, líneas N ó RR, estación 49th st., caminando hacia el este desde la Séptima Avenida, o las líneas B, D ó F hasta la estación 47th-50th sts.

Dos bruscos cortes en el paisaje vertical de rascacielos de la Quinta Avenida (uno en la iglesia de St. Patrick y el otro en la calle 56) permiten que ésta, con abundantes construcciones de piedra caliza que refleja la luz, se llene de luminosidad natural al mediodía.

Al sur de St. Patrick, justo enfrente de Channel Gardens, abre sus puertas al público *Saks Fifth Avenue*. Esta tienda, mundialmente famosa por su ropa de marca, establece uno de los hitos comerciales en la ciudad. Su edificio de proporciones clásicas, de 10 pisos, fue creado en la década de los años 20 basándose en un *palazzo* italiano. También el interior de *Saks* tiene un aspecto muy especial, con sus paredes de caoba oscura y salas dedicadas a cada diseñador de moda. *Saks Fifht Avenue* ofrece un servicio de compras personalizado, un servicio de compras internacional y un club ejecutivo. Abierto de lunes a viernes de 10.00 a 20.00 h, sábados de 10.00 a 18.00 h, domingos de 12.00 a 17.00 h. Tel. 940-4200.

Camine hacia el norte por la Quinta Avenida dejando atrás St. Patrick y *Olympic Tower*. Al norte de la calle 51 encontrará la joyería *H. Stern* y la tienda de artículos de viaje *Mark Cross*. En la esquina sureste de la calle 52 y la Quinta Avenida, en lo que fuera la mansión de Morton F. Plant, se encuentra hoy la lujosa *Cartier*. Aunque las joyas que podrá admirar son muy caras, en *Les Musts de Cartier* encontrará una selección de regalos mucho más accesible. Tel. 838-5454.

Al oeste de la Quinta Avenida, en la calle 53 número 21, tel. 582-7200,

Catedral de St. Patrick

Museo de Arte Moderno

está situado el famoso *21 Club*. Si decide entrar, el portero le saludará y acompañará entre sus hileras de lámparas hasta el bar, con sus maquetas de coches y aeroplanos famosos suspendidos del techo. El *21 Club*, un local de gran tradición comenzó como un punto de reunión durante la Prohibición de los años 20; su cocinero jefe trabaja allí desde hace 25 años. Los clientes habituales, como es lógico, reciben un trato preferente. En su primera visita probablemente sea relegado a la sala Siberia, aunque con un poco de simpatía personal puede solucionar este problema. El club fue vendido recientemente por 21 millones de dólares.

Continúe hacia el este hasta llegar a la torre de **CBS Studios**, en la esquina noreste de la calle 52 y la Sexta Avenida, obra del famoso arquitecto Eero Saarinen y construido en 1965. La CBS ofrece al público representaciones gratuitas de sus programas nuevos, de lunes a viernes, durante todo el año. Infórmese sobre las entradas en la puerta principal de la calle 52.

Camine hacia el norte por la Sexta Avenida y doble hacia el este en la calle 53, hasta el **American Craft Museum**, en el número 40, abierto los martes de 10.00 a 16.00, entrada gratuita, miércoles a domingos de 10.00 a 17.00 h. En este museo se puede contemplar una hermosa selección de alfarería, tejidos y artesanía.

El espléndido **Museo de Arte Moderno** (*Museum of Modern Art— MOMA*) se encuentra en la calle 53 número 11. Fue fundado en 1929 gracias al considerable apoyo de Abby Aldrich Rockefeller (esposa del magnate) y de su hijo Nelson. El Museo ha sido un importante instrumento de difusión de obras de arte desde posimpresionistas a contemporáneas; aquí se expusieron obras de Picasso y Jackson Pollock cuando otros museos las consideraban inaceptables. Una de sus primeras exposiciones, titulada *International Exhibit of Modern Architecture*, contribuyó a transformar el paisaje urbano de Nueva York. El *International Show*, como se la llamó, mostró el estilo puro de acero y cristal propugnado por Le Corbusier, Gropius y Mies van der Rhoe. Aunque fueron muy atrevidos en su tiempo, estos edificios de cristal y acero, más baratos y fáciles de construir que los de piedra, nos resultan hoy totalmente familiares y constituyen el diseño estándar de nuestras ciudades. La amplitud de miras artísticas del MOMA hizo que se incluyeran también las innovaciones de estos pioneros en el diseño de mobiliario.

Le aconsejamos que no deje de visitar el MOMA; su colección de arte moderno es la primera del mundo. Solicite el programa de las películas del día en la ventanilla de la entrada (su precio está incluido en el de la entrada al museo) y planifique la visita de acuerdo con sus horarios. Si hace calor, aproveche para refrescarse en el agradable jardín de esculturas de la planta inferior, entre estatuas de Rodin, Picasso ... En la primera planta, además de la sección especializada en fotografía se encuentra la de pintura y escultura, con obras de Van Gogh (*La noche estrellada*), Gauguin, Cézanne, Picasso (*Las señoritas de Aviñón*), Monet (*Nenúfares*), Matisse (*La danza*), Kandinsky, Klee, Piet Mondrian, Marcel Duchamp, Dalí, Magritte, De Chirico y Joan Miró. La segunda planta está dedicada en su mayor parte a la pintura y escultura estadounidenses del siglo XX, con obras de pintores como Edwin Dickinson, Ben Shanh, Andrew Wyet (*El mundo de Cristina*) y además Staël, de Kooning, Pollock, Andy Warhol, Jasper Jones, etc, y de escultores como Brancusi, Giacometti, Nogushi, etc. Asimismo reúne una amplísima colección de grabados, dibujos y libros ilustrados. Por último, la tercera planta está dedicada a la arquitectura, el diseño industrial y las artes decorativas: proyectos de Le Corbusier, Frank Lloyd Wright, etc. La anexión del edificio de viviendas diseñado por Cesar Pelli en 1983 y la venta de sus apartamentos han enriquecido al Museo con ingresos no relacionados con el arte y han duplicado el espacio disponible para exposiciones.

Almuerce en el jardín-café de la planta baja, abierto de viernes a martes de 11.00 a 16.30h y jueves de 11.00 a 20.00 h. Se dan conferencias entre semana a las 12.30 y a las 15.00 h y los jueves de 17.30 a 19.00 h.

Solamente se permite fotografiar las colecciones permanentes. Hay que pagar entrada. Abierto de viernes a martes de 11.00 a 18.00 h y los jueves de 13.00 a 21.00 h. Tel. 708-9480. Para llegar directamente utilice la línea 6 del metro hasta la estación 51st st. y camine hacia el oeste, o bien las líneas E o F hasta la estación 5th ave.

Continúe en dirección este por la calle 53. La esquina suroeste de la calle 53 y la Quinta Avenida está ocupada por el **Edificio Tishman**; en la esquina noroeste se levanta la iglesia episcopal de **St. Thomas**. Se trata de una construcción neogótica asimétrica, con una sola torre. Preste atención a las cornisas de mármol esculpido y a las vidrieras de color azul oscuro. Entre las figuras religiosas hay una imagen de George Washington en el extremo derecho, la tercera desde abajo. El edificio de la Quinta Avenida número 666 está coronado por el restaurante *Top of the Sixes*, desde el cual se contempla una vista espectacular. Tel. 757-6662.

En el número 1 de la calle 53, cruzando la Quinta Avenida, encontrará el **Museum of Broadcasting** (Museo de Radiodifusión). Adem s de contemplar las exposiciones sobre la televisión, podrá ver la película de su agrado, escogiendo entre una amplia colección. Abierto los martes de 12.00 a 20.00 h y de miércoles a sábados de 12.00 a 17.00 h. Para entrar no hay que pagar pero se espera una pequeña contribución. Tel. 752-7684.

A su lado, como un oasis de paz y tranquilidad, se halla una acogedora placita al aire libre (un puesto de refrescos, mesas, sillas y una pequeña cascada) dedicada a Samuel Paley, padre del genial director de la CBS, William S. Paley.

Cruzando la calle 53 se encuentra el edificio de **Harper and Row**. El enorme globo terráqueo suspendido en la puerta de al lado identifica la tienda de *Rand McNally*, que cuenta con una gran selección de mapas y libros de viajes locales y extranjeros.

Gucci, que exhibe su famosa cinta roja y verde, hace esquina entre la calle 54 y la Quinta Avenida; la primera planta está dedicada a artículos de piel y la segunda a ropa. En la calle 54 número 2, séptimo piso, existe un anexo de venta abierto al público, tel. 826-2600. Cruce la Quinta Avenida y preste especial atención al edificio **Aeolian**. Esta joya de estilo neorromántico, presenta esquinas redondeadas y hornacinas bajo el tejado. Fue diseñado por Warren & Wetmore (diseñadores del Yacht Club de Nueva York) y construido en 1925.

Camine media manzana hacia el este por la calle 54 hasta *Famolare, Inc.* Este edificio, obra de McKim, Mead & White, fue la residencia del industrial William H. Moore; son notables sus ventanas, cuya altura va decreciendo en las superiores, creando una ilusión óptica que exagera la altura del edificio.

Frente al edificio Aeolian está el *University Club*, también diseñado por McKim, Mead & White y construido en 1899. No deje de hacer una visita a *Godiva Chocolatier* en la Quinta Avenida número 701; venden chocolates y helados de fabricación casera deliciosos, tel. 593-2845.

En la esquina sureste de la calle 55 y la Quinta Avenida se levantan los edificios casi gemelos de los hoteles *Gotham* y *St. Regis-Sheraton*. El *Gotham*, en la calle 55 número 2, se encuentra cerrado puesto que no han podido terminarse las obras de rehabilitación por falta de presupuesto. Por

Trump Tower

el contrario, el lujoso *St. Regis-Sheraton*, de estilo modernista, construido en 1904, está en plena actividad.

La **Iglesia presbiteriana de la Quinta Avenida**, en la esquina noreste de la Quinta Avenida y la calle 55, se diferencia entre todas las iglesias de Nueva York por su interior de madera en lugar de piedra y la forma circular de sus dos plantas, similar a un teatro. Duke Ellington ofreció dos conciertos de jazz en esta curiosa iglesia.

Coches de caballos esperando en Grand Army Plaza

En el número 712, junto a la iglesia, se alzan los edificios **1907** y **Coty**. El edificio vecino, en el número 714, está siendo derruído para construir un rascacielos, lo cual dio lugar a una gran polémica entre los que estaban a favor y en contra del proyecto. El valor del terreno en este lugar es altísimo: los derechos de la iglesia llegan a 15,75 millones de dólares y el alquiler en la Quinta Avenida entre las calles 48 y 57 cuesta 350 dólares por metro cuadrado. El edificio Coty atrajo la atención de los que eran partidarios de su conservación por sus ventanas, diseñadas por el gran artesano francés René Lalique para el perfumero François Coty. Cruzando la calle se encuentra el edificio de la **Coca Cola**, una estructura grande y poderosa que armoniza con el resto de la avenida.

Una manzana hacia el este, en la calle 55 esquina a Madison, se eleva el espectacular edificio de estilo posmodernista de la **AT&T** (ver "East Side, las calles 50"). El edificio de la sede central de **IBM**, un triángulo monolítico de granito verde, se encuentra una manzana hacia el norte, en la calle 56. Acceda al vestíbulo por la calle 56 esquina a Madison y contemple la escultura-fuente, obra de Michael Helzer, un hermoso bloque de granito, de superficie lisa y tallado con ángulos rectos, bajo el que fluye un diminuto río. Tome asiento entre los árboles de bambú y disfrute de un café, un té o un postre, entre semana, que es cuando el kiosco está abierto. Al mediodía suelen ofrecerse conciertos gratuitos. Saliendo del vestíbulo se encuentra la **Galería de Ciencia y Arte de IBM**, una sala espaciosa y de techos altos. En el teatro de la galería se muestra una película sobre las exposiciones itinerantes que han pasado por el lugar. Entrada libre. Abierto de martes a viernes de 10.00 a 18.00 h; sábados de 10.00 a 17.00 h. Tel. 407-6100.

En el lado este de la Quinta Avenida, entre las calles 56 y 57 se eleva la torre **Trump**, el edificio más notable de esta zona de Manhattan, diseñado por Der Scutt y Swank Hayden Connel para el rey de la inmobiliaria Donald

Trump. Se trata de un rascacielos de uso múltiple, con 68 pisos recubiertos externamente de vidrio oscuro. En su interior se encuentra un enorme vestíbulo, al que dan seis plantas con galerías comerciales, decorado con mármol rosa oscuro y pasamanos de cobre. La escalera mecánica parece introducirse bajo una cascada interior; allí se encuentran boutiques como *Charles Jourdan*, *Buccellati* y *Harry Winston Petit Salon*. Los pisos superiores están ocupados por apartamentos residenciales, cuyos precios son dignos de reyes: el príncipe Carlos de Inglaterra compró uno en los años '80.

Al lado, en la Quinta Avenida esquina a la calle 57, abre sus puertas *Tiffany's*, la joyería más exquisita y elegante. Las joyas se encuentran en la planta baja y la platería y artículos de cristal en la planta superior. El propio local es una joya por sí mismo; fue construido en 1926 e inmortalizado en la película *Desayuno con diamantes*, interpretada por Audrey Hepburn y Cary Grant. El exterior es de estilo modernista y la decoración interior elegante y clásica. Utilice los ascensores de madera atendidos por simpáticas ascensoristas. Tel. 755-8000.

Continúe hacia el norte por la Quinta Avenida, cruce la calle 57, una ancha vía de doble sentido flanqueada por selectos establecimientos y galerías de arte (de las cuales hablaremos en el siguiente apartado) y diríjase hacia *Central Park*. En la esquina noroeste de la calle 57 y la Quinta Avenida se encuentra *Bergdorf Goodman*. Después de haber sido sometido a una refinada renovación, *Bergdorf* puede preciarse de contar con el interior más elegante de todos los grandes almacenes de Nueva York. Preste atención a las delicadas molduras y los arcos del departamento de joyería en la planta baja. Si no fuera por los caros artículos expuestos, podría pensar que se encuentra en una casa de campo francesa. Contemple las joyas, pregunte el precio y no se asuste de la respuesta. En *Bergdorf* también encontrará ropa de diseño y complementos. El servicio de compras personal se llama *Solutions* y le será asignado solamente si lo solicita de antemano, tel. 872-8772. Salga por la esquina de la calle 57 y mire hacia el sur; contemplará el recientemente renovado edificio **Crown**, otra belleza arquitectónica que añade grandiosidad a la avenida.

FAO Schwartz, en la esquina de la calle 58 y la Quinta Avenida, es una de las tiendas de juguetes más famosas del mundo. Una de sus principales atracciones son los enormes animales de peluche que allí se venden. Es un lugar excelente para llevar a los niños, pero solamente si les compra algo. Tel. 644-9400.

Hacia el norte se encuentra el edificio de la **General Motors**; en la planta baja se exponen los automóviles y alrededor de la plaza del piso inferior se encuentran numerosas tiendas. Hacia el oeste, junto a Central Park está la **Grand Army Plaza**. En el lado oeste de la plaza se sitúa el hotel *Plaza*; frente a la entrada principal está la fuente Pulitzer, diseñada por Thomas Hastings, de Carrere & Hastings, y una estatua de Karl Ritter llamada *Abundancia*, ambas terminadas en 1916. En la parte norte de la plaza se yergue la estatua ecuestre del General William Tecumseh Sherman, de la Guerra de Secesión, que falleció en Nueva York; es obra de Augustus Saint Gaudens. Aquí tendrá a su disposición los elegantes calesines tirados por caballos que le llevarán a dar un paseo por el parque o por cualquier otra zona de la ciudad. Es romántico pero caro, por lo que conviene acordar el precio con el conductor antes de iniciar el recorrido. No pueden montar más de cuatro personas.

Calle 57: Las grandes galerías

La calle 57, como la Quinta Avenida, reúne boutiques de alta categoría; merece la pena dedicarle todo un día entre semana o una tarde de sábado, ya sea para ir de compras o para visitar algunas de las mejores galerías de arte del siglo XX. Tenga en cuenta que muchas tiendas y galerías cierran los domingos. Almuerce en el precioso *Russian Tea Room*, utilizado como escenario en las películas *Manhattan*, de Woody Allen y *Tootsie*, de Dustin Hoffman. Disfrute escuchando un concierto o viendo una película en el *Carnegie Hall* y finalmente cambie de diversión visitando, a altas horas de la noche, alguno de los clubes al oeste de la Séptima Avenida. En esta sección destacaremos algunos de los lugares más atractivos e importantes a lo largo de la calle entre las avenidas Tercera y Séptima, un largo y agradable paseo.

Utilice cualquiera de estas líneas de metro: RR, N, 4, 5 ó 6, hasta la estación 59th st. Si está interesado en hacer compras, puede comenzar el itinerario en *Bloomingdale's* (Avenida Lexington esquina a la calle 59), un verdadero paraíso comercial. Si no aprovecha esta oportunidad, resérvele otro momento. En cualquier caso, diríjase al oeste por la calle 57 desde la Tercera Avenida.

La primera parada hágala en *Hammacher & Schlemmer*, calle 57 este número 145; su nombre es sinónimo de complementos de lujo y está lleno de curiosidades para gente que ya tiene de todo. Fue fundado en 1848 y se encuentra en este local desde 1926. Tel. 421-9000.

Más adelante, en el número 65, Tel. 335-0050, encontrará la sastrería *Dunhill*; en el número 51, tel. 371-6111 está *Louis Vouitton*; y en el número 49, tel. 980-1460, *Maud Frizon*. *Dunhill* ofrece camisas y corbatas de estilo inglés, en un local del mismo estilo. *Vuitton* es famoso por sus artículos de viaje con la insignia *LV*. Y *Maud Frizon* es el lugar ideal para comprar calzado francés de marca.

Cruzando la calle, en el número 48, tel. 371-3943, abre su puertas *Chaumet*, una joyería francesa con 200 años de antigüedad, donde llegaron a diseñarse joyas para la emperatriz María Luisa, esposa de Napoleón. Los precios tienen seis cifras. En la tienda de al lado, en el número 46, tel. 308-2900, está *Buccellati*, especializada en colecciones de plata. *Guy Laroche*, en el número 36, tel. 759-2301, vende su exquisita ropa con el emblema del famoso diseñador francés.

El edificio **Fuller** destaca en la esquina noreste de la calle 57 y la Avenida Madison. Fue diseñado por Walker y Gillete y construido en 1928-29, siguiendo la pauta de estilo modernista, y debe su nombre a la empresa constructora que lo ocupó, establecida anteriormente en el edificio **Flatiron**, cerca de Madison Square. Aprecie el contraste entre las piedras blancas y negras en el extremo superior y las poderosas figuras esculpidas por Elie Nadelman, en la entrada de la calle 57.

La galería **Wally Findlay**, en la calle 57 este, número 17, tel. 421-5390, se especializa en pintura y escultura del siglo XX. Permanece cerrada los domingos. *Hermes*, la suntuosa tienda de artículos de cuero, ocupa la planta baja en el número 11. En la planta alta del mismo edificio se encuentra la galería **Dyansen 57**, tel. 489-7830, en la que se exhibe la colección de esculturas de Erte. En el edificio de al lado se abre al público *Burberry's*, creador de las famosas gabardinas y bufandas de dicho nombre. Tel. 371-5010.

Bonwitt Teller, en la calle 57 este, número 4, tel. 593-3333, se especializa en ropa de mujer de diseñadores famosos. Ann Taylor, diseñadora norteamericana, tiene su propia tienda justo enfrente, en el número 3 de la calle 57.

Cruce la Quinta Avenida y entre en *Bergdorf Goodman*, un elegante gran almacén. Le aconsejamos que se dé una vuelta por la joyería, en la planta baja, aunque no desee comprar. Tel. 753-7300. En la esquina de la calle 57 se abre la joyería *Van Cleef & Arpels*, tel. 644-9500. El esplendor del edificio **Crown**, cruzando la calle 57, aporta un bello toque a la Quinta Avenida; es obra de Warren & Wetmore y fue construido en 1922 (la cúpula dorada es nueva).

El *Festival Movie Theater* está situado en la calle 57 oeste, número 6, tel. 757-2715. En la puerta contigua se halla *Shezan*, un elegante y caro restaurante hindú, tel. 371-1414. Al lado, en el número 10, se encuentra *Henri Bendel*, un centro comercial que reúne elegantes boutiques en su interior; tel. 247-1100. En el piso superior se encuentra *Jean Louis David Salon*, un lugar extravagante pero atendido por expertos profesionales en cosmética; no siempre hay que pedir hora.

Charivari 57, en la calle 57, número 16-18, tel. 333-4040, es la sucursal en Midtown de esta famosa cadena de establecimientos especializados en ropa de moda que ha invadido el Upper West Side. El nuevo emplazamiento de la librería *Rizzoli* está en la calle 57 oeste número 31. La librería *Scribner* de la Quinta Avenida, se especializa en hermosos libros de arte y fotografía y en ediciones extranjeras. Tel. 223-0010.

La galería **Max Protech**, en la calle 57 oeste, número 37, tel. 838-2340, expone trabajos de arquitectos del siglo XX. En la acera de enfrente abren dos galerías que han alcanzado fama por la calidad de sus exposiciones, **Marlborough**, tel. 541-4900 y **Kennedy**, tel. 541-9600, que ocupan el segundo y quinto piso respectivamente en el número 40. Marlborough presenta a los más famosos artistas norteamericanos contemporáneos; Kennedy, con un siglo de antigüedad, expone obras de artistas norteamericanos de los siglos XVIII y XIX.

En la esquina noroeste de la Sexta Avenida y la calle 57 está *Wolf's*, uno de los restaurantes más exquisitos de Nueva York; ofrece una excelente variedad a precios razonables. Tel. 422-4141.

Caminando hacia el oeste, en la calle 57 número 109, encontrará el **Steinway Showroom**, junto a Carnegie Hall, cuenta con amplias colecciones de arte y geografía. Es un edificio pionero de los sistemas de seguridad: construido en 1925, se encuentra protegido a prueba de fuego mediante un equipo de extintores poco frecuente en aquel entonces que aún están en uso. Los grandes pianos, expuestos en la planta baja, están rodeados de pinturas sobre temas musicales, obra de artistas norteamericanos famosos como

Rockwell, Kent y N.C. Wyeth (padre de Andrew), entre otros. Tel. 246-1100.

Cruzando la calle, en el número 150, está situado el legendario restaurante *Russian Tea Room*. Sus paredes de color verde oscuro, lámparas rosadas, cocina rusa tradicional y la clientela compuesta por celebridades del Carnegie Hall lo convierten en un lugar excepcional para un almuerzo entre semana o un desayuno en fin de semana. Tel. 265-0947.

Carnegie Hall, sala de conciertos que ocupa la esquina de la calle 57 y la Séptima Avenida debe su nombre al filántropo y magnate de la industria del acero Andrew Carnegie, y fue inaugurada en 1891 con Chaikovski como director. Una actuación en la ciudad de Nueva York, una de las capitales musicales del mundo, supone todo un desafío para un artista y un concierto en el **Carnegie Hall** es considerado uno de los máximos honores. La acústica de la sala principal, donde se presentan las orquestas y artistas más famosos del mundo, es una de las mejores. Se pueden realizar visitas con guía. En la planta superior se dispone de una sala para recitales y un cine (entrada por la Séptima Avenida) especializado en películas extranjeras. Los estudiantes o personas de la tercera edad (con identificación) pueden conseguir entradas a precios reducidos para algunos conciertos el mismo día de la actuación, entre 13.00 y 13.30 h para la matiné y de 18.00 a 18.30 h para la noche. Las taquillas abren de lunes a sábado de 13.00 a 18.00 h y los domingos de 12.00 a 18.00 (sólo si hay concierto ese día). Se aceptan tarjetas de crédito hasta las 13.00 para matiné y hasta las 15.00 para los conciertos nocturnos. Para informarse y adquirir entradas, tel. 247-7800.

Una buena alternativa al restaurante *Russian Tea Room*, antes del concierto, es el lujoso *Petrossian*, calle 58 oeste número 182, tel. 245-0303. Este nuevo restaurante, en el edificio de apartamentos Alwyn Court, tiene hermosos suelos de granito rosa pulido, espejos diseñados por Erte, asientos tapizados con piel de visón y estatuas junto a las vidrieras, aunque la verdadera joya es el caviar. Disfrútelo acompañado con champagne o vodka y prepárese para pagar un alto precio.

Una experiencia completamente diferente, aunque no menos agradable, es cenar en *Carnegie Deli*, en la Séptima Avenida, número 584, tel. 757-2245; mesas y sillas se comparten y en un ambiente de camaradería se disfruta de los enormes sandwiches, típicos del local, a precios razonables. El menú, que incluye trabalenguas y chistes, es ya de por sí un entretenimiento.

La "guarida nocturna" de la gente joven es *Hard Rock Cafe*, que consta de dos plantas; la entrada está asegurada solamente a los socios. Una vez en su interior contemplará la versión neoyorquina del famoso restaurante londinense, se verá rodeado por los memorables recuerdos del rock. Este es el lugar ideal para "ver y ser visto", al menos por el momento.

Las altas horas de la noche pertenecen a los clubes de la calle 57, cerca del río Hudson. El hermano de la cantante Carly Simon, Peter, es el *disk-jockey* actual en *Fives*, en el número 555, tel. 757-4303; la música que se escucha es una mezcla de rock, funk y reggae. Se cobra entrada. La discoteca *Red Parrot*, en la calle 57 oeste número 617, tel. 247-1530, ocupa toda una manzana. Algunas noches se dedican a grandes bandas de jazz y otras a rock bailable. Otra gran discoteca es *Visage*, en la calle 56 número 610, tel. 247-0612, famoso por su espectacular piscina con sirenas y su show de patinaje sobre hielo al lado de la pista de baile.

East Side, de la calle 42 a la 51:
Arquitectura modernista y Naciones Unidas

Comenzaremos el itinerario por este barrio mostrando algunos de los ejemplos más representativos de la arquitectura modernista, a continuación visitaremos la sede de Naciones Unidas y por último llegaremos al selecto enclave residencial de Beekman Place. Puede dedicarle cualquier día y no es necesario comenzar el paseo muy temprano. Utilice las líneas de metro 4, 5 ó 6 para llegar a la estación 42nd st/Grand Central Station y camine hacia el este por la calle 42 (respecto a la estación Grand Central y sus alrededores consulte la sección "East Side, entre las calles 26 y 42").

Contemplaremos primero el notable y bello edificio **Chanin**, al que no siempre se hace justicia, en la esquina suroeste de la Avenida Lexington y la calle 42. Fue diseñado por Sloan & Robertson y se construyó en 1929. Las fachadas de la calle 42 y la Avenida Lexington cuentan con una decoración externa en forma de una ancha banda de cerámica con hojas tropicales en la parte superior y un borde de bronce con estilizados monstruos marinos en la parte inferior. Los pilares del edificio, en la entrada de la Avenida Lexington, representan el rascacielos en miniatura. El vestíbulo, recubierto de mármol, está adornado con motivos modernistas (radiadores de bronce con bajorrelieves alegóricos) obra del escultor Rene Chambellan (diseñador de las fuentes de Channel Garden en el Rockefeller Center).

Cruzando la calle se encuentra el edificio **Chrysler**, el más alto del mundo en el momento en que fue terminado gracias a un truco del arquitecto, William Van Alen. El edificio se construía simultáneamente con otro en el número 40 de Wall Street. Van Alen detuvo temporalmente el trabajo para que los competidores pensasen que el edificio Chrysler estaba terminado a una altura de unos 110 m. Los constructores de la calle Wall lo superaron en alrededor de 1 metro y se preciaron de haber construido el edificio más alto del mundo, pero Van Alen instaló una cúpula con aguja de acero, de unos 45 metros, ganando la partida por poco tiempo, ya que un año más tarde se terminó el Empire State.

La estilizada figura de su torre piramidal, con ventanas románticamente rodeadas de luces de neón por las noches (más apreciables desde cierta distancia), lo convierte en el edificio favorito de los nativos de Nueva York. De los diferentes diseños que adornan cada sección del edificio, el más interesante es el de la cuarta, en el que aparecen tapas de radiadores aladas en las esquinas y una banda de ladrillos en medio que recuerda figuras de neumáticos (después de todo, es el edificio de la Chrysler). El vestíbulo de entrada, que fue una sala de exposición de automóviles, está decorado con una gran riqueza de materiales: muros y columnas recubiertos de mármol rojo hindú, intrincados dibujos realizados en marquetería, molduras de acero cromado, etc. El techos está adornado con un mural de Edward Trumbull, en el que se aprecian diversas formas de transporte, pintado con colores que armonizan con los tonos del mármol. En la planta baja el **Con Edison Conservation Center** instruye al público en los temas relativos a la conservación de la energía. Abierto de lunes a viernes de 9.00 a 17.30 h. Entrada libre. Tel. 599-3435.

Un poco más al norte, en la Avenida Lexington número 44 encontrará el establecimiento *Graybar Electric Co.*, cuya principal actividad es la venta de aparatos de comunicación, tema que se representa gráficamente sobre la entrada: deidades doradas sostienen diversos aparatos, representando el control del hombre sobre el medio a través de la tecnología.

Regrese por la Avenida Lexington hasta la calle 42 este número 150; allí se alza el edificio **Mobil**, notable por su fachada de paneles de acero perforados, un innovador diseño que impide su curvatura y permite que el viento mantenga limpia la superficie.

El edificio del diario **Daily News**, en la calle 42 este número 220, fue diseñado por Howells & Hood (Hood fue el arquitecto del American Standard Building, cerca de Bryant Park y del Rockefeller Center) y se construyó entre 1929 y 1930. La solidez de las piedras talladas en la entrada se aprecia mejor desde la acera de enfrente. En el vestíbulo del edificio se exhibe el globo terráqueo más grande del mundo instalado en el interior de un edificio. Abierto de lunes a sábados de 9.00 a 17.00 h.

Al edificio de la **Fundación Ford** se entra por la calle 43 número 320, pero a su hermoso jardín se accede por la calle 42. Las oficinas dan a un patio porticado de 12 pisos de altura con árboles, una piscina y vegetación que se cambia periódicamente.

En la calle 42 número 304 se encuentra el *Tudor Hotel*, uno de los preferidos de los delegados de las Naciones Unidas. Junto a éste se extiende el conjunto residencial *Tudor City*, construido por Fred F. French Co en estilo neogótico, al que debe su nombre. Se entra a través de las escaleras por la calle 42. Fue ésta una zona abandonada, ocupada sólo por cervecerías y mataderos en otro tiempo, controlada por la banda Rag Gang, temida hasta por la policía. La mayor parte de Tudor City es actualmente propiedad de Harry Helmsley, el magnate hotelero. Camine por las escaleras *Sharansky* a la derecha de *La Bibliotheque* y fíjese en la cita del profeta *Isaías* grabada en la pared. Al final de las escaleras se abre el parque Ralph J. Bunche, llamado así en honor del primer funcionario negro de las Naciones Unidas, Premio Nobel de la Paz en 1950. La escultura de aluminio *Peace Form One*, es obra de Daniel La Rue Johnson.

La sede central de la **Organización de las Naciones Unidas** (territorio internacional fuera de la jurisdicción de los EE.UU., donado por John D. Rockefeller, hijo) se encuentra al otro lado de la Primera Avenida; la entrada para visitantes está subiendo las escaleras frente a la calle 46. Solamente se puede pasear por el edificio en grupos acompañados. No se admiten niños menores de 5 años; los niños de 5 a 12 años deben ir acompañados por un adulto. Se permite fotografiar. Las entradas se consiguen en la taquilla, pasando la ventanilla de información. La visita dura entre 45 y 60 minutos y comienza cada media hora desde las 9.15 a las 16.45 h, todos los días.

Infórmese para conseguir entradas cuando hay **Asamblea General**; se reparten gratuitamente según el orden de llegada; tel. 963-7113. La Asamblea se reúne irregularmente entre septiembre y diciembre, dependiendo de los acontecimientos mundiales; el *New York Times* informa del programa diario.

EAST SIDE, DE LA CALLE 42 A LA 60

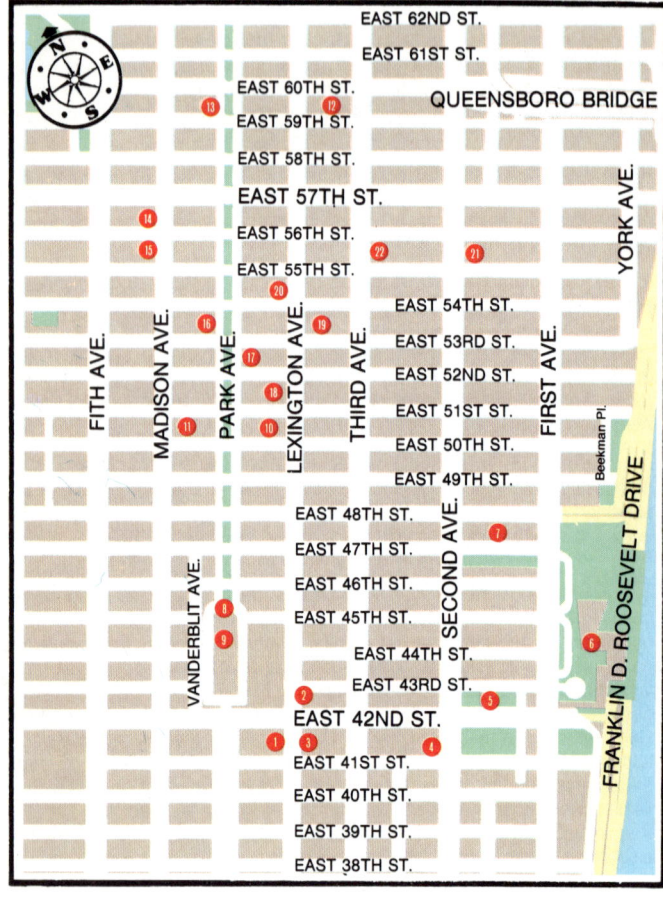

Naciones Unidas: Sala del Consejo de Seguridad

Park Avenue: Edificio Pan Am

El conjunto incluye una tienda de regalos libres de impuestos, una librería y una cafetería, así como el comedor de los delegados, donde usted también podrá almorzar.

Observe desde el exterior la mundialmente famosa realización arquitectónica de la ONU. El rascacielos del Secretariado, de unos 166 m de altura, de acero y vidrio, es el primero de la ciudad en el que se utilizaron dichos materiales. El edificio más bajo, con paredes combadas, es el de las conferencias, donde se reúne la Asamblea General. Al norte está el agradable jardín público. Al este, tras el área Dag Hammarskjold Flagpole, se puede contemplar una vista del East River, hacia Long Island City y Queens. Camine por el jardín de esculturas hacia el río, caminará por el FDR Drive, construido después de la Segunda Guerra Mundial sobre una capa de cascotes procedente de los bombardeos de Londres y Bristol que sirvieron como lastre para los barcos de carga norteamericanos que regresaban de Europa. Gire hacia el oeste y admire los modernos rascacielos que asoman sobre los árboles del parque, la torre del *UN Plaza Hotel* a la izquierda y el edificio *Citicorp*, con su techo inclinado, a la derecha, enmarcan el panorama.

Cruce la Primera Avenida, el edificio bajo con terrazas que encontrará en la calle 47 oeste número 333 pertenece a la **Japan Society House**, una institución dedicada primordialmente a fomentar el entendimiento entre Japón y EE.UU. Visite la galería donde se expone arte japonés tradicional y contemporáneo o aproveche para ver una de las películas semanales en la sala de proyecciones. La galería está abierta de martes a domingos de 11.00 a 17.00 h. Se proyectan películas de arte y documentales, los viernes y sábados a las 18.30 h. Se sugiere aportar una contribución. Si le interesa el arte africano, en United Nations Plaza número 833, Primera Avenida esquina a la calle 47, se encuentra la **Galería del Instituto Afro-Americano**, abierta de lunes a viernes de 9.00 a 17.00 h y los sábados de 11.00 a 17.00 h. Entrada libre.

Doble hacia el este por la calle 49 y hacia el norte en Beekman Place, una de las zonas residenciales más placenteras, aisladas y selectas de la ciudad.

El hermoso **parque Greenacre** se sitúa entre la Segunda y la Tercera Avenidas. Disfrute, sin pagar, de su cascada y sus fuentes, sólo el arrullo de las aguas perturbará su tranquilidad. El parque está abierto e iluminado durante las noches de verano y hasta hay un pequeño bar.

El edificio de **General Electric**, construido en 1931 en la esquina suroeste de la calle 51 y la Avenida Lexington, fue diseñado originalmente para la RCA por Cross & Cross, utilizando premeditadamente los mismos materiales que en la Iglesia St. Barholomew, que está en la calle 51 esquina a Park Avenue. Las líneas onduladas sobre ventanas y puertas de la planta baja representan las vibraciones de las antiguas *Victrolas* de RCA Victor.

Camine hacia el sur por la Avenida Lexington y deténgase un momento en **Halloran House**, en la esquina de la calle 49. Construida en 1924 como el *Sheraton Hotel*, esta obra de Arthur Loomis Harmon es notable por su torre de forma poco convencional; se estrecha en la parte superior, debido a las ordenanzas municipales establecidas en 1916, tras la construcción del edificio *Equitable*, en el bajo Manhattan, que privaba de luz y aire a los edificios de alrededor.

En la Tercera Avenida le esperan tres curiosidades arquitectónicas. En la esquina noroeste de la calle 48 hay un edificio de oficinas con ventanas en forma de diamante. En la acera de enfrente, número 767, una extravagancia de la artista Pamela Walters: enormes huellas metálicas de pie sobre la calzada y un tablero de ajedrez en la pared próxima a la plaza. Una manzana hacia el sur, en el número 747, esquina a la calle 47, aparecen varias cuestas de ladrillos con bancos empotrados también obra de Pamela Walters.

Camine hacia el oeste hasta Park Avenue; aquí contemplará el **edificio Helmsley** construido en 1929 basándose en un diseño de Warren & Wetmore, con una cúpula dorada, recientemente restaurada, y detrás el edificio de *Pan Am*. El viaducto da la vuelta desde Park Avenue South alrededor de la estación Grand Central en la calle 42 y sale a través del edificio Helmsley en la calle 46. Camine a través de los pasajes peatonales hasta la calle 45 y el edificio Pan Am.

El **edificio Pan Am** (diseñado por Emery Roth & Sons, Walter Gropius y Pietro Belluschi) fue severamente criticado cuando se construyó, en 1963, ya que obstruía completamente la visión en la Avenida Park. Sin embargo, la cortina oscura que forma por detrás del edificio Helmsley hace resaltar la corona dorada de éste. El puesto de periódicos de *Eastern*, en la sala este del edificio de Pan Am, ofrece más de tres docenas de diarios extranjeros y unas 3.000 revistas diferentes; es el mejor y más completo de Nueva York. Tel. 687-1198.

Diríjase hacia el norte por Park Avenue hasta la calle 50, donde encontrará el famoso hotel *Waldorf-Astoria*, con sus dos torres gemelas, levantado en 1931.

Frente al Waldorf se eleva la **Iglesia Episcopal St. Bartholomew**, construida en 1919 en estilo bizantino. El jardín frontal, el último soplo de aire fresco en Avenida Park, fue el centro de una gran polémica en 1981, cuando se supo que existía un plan para vender los terrenos a un inversor, a cambio de enormes ganancias, para construir una torre de oficinas. El diseño de 1981 mostraba una torre recubierta de espejos, en claro contraste con la iglesia (a diferencia, por ejemplo, del nuevo edificio en la Avenida Lexington 560 o el de General Electric, en la Avenida Lexington esquina a la calle 51, construido específicamente con materiales similares a los de St. Bartholomew). Paul Goldberger, crítico de arquitectura del *New York Times* y Premio Pulitzer, calificó al edificio de General Electric como una lección de sutil yuxtaposición de un rascacielos con una estructura religiosa de poca altura. Un diseño arquitectónico más reciente contempla el uso de mampostería.

Camine hacia el oeste hasta la Avenida Madison y deténgase ante las hermosas mansiones de piedra marrón y estilo italiano en la Avenida Madison 451-455. Son las *Villard Houses*, construidas en 1884 según el diseño de McKim, Mead & White para el magnate del ferrocarril Henry Villard. El conjunto de casas, uno de los más notables de nueva York, dispuestas en forma de herradura, dan paso al *Helmsley Palace Hotel*. En el ala sur de éste se halla una sala que destaca por su originalidad y lujo, decorada con murales de John La Farge, un reloj de St. Gaudens, vidrieras de Tiffany y un cielorraso de mosaicos de Maitland Armstrong. El Salón Dorado, con su techo de 9 metros de altura, también es muy famoso. Puede tomar el té diariamente de 14.30 a 17.30, mientras de fondo escucha música de arpa. La torre del hotel es un añadido que afea su aspecto exterior.

East Side, las calles 50: Rascacielos con firma

Las calles 50, al lado este de Manhattan, son toda una exposición de arquitectura moderna. Aparte de la abundancia de rascacielos comerciales y residenciales, en esta zona se encuentran dos edificios pioneros de la construcción con vidrio y acero: *Lever House* y *Seagram*. Situados a ambos lados de la Avenida Park, continúan siendo dos de los edificios más originales y apasionantes de la ciudad. A pocas manzanas se eleva un excelente ejemplo de la capacidad creativa e innovadora que alcanzaron posteriormente los arquitectos: el magnífico edificio de *AT&T* (American Telephone and Telegraf).

Tras las fachadas se esconden innumerables establecimientos, en esta zona tiene especial interés el diseño de interiores. En el edificio **Decorator and Design**, Tercera Avenida número 979, encontrará reunido todo lo que pueda desear para su casa. Sin alejarse del barrio podrá visitar un gran número de pequeñas tiendas; una de las más importantes casas de subastas de obras de arte y antigüedades, *Christie's* (*Sotheby's*, otra importante casa, se encuentra en Avenida York 1334); y los grandes almacenes, mundialmente famosos, *Bloomingdale's*.

Precisamente aquí comenzaremos el recorrido por la zona. Para acceder a ella utilice las líneas de metro 5 ó 6 hasta la estación 59th st., o bien las líneas RR ó N hasta Lexington ave. Dependiendo del poder de seducción que ejerza sobre usted *Bloomingdale's*, el paseo puede durar unas cuantas horas o prácticamente todo un día. Merece la pena que le dedique al menos un par de horas.

Bloomingdale's se precia con razón de ser una tienda única en el mundo. Ocupa toda la manzana entre las avenidas Lexington y Tercera y las calles 59 y 60. Entre por la Avenida Lexington y preste atención a la fachada modernista, que forma parte de un añadido en 1930.

Aquí alcanza su máxima expresión el comercio minorista norteamericano, ofreciendo un piso tras otro de ropa de última moda, cristalería, muebles, obras de arte, electrónica, artículos de cocina, ropa de cama, alimentación, cosmética y mucho, mucho más.

Bloomingdale's está abierto de 10.00 a 21.00 h. lunes y jueves, de 10.00 a 18.00 h martes, miércoles, viernes y sábados, y los domingos de 12.00 a 18.00 h. En la temporada navideña suele estar abierto todos los días hasta las 21.00 h. Tel. 355-5900.

Después de una visita a *Bloomingdale's*, el interesado en hacer compras podrá disfrutar también en *Fiorucci*, calle 59 número 119. *Fiorucci* es especialmente popular entre las chicas jóvenes por sus complementos vanguardistas. Tel. 751-1404.

Christie's, la casa de subastas de fama mundial, cuenta con una sucursal en Park Avenue 502, en la esquina noroeste de la calle 59. Se estableció

Rascacielos en las calles 50, lado este

en Londres en 1776 y es la más antigua en su especialidad. Entre para contemplar muebles, objetos decorativos, etc. antes de las subastas; es gratis de martes a sábados de 10.00 a 17.00 h y los lunes sólo puede accederse solicitándolo con antelación. Tel. 570-411. Para conseguir información sobre el programa de subastas suscríbase al catálogo de Christies escribiendo a NYT 21-24 44th ave., LIC, NY, 11101.

Continúe caminando hacia el sur por Park Avenue y deténgase ante la **Torre Ritz** entre las calles 57 y 58, obra del arquitecto Emery Roth. Aunque el nombre de la firma Emery Roth & Sons se ha convertido en sinónimo de torres de vidrio y acero (ha diseñado más de un centenar de edificios de este tipo en Manhattan desde la Segunda Guerra Mundial), Roth se especializó en edificios de ladrillo adornados con detalles renacentistas.

El lujoso *Drake Swissotel* se encuentra en Park Avenue esquina a la calle 56, tel. 421-0900; en la planta baja se abre al público la tienda de los diseñadores de calzado *Susan Bennis/Warren Edwards*, hallará artículos de cuero de alta calidad con diseño innovador y precios altos. En la acera de enfrente se muestra la sala de exposición de *Mercedes Benz*, diseñada por el famoso arquitecto Frank Lloyd Wright y construida en 1955. Tel. 755-4197.

Si considera la posibilidad de divertirse una noche en este zona, **Carnegie Hall**, en la Séptima Avenida esquina a la calle 57, le ofrece posibilidad de hacerlo. A veces se consiguen entradas el mismo día del espectáculo, llame al tel. 247-7800 para informarse del programa y reservar entradas (consultar la sección ''Calle 57'' de esta guía). En **City Center**, sede de la compañía de danza de Alvin Ailey, se ofrecen espectáculos de danza y a veces revistas musicales. Tel. 581-7907.

El **edificio de IBM**, un brillante rascacielos triangular de granito verde, está situado en la calle 56 esquina a la Avenida Madison y desde la calle 57 parece estar haciendo piruetas. La mejor razón para visitar el lugar es la **Galería de Arte y Ciencia de IBM**, abierta de martes a viernes de 11.00 a 18.00 h; sábados de 10.00 a 17.00 h. Entrada libre, tel. 407-6100.

Una manzana hacia el sur se encuentra el magnífico **edificio de AT&T** (American Telephone and Telegraph), probablemente el diseño arquitectónico más controvertido en su momento, ya que se apartó de la línea de rascacielos modernos de vidrio y acero, sin ornamentos, convirtiéndose en el primer rascacielos posmodernista. Las columnas de granito rosado forman una columnata abierta. El arco central tiene aproximadamente 33 metros de altura. El tejado de original estilo Chippendale fue uno de los aspectos más discutidos. En el vestíbulo de entrada se encuentra la estatua, recién restaurada, llamada *Golden Boy* (Niño dorado), de 7,3 m de altura y 3,7 m de ancho, que coronó la antigua central de AT&T en el bajo Manhattan durante 64 años. Tome el ascensor para subir hasta el Sky Lobby, 23,5 metros sobre la planta baja. El edificio completo tiene una altura de 107,5 m. Esta contribución al panorama urbano, diseñada por Philip Johnson y Guy Burgee, fue terminada en 1983. Dentro del edificio está el afamado restaurante *Quilted Giraffe*, con un lujoso interior; ofrece cocina americana moderna basada en ingredientes frescos y preparación sencilla. Precio fijo y carísimo.

Continúe en dirección sur; en la Avenida Madison número 538, esquina a la calle 53, tercer piso, está la galería **Richard B. Arkway, Inc.**, en la cual se exponen mapas antiguos y libros curiosos. Tel. 751-8135.

Siga por la calle 53 hasta Park Avenue para contemplar dos de los edificios más importantes de la arquitectura moderna, Lever House y Seagram Building. **Lever House**, construido en 1952, fue el segundo rascacielos de acero y vidrio de Nueva York (el Secretariado de Naciones Unidas fue el primero). Diseñado por Skidmore, Owings & Merril, fue el primero de su estilo en Park Avenue. Fue diseñado en dimensiones reducidas para no alterar la armonía del barrio con sus formas revolucionarias. Las columnas crean la ilusión de que los bloques horizontales y verticales flotan. En el vestíbulo de entrada se suceden exposiciones cambiantes. Entrada libre. El edificio **Seagram**, construido en 1958, en Park Avenue 375, fue diseñado, sin embargo, para asentarse firmemente en la tierra y destaca con fuerza en su vulgar entorno. El edificio, diseñado por Mies van der Rohe, parece una barra de bronce que atraviesa el aire. Esta arquitectónica obra de arte alcanzó tanto éxito que en 1961 fueron modificadas las normas urbanas municipales para alentar las construcciones de este estilo. Desgraciadamente muy pocos de los edificios de vidrio y acero que fueron construidos posteriormente alcanzaron el nivel de calidad y delicada belleza del original.

Continúe por la Park Avenue hacia el sur, hasta la calle 52 donde encontrará una agradable plaza con una cascada, cafés y tiendas; por las tardes se ven jugadores de ajedrez haciendo alarde de su inteligencia.

En el número 99 de la calle 52, entre Park Avenue y Lexington, podrá cenar en uno de los restaurantes más agradables de la ciudad: el elegante y espacioso *Four Seasons*. En él la élite de Nueva York disfruta de su cocina y de su decoración interior, a base de plantas y complementos que cambian según las estaciones. Elija entre el *Grill Room* y el *Pool Room*. Tel. 754-9494.

En la Tercera Avenida doble hacia el norte hasta la calle 54. Preste atención al edificio **Citicorp Center** (1977), de techo inclinado y fachada de aluminio. En su interior se encuentra **The Market**, con un atrio de tres pisos en el que se abren tiendas, restaurantes y un escenario rodeado de mesas y sillas. Se ofrecen conciertos gratuitos de lunes a viernes a las 18 h, sábados a las 20 h y los domingos al mediodía. Los sábados a las 11 h hay espectáculos para niños. No deje de entrar en *Conran's*, que dispone de artículos del hogar sencillos, clásicos y a precios moderados.

En la calle 54 diríjase hacia el oeste hasta la avenida Lexington, donde se encuentra la iglesia de **Saint Peter**, un centro cultural y religioso que adorna sus paredes con obras de la escultora Louise Nevelson. Las representaciones de teatro y los conciertos que se ofrecen en la iglesia son de gran calidad: teatro los martes a las 13.10 h y jazz los miércoles a las 12.30 h y los domingos a las 17.00. Los conciertos duran una hora. Tel. 935-2200. Se cobra una pequeña entrada. Se puede llevar almuerzo. Camine hacia el norte por la avenida Lexington hasta la calle 55; en la esquina suroeste hay otro edificio religioso, la **Sinagoga Central**, un templo, diseñado por Henry Fernbach, que es el más antiguo (1872) de la ciudad que presta servicio sin interrupción.

Regresando a la avenida Lexington, puede interesarle la floristería *Rialto*, en el número 707, tel. 688-3234; permanece abierta las 24 horas del día.

Bridge and Games East, calle 56 este número 227, es un club que funciona durante toda la semana, en el cual jóvenes profesionales se reúnen para

jugar al bridge. También se dan lecciones. Llame para informarse al tel. 838-0780. En la esquina de la Segunda Avenida está *Manhattan Art and Antiques Center*, el más grande de la ciudad en su especialidad: 73 galerías y tiendas abarrotadas de antigüedades, muebles y joyas de calidad. Abierto de lunes a sábados de 10.30 a 18.30 h, domingos de 12.00 a 18.00 h. Tel. 355-4400.

Para proporcionarle diversiones, la zona de la calle 58 y la Tercera Avenida incluye nada menos que siete cines: *Cinema 1 y 2, Coronet, D.W. Griffith, Manhattan 1 y 2, Sutton* y *Gotham*. City Center y Carnegie Hall también están cerca. *Michael's Pub*, en la calle 55 este número 211, es un pequeño y bonito cabaret en el que se iniciaron muchos cantantes modernos que se han hecho famosos. Woody Allen toca el clarinete aquí los lunes por la noche con las orquestas *New Orleans Funeral* y *Ragtime Band*. Se cobra consumición mínima, pero la entrada es gratuita. Tel. 758-2272.

Excursión

La estación del tranvía que va a la **Isla Roosevelt** se encuentra en la Segunda Avenida, en las escaleras entre las calles 59 y 60. Para viajar necesita una ficha de metro que puede comprar allí mismo o en cualquier estación. El viaje es corto pero ofrece una vista espectacular. Una vez en la isla puede coger el autobús gratuito que la recorre o simplemente disfrutar del paisaje de Midtown Manhattan desde un banco de la plaza. El tranvía funciona hasta altas horas de la noche, pero debe cerciorarse de los horarios.

Upper East Side: Introducción

El *Upper East Side*, la zona superior del lado este de Manhattan, se extiende aproximadamente desde la calle 60 hasta la 96, entre la Quinta Avenida y el East River. Podría decirse que es, casi exclusivamente, residencial (aunque no homogéneo) y su reputación evoca una imagen conservadora, de riqueza y respetabilidad ancestrales, un lugar en el cual la clase pudiente pasea en los días soleados. Pero esta imagen no es del todo exacta y se forjó a principios de siglo, cuando en las calles 60 y 70, en las cercanías de Central Park, habitaban las familias más ricas de la ciudad. Cuando se inauguró Central Park, en 1873, la industria se concentraba principalmente en Downtown, al sur de Manhattan, y la clase alta de Nueva York se reinstaló en los serenos prados frente al parque, construyendo mansiones y elegantes casas; la mayor parte, entre la Quinta Avenida y Park Avenue, son de 1900 a 1920. En la actualidad, el área limitada por las calles 60 y 79 y la Quinta Avenida y Lexington es un distrito histórico oficialmente, no ya por la importancia de cada casa aislada, sino por la armonía del conjunto. Ésta es la zona que confirma y consolida la reputación del Upper East Side.

Sin embargo, al este de Lexington, exceptuando East End Avenue y Gracie Square, las calles son menos sugestivas y lujosas. El primer poblado establecido en este lado de Manhattan (Yorkville, 1790, de la Tercera Avenida hasta East River y de la calle 79 hacia el norte) fue durante un siglo una población agrícola y posteriormente se transformó en un barrio étnico (principalmente de inmigrantes alemanes). El ambiente de Europa Oriental sobrevive todavía en restaurantes y tiendas.

En la misma zona, aunque al sur de la calle 79, se elevan altos edificios de apartamentos cuyos inquilinos suelen ser más jóvenes y pudientes que los de Yorkville. Los establecimientos reflejan la diferencia, hay más bares para hombres solteros y restaurantes de lujo o que venden comida cocinada. Los *Yuppies* (**Y**oung **U**rban **P**rofessionals) buscan, cada vez más a menudo, viviendas en Manhattan y Yorkshire pierde terreno respecto a Upper East Side, que está más de moda.

Park Avenue sigue siendo la zona residencial rica que reúne hoteles e iglesias. La Quinta Avenida es la "milla de los museos": el Museo Metropolitano de Arte en la calle 82, el Museo de la Ciudad de Nueva York en la calle 104 y muchos otros. Madison Avenue es el eje del distrito histórico y la vía comercial del barrio, con boutiques de diseñadores e importantes galerías de arte. Comenzaremos nuestra visita en el extremo norte de esta avenida.

Madison Avenue: Donde moda y precios siempre se renuevan

Madison no se visita nunca en domingo, porque casi todos los establecimientos están cerrados; sin embargo, el sábado, por la mañana o por la tarde, encontrará compradores de todas las edades, generalmente de clase alta. También puede dirigirse hacia el oeste, a la Quinta Avenida y visitar un par de museos (Ver sección "Los museos").

Tome la línea de metro 4, 5 ó 6 hasta llegar a la estación 96th st. Camine hacia el oeste, cruzando Park Avenue hasta Madison y diríjase hacia el sur a la calle 96. Lo primero que encontrará es una rampa similar a la de un castillo en el lado este de la Avenida Madison, entre las calles 96 y 94; son los restos del cuartel del Escuadrón A Armory, actualmente el muro posterior del patio de la escuela secundaria Hunter.

Comenzaremos con las compras. En la calle 93 número 29 está *Military Bookman* que ofrece un amplio abanico de material de lectura militar, naval y de aviación. Abierto de martes a sábados de 10.30 a 17.30 h. Hacia el sur, en la calle 89 esquina a Madison, se encuentra *Glass Store*, donde se pueden adquirir hermosos objetos de vidrio soplado. Continúe hacia el sur apreciando la dorada piedra caliza de Minnesota de la **Sinagoga de Park Avenue**, en la esquina de Madison Avenue y la calle 87, diseñada por James Jarrett en perfecta armonía con el barrio, en memoria de los niños judíos víctimas del Holocausto.

Siguiendo hacia el sur llegaremos a *The Soldier Shop*, en Madison Avenue 1222, con sus regimientos de soldaditos de juguete. Deténgase en la

1. Sinagoga de Park Avenue
2. Instituto de Bellas Artes de la Universidad de Nueva York
3. Museo de Arte Americano Whitney
4. Colección Frick
5. Asia Society
6. Vinos y licores Sherry-Lehmann
7. El Museo del Barrio
8. Museo de la Ciudad de Nueva York
9. Centro Internacional de la Fotografía
10. Museo judío
11. Museo Cooper-Hewitt
12. Iglesia de Heavenly Rest.
13. Academia nacional de diseño
14. Museo Guggenheim
15. Museo Metropolitano de Arte
16. Museo Abigail Adams Smith
17. Regiment Armory
18. Sotheby Parke Bernet
19. Asphalt Green
20. Mansión Gracie
21. Iglesia de la Santísima Trinidad
22. Theatro Open Eye

UPPER EAST SIDE

pequeña *Butter Cake Square Bakeshop*, que le ofrece deliciosas golosinas avaladas por 45 años de experiencia. En *Gem Antiques*, Madison Avenue 1088, tienen hermosos y complicados pisapapeles de vidrio.

Eeyore's, en la calle 83 número 25, es una bonita librería especializada en libros para niños. La biblioteca más antigua de la ciudad, **NY Society Library**, (1745), se encuentra en la calle 79 número 53, cerca de Madison Avenue. Tel. 288-6900.

En la calle 79 se encuentran varias galerías de arte interesantes, entre ellas *Lafayette Parke*, en el número 58, tel. 517-5500, que expone pintura europea y americana. *Souper Gallery*, en la esquina de Madison Avenue, cuenta con una interesante exposición de esculturas, tel. 628-3225. **Aquavella**, en la calle 18 este, número 79, tel. 734-6300, abarca obras que van desde el impresionismo hasta nuestros días. Doble hacia el sur en la Quinta Avenida y podrá contemplar más obras de arte. La **Sede Cultural de la Embajada Francesa**, en la Quinta Avenida 972, ofrece ocasionalmente exposiciones de arte en la galería, tras la verja de hierro. La propia galería presenta una imagen magnífica por sí misma gracias a sus columnas y suelos de mármol y a la bóveda decorada con celosía, hojas de vid y querubines. Tel. 570-4400.

En la esquina noreste de la Quinta Avenida y la calle 78 se alza la casa de James Duke (1912), diseñada por el arquitecto H. Trumbauer basándose en el hotel La Bottiere de Burdeos, Francia; actualmente es la sede del **Instituto de Bellas Artes de la Universidad de Nueva York**. Continúe hacia el este por la calle 78 y observe la fachada de cromo del Centro Educacional Morris e Ida Newman, en el número 60. Aunque parece fuera de lugar en medio de las casas, sus ventanas de formas irregulares (curvas, arcos y ondulaciones) ponen un toque de gracia en la calle. La casa del número 120, con su hermosa entrada blanca y su escalera curvada, presenta un original tipo de fachada que, sin embargo, armoniza muy bien con las casas vecinas.

Regrese a Madison Avenue; en la calle 75 esquina a Madison Avenue observe la imponente estructura marrón-grisácea obra de Marcel Breuer, rodeada por un jardín con esculturas; es el **Whitney Museum of American Art**. En su interior encontrará obras maestras de arte contemporáneo estadounidense en exposiciones permanentes, al margen de las exposiciones temporales de obras vanguardistas y pases de vídeo experimental, que se ofrecen generalmente en la planta superior. Un bonito y pequeño café da la bienvenida en el jardín. Abierto de miércoles a sábados de 11.00 a 17.00 h, martes de 13.00 a 20.00 h, domingos y festivos de 12.00 a 18.00 h. Entrada libre los martes de 18.00 a 20.00 h. Cerrado los lunes. Tel. 570-3676.

Continuando hacia el sur por Madison Avenue, llegamos a una zona en la que abundan las boutiques de diseñadores de moda europeos. El primero en instalarse en la zona fue *Yves Saint Laurent*, en 1968, y después fueron llegando los demás. Entre sus clientes se cuentan tanto europeos como norteamericanos, dado que las elegantes casas a ambos lados de la avenida son sede de muchas embajadas. *Givenchy Boutique* se encuentra en la calle 75 esquina a Madison, cruzando en diagonal al Museo Whitney. *Chocolate Soup*, en Madison 946, ofrece una selección de ropa infantil. También *Fusen Usagi*, en Madison 927, se especializa en ropa de niños pero de diseño japonés.

Continúe hacia el sur por Madison Avenue y deténgase ante el **Chateau** (1898), graciosamente ornamentado, en la esquina de la calle 72. Fue en el pasado la casa del comisario de policía de la Ciudad de Nueva York Rhinelander Waldo, un personaje que James Cagney inmortalizó en la película *Ragtime*, de E.L. Doctorow. Doble hacia el oeste por la calle 72; en el número 9 se encuentra el **Liceo francés de Nueva York**, diseñado por Carrere & Hastings, arquitectos creadores de la Biblioteca Pública de la ciudad.

Regrese de nuevo a Madison Avenue, continúe hacia el sur y refresque sus conocimientos de francés para comprar en *Manon Chocolatier*, Madison 872. *Le Monde des Enfants*, Madison 870, ofrece ropa de diseñadores franceses para niñas y niños. *Saint Laurent Rive Gauche*, en Madison 855, la más selecta de las boutiques europeas, vende ropa femenina de diseño.

Doblando a la derecha por la calle 70, una esquina que destaca gracias a las joyas de *Cartier* y los diseños de *Mitsushiro Matsuda*, llegaremos a varias galerías de arte que deleitan el gusto estético: **Knoedler Gallery** (1846), calle 70 este, número 19, tel. 794-0550, es una de las galerías más grandes de los alrededores y a su lado **Hirschl and Adler**, tel. 535-8810. Ambas galerías cierran los domingos y lunes.

En la esquina de la Quinta Avenida está **Frick Collection**, posiblemente el más apreciado de los museos de la ciudad; su visita es absolutamente obligada. El palacete fue construido en 1914 con un diseño neoclásico francés de Carrere & Hastings y muestra la colección privada de Henry Clay Frick, el rey del acero, que afortunadamente tuvo muy buen gusto además de dinero. Reúne pinturas de los grandes maestros europeos, esculturas, objetos de plata, muebles, etc. Abierto de martes a sábado de 10.00 a 18.00 h; domingos de 13.00 a 18.00 h; cerrado los lunes. No se admiten niños. Contiene un gran número de hermosos cuadros, esculturas y otros objetos de arte.

Regresando a Madison Avenue continúe hacia el este hasta Park Avenue número 725, para visitar **Asia Society**, tel. 288- 6400. Muestra una amplia colección de arte asiático, exposiciones temporales y una librería muy completa especializada en el continente asiático. La sociedad funciona gracias al apoyo de la familia Rockefeller y no al precio de las entradas.

De nuevo en Madison Avenue, al norte de la calle 69, se eleva el *Westbury Hotel* y en él encontrará el *Polo Bar and Restaurant*, donde podrá comer o cenar disfrutando de un excelente y selecto menú, bastante caro. Fue calificado como el mejor restaurante dentro de un hotel. Abierto diariamente, tel. 535-9141.

En la misma avenida encontrará algunas boutiques con los nombres de los diseñadores de moda más famosos del mundo, como *Kenzo* de Japón y *Armani* de Italia.

Le sugerimos una nueva pausa artística en el **Centro de Arte Africano**, en la agradable casa de la calle 68 este, número 54, tel. 861-1200; hay que pagar entrada. Y en el **Instituto Español**, situado más al este en un edificio de estilo neofederal de Park Avenue 684, al norte de la calle 68, tel. 628-0420. Frecuentemente hay exposiciones de arte y cultura españolas.

La calle 67 acoge diversas representaciones diplomáticas: al Cónsul

Residente de Japón en el número 4, la Misión Permanente de la República de Checoeslovaquia en el número 6 y la de Perú en el número 45, son sólo algunos ejemplos. **Park East Synagogue** (1890), en la calle 67 este número 163, es el núcleo de la Congregación Zichron Efraim, formada principalmente por judíos de origen soviético. La intersección cercana, de la Tercera Avenida con la calle 67, recibe el nombre de "esquina Sakharov/Bonner", en honor de los famosos disidentes soviéticos.

En la calle 66 este, número 24, *Chardon Chocolates of Switzerland* le ofrece delicias de chocolate y la posibilidad de registrarse como miembro del *Chocolate of the Week Club*, tel. 517-7383. En la misma calle puede visitar a continuación varias instituciones interesantes. Una de ellas es el **Lotos Club** (literatura y arte), trasladado recientemente a la que fue residencia de William J. Schiefflin, en el número 5. La mansión, de estilo renacentista francés, fue diseñada por Richard Howland Hunt y se construyó en 1900. Ulysses S. Grant, el gran general de la Guerra Civil que fue luego el decimoctavo presidente de los EE.UU., vivió sus últimos años (1881-85) en el edificio número 3 de esta calle. Convencido de que moriría pobre escribió aquí sus memorias, que, publicadas después de su muerte, le rindieron a su familia 450.000 dólares. La tumba de Grant se encuentra en un mausoleo en el Upper West Side. Siguiendo hacia el sur por la Quinta Avenida, contemple la mole arquitectónica del **Templo Emanu-El**, perteneciente a la Congregación Judía Reformista más antigua de la ciudad, en la calle 65 este.

Al este de la calle 65, se encuentra *Le Cirque*, uno de los restaurantes más caros y elegantes de Nueva York. El decorado es quizá demasiado llamativo, pero los aperitivos, entradas y postres son excelentes; tel. 794-9292. Encumbrándose sobre *Le Cirque* se eleva el lujoso *Mayfair Regent Hotel*, en Park Avenue 620, tel. 288-0800. Continúe por la calle 65 hasta el número 125, donde se levanta la casa que perteneció a Henry R. Luce, que actualmente aloja al **Instituto Chino**, en él pueden contemplarse exposiciones de arte chino. Luce, uno de los fundadores de *Time Inc.*, era hijo de misioneros en la China. Tel. 744-8181.

Christatos & Koster, la floristería de Madison Avenue esquina a la calle 63, tiene más de 60 años; tel. 838-0022. En la calle 63 este número 28 está el *Lowell Hotel*, construido en 1926, la fachada de la planta baja es de cerámica vidriada. Preste atención al mosaico de Bertram Hartman sobre la entrada y a la forma octogonal, típica del estilo modernista, tel. 838-1400. En el número 128 de la misma calle se encuentra la **Sociedad de ilustradores**. Sus exposiciones dan a conocer el trabajo de ilustradores de libros, historietas y publicidad. Abierto de lunes a sábados de 10.00 a 17.00 h, martes hasta las 20.00 h, tel. 838- 2560.

Volviendo a la Madison Avenue, visite *Sherry-Lehmann Wine & Spirit Merchants*, en el número 679 los comerciantes de vino más conocidos del mundo; en esta ciudad considerada actualmente la capital mundial del vino, donde se determinan los precios y son probados casi todos los caldos, el vino que es aceptado aquí será aceptado en todo el mundo. Sherry-Lehmann es el rey del ramo y cuenta con un catálogo completísimo. Tel. 838-7500.

Camine hacia el oeste por la calle 62 hasta la Quinta Avenida, sin pasar por alto la galería *Schiller-Wapner*, que muestra ilustraciones originales de libros, tel. 832-8231, y *Justin G. Schiller Ltd.*, en la esquina noroeste, donde se encuentran libros infantiles antiguos. El número de teléfono es el mismo para ambos. En la esquina sureste se eleva el lujosísimo *Hotel Pierre*, y en la planta baja se abre la mundialmente famosa *Joyería Bulgari*. Tel. 486-0086 ó 838-8000.

Caminando hacia el sur por la Quinta Avenida observe el hermoso *Hotel Sherry-Netherland*, en el número 781, en la esquina de Central Park. *Harry's Cafe* es un lugar verdaderamente bonito y agradable para tomar un refresco, sobre todo después de dar un paseo en calesita por el parque, tel. 759-9020.

El primer edificio que apreciará al este en la calle 60 es el *Metropolitan Club*, diseñado por McKim, Mead & White y construido en 1893 para J.P. Morgan y sus compinches, que eran rechazados en los clubes establecidos. Cuando se produjo la gran recesión económica del país, en el mismo año, y la bancarrota afectó a los principales ferrocarriles del país, Morgan acudió en su ayuda, acumuló una gran fortuna y financió la unión que dio como resultado la *US Steel*. Con el tiempo ésta acabaría controlando gran parte de la economía de los EE.UU.

De la calle 82 a la 104: Los museos

Nos acercaremos a la zona de los museos desde el norte de la Quinta Avenida. Utilice las líneas 4, 5 ó 6 de metro hasta la estación 96th st. y camine por esta calle hasta la Quinta Avenida. Le aconsejamos que se olvide de querer abarcar todos los museos y todas las exposiciones. Lo mejor es que se informe sobre las exposiciones que tiene a su disposición, elija una o dos por día y les dedique un par de horas diarias. Puede combinar su visita a los museos con las compras en Madison Avenue y con agradables experiencias gastronómicas. Tenga en cuenta que la mayor parte de los museos están cerrados los lunes y en algunos de ellos la entrada es gratuita los martes de 17.00 a 20.00 h.

Una buena parte de los museos e instituciones culturales se encuentran al norte de la calle 96; comenzaremos el recorrido precisamente por éstos.

El **Museo del Barrio**, Quinta Avenida 1230, esquina a la calle 104. Está dedicado al arte latinoamericano, especialmente puertorriqueño; la colección permanente incluye valiosas piezas precolombinas. Abierto de miércoles a domingo de 11.00 a 17.00 h. Tel. 831-7272.

Los teatros *Heckscher Theater*, tel. 534-2804, y el *AMAS Rep.*, tel. 369-8000 están en el número 1 de la calle 104 y se especializan en musicales contemporáneos negros.

El **Museo de la Ciudad de Nueva York**, un edificio de ladrillo en la Quinta Avenida entre las calles 103 y 104, ofrece un gran número de programas para niños: teatro de marionetas (sábados a las 13.30 h), programas educativos (domingos a las 14.30 h) y exposiciones llamadas "por favor, toque" (sábados por la tarde), en las que se anima a los niños a tocar antigüedades en la reproducción de un cuarto holandés del siglo XVII. La entrada al museo es gratuita, pero hay que pagar para acceder a los programas especiales. Abierto de martes a sábados de 10.00 a 17.00 h, domingos y festivos de 13.00 a 17.00 h. Tel. 534-1034.

Volviendo atrás, cruce la calle 96 hasta el **Centro Internacional de la Fotografía**, en la Quinta Avenida 1130, esquina a la calle 94. Esta institución, de un siglo de antigüedad, tiene una importante colección permanente y además cuenta con exposiciones temporales. En la tienda se venden pósters. Abierto los martes de 12.00 a 14.00 h, de miércoles a viernes de 12.00 a 17.00 h, y los sábados y domingos de 11.00 a 18.00 h.

El **Jewish Museum** (Museo Judío), en la Quinta Avenida número 1109, esquina a la calle 92, es el más grande del país en su género. En los pisos superiores se muestran exposiciones permanentes. El primer piso se reserva a exposiciones itinerantes como *La herencia judía en el arte folclórico norteamericano*. El nuevo y completo Archivo Nacional Judío de Telecomunicaciones ofrece proyecciones al público. Se celebran actos especiales en el museo durante Januká, el Festival de las Luces. Abierto los domingos de 11.00 a 18.00 h; los lunes, miércoles y jueves de 12.00 a

17.00 h y los martes de 12.00 a 20.00 h. Cerrado los viernes y sábados. Hay que pagar entrada. Tel. 860-1889.

El **Museo Cooper-Hewitt**, en la calle 91 este número 2, esquina a la Quinta Avenida, está situado en una elegante mansión, antigua residencia de Andrew Carnegie en 1901. Carnegie, que despreció los privilegios heredados, desarrolló un enorme imperio en torno al acero y se hizo famoso por su generosidad y filantropía; distribuyó buena parte de su riqueza a lo largo de su vida. La mansión, diseñada por Babb, Cook & Willard, costó un millón y medio de dólares y actualmente acoge al **Smithsonian Institution's National Museum of Design** (1906), que cuenta con la mayor colección de artes decorativas de EE.UU. El invernadero, en el que la señora Carnegie cultivaba sus plantas, es una de las muchas y hermosas salas de la casa. La colección de arte incluye telas antiguas de incalculable valor, libros y planos. Preste especial atención a los jardines que dan a la calle 90 cuando continúe hacia la Quinta Avenida. Abierto los martes de 10.00 a 21.00 h, de miércoles a sábados de 10.00 a 17.00 h y los domingos de 12.00 a 17.00 h. Cerrado los lunes, el día de Año Nuevo, el 4 de julio, el día de Acción de Gracias y en Navidad. Hay que pagar entrada; los martes de 17.00 a 21.00 h, entrada gratuita. Tel. 860-6969.

Una manzana hacia el este se puede disponer de dos buenas opciones para almorzar: *Jackson Hole*, en Madison Avenue esquina a la calle 91, que ofrece hamburguesas excelentes y baratas, y el atractivo *Summerhouse* en la calle 86 este número 50, con un menú limitado pero accesible que cambia todas las semanas. Tel. 249-6300.

Regrese a la Quinta Avenida y deténgase en la esquina sureste de la calle 90. En el número 2 podrá visitar la **Church of the Heavenly Rest**, iglesia donde se celebra la *Heavenly Jazz Series*, que cuenta con excelentes músicos del mundo del jazz. Se paga entrada y se hacen descuentos a estudiantes y jubilados. Tel. 369-8040. En este mismo lugar se encuentra la sede de la *York Theater Company*, fundada hace 16 años, especializada en reestrenos. Tel. 534-5366.

Continúe por la calle 90 hasta el número 15, donde podrá contemplar **Trevor House**. Esta casa, construida por Mott B. Schmidt en 1926, ilustra el compromiso del arquitecto popular con un diseño equilibrado, con la puerta como elemento central. La pequeña residencia tiene un pórtico de estilo neoclásico frente a la ventana principal. La fachada es simple y delicada, pero vigorosa. Otros ejemplos del trabajo de Schmidt pueden contemplarse en Sutton Place (vea el capítulo "East Side, las calles 50") y en la calle 80 este, números 124 y 130.

Regrese a la Quinta Avenida; en el número 1083 esquina a la calle 89, se encuentra probablemente la primera galería de arte de Nueva York: **National Academy of Design**. Fue fundada por el gran inventor Samuel F. B. Morse e inaugurada originalmente cerca del City Hall en 1825. Se mudó a su emplazamiento actual en 1940. En ella se exhiben obras tanto americanas como europeas. Abierto de miércoles a domingos de 12.00 a 17.00 h y martes de 12.00 a 20.00 h. Tel. 369-4880.

En la calle 89 este número 9 está el **New York Roadrunners Club**, donde uno puede inscribirse para participar en las principales carreras, incluidas la maratón de la Ciudad de Nueva York y la competición de subida a pie por las escaleras al Empire State. Tel. 860-4455.

La peculiar arquitectura del Museo Guggenheim

En las escaleras del Museo Metropolitano

Entre las calles 88 y 89 encontrará la inconfundible forma cónica del famoso **Museo Guggenheim** (1959), fundado por el magnate del cobre y diseñado por Frank Lloyd Wright. Su interior está ocupado por una espiral en rampa en la cual se exponen las obras de arte. Suba en ascensor hasta el último piso y comience a descender entre las esculturas y pinturas. Las exposiciones permanentes incluyen telas de Kandinsky (la mayor colección del mundo), Chagall, Klee, Delaunay, Rousseau y otros. También podrá admiras esculturas de Brancusi, Rothko, Pollock, Dubuffet, Miró, etc. En el segundo piso la admirable colección Thannhauser cuenta con un gran número de obras de los últimos 100 años; los artistas impresionistas y posimpresionistas están representados por Manet, Degas, Renoir (*Mujer con loro*), Cezanne, Gauguin, Van Gogh, Toulouse-Lautrec, etc. También se muestran trabajos juveniles de Picasso. Abierto los martes de 11.00 a 20.00 h, de miércoles a domingos de 11.00 a 17.00 h. Entrada libre los martes de 17.00 a 20.00 h. Tel. 360-3500.

En la Quinta Avenida esquina a la calle 86 se encuentra el **Instituto YIVO de Investigaciones Judías** (Institute for Jewish Research), en un edificio diseñado por Carrere & Hastings (arquitectos de la Biblioteca Pública de Nueva York) y construido en 1914. YIVO conserva una amplia colección de archivos judíos, entre los cuales se encuentran maravillosas obras teatrales, poesía, operetas, canciones humorísticas judeo-norteamericanas y canciones folclóricas. Tel. 535-6700.

Camine hacia el este hasta el número 3 de la calle 84, donde podrá contemplar un edificio de apartamentos de estilo modernista, obra del arquitecto Raymond Hood (responsable del edificio del Daily News, el edificio original de McGraw-Hill y gran parte del Rockefeller Center), construido en 1928.

Goethe House, el Centro Cultural Alemán, cuenta con una biblioteca, una sala de cine y una galería. Se encuentra situado en la Quinta Avenida 1014, esquina a la calle 83. Abre los martes y jueves de 11.00 a 19.00 h; miércoles, viernes y sábados de 12.00 a 17.00 h. Entrada libre. Tel. 744-8310.

Cruzando la calle, rodeado por Central Park, tendrá a su alcance el esplendor del **Museo Metropolitano de Arte** (The Metropolitan Museum of Art, MET), uno de los más grandes y famosos del mundo, visita obligada para todo aquel que llega a la ciudad. Abierto los martes de 9.30 a 20.45 h; miércoles a domingos de 9.30 a 17.15 h; cerrado los lunes. Contribución que se sugiere: adultos, 5 dólares; niños, 2,50 dólares, Tel. 535-7710. Tras la tienda de regalos de la entrada hay otra especializada en reproducciones de cuadros famosos. Antes de comenzar la visita infórmese sobre la distribución de las salas. El bloque central fue diseñado por Richard M. Hunt en 1902, y las alas norte y sur por McKim, Mead & White en 1908. Su colección permanente, más de tres millones de cuadros, esculturas y objetos artísticos, está considerada como una de las más refinadas del mundo. El museo está dedicado en gran medida a las antiguas civilizaciones egipcia, griega y latina, pero aún queda espacio suficiente para albergar una de las más completas colecciones de arte americano y europeo, que abarca desde la Edad Media hasta nuestros días con representación de todos los grandes maestros. No deje de ver el Jardín Chino Astor, la Galería Sackler (recientemente añadida) con su colección de arte del Lejano Oriente y el Instituto del vestido, en el cual la que fuera editora de *Vogue*, Diana Vreeland, presenta coloristas e imaginativas exposiciones de trajes de todos los tiempos.

El Museo Metropolitano ofrece también una maravillosa serie de programas para jóvenes, con temas diferentes cada semana (conferencias sobre galerías, talleres, películas, etc.) y para niños de 5 a 12 años. Las sesiones se realizan en el **Centro Educativo Uris** (Uris Center for Education) con entrada aparte por la Quinta Avenida esquina a la calle 81. Contribución sugerida: adultos, 5 dólares; niños 2,50 dólares. La entrada a los programas incluye la visita al resto del museo.

*N*UEVA YORK

Al este de Park Avenue, de la calle 59 a la 79:
El buen comer

Hemos llegado al Upper East Side, sector al sur de Yorkville y al este de Park Avenue. Cuenta con un gran número de buenos restaurantes y con una amplia selección de populares clubes, por lo cual es el lugar ideal para divertirse por la noche después de un día dedicado a los museos o las compras en las boutiques de Madison Avenue o en *Bloomingdale's*. En el mismo barrio puede dedicar el día a las compras a lo largo de las avenidas Lexington y Tercera. Para acceder a esta zona tome las líneas 4, 5 ó 6 del metro hasta la estación 59th st., o bien la RR ó N hasta Lexington ave., y camine hacia el este por la calle 60 hasta la Tercera Avenida.

Si es la hora del almuerzo, entre en *Yellowfingers*, en la calle 60 esquina a la Tercera Avenida, tel. 751-8615, o en *Chatfield's*, en la calle 60 este número 208, tel. 573-5070. *Yellowfingers* es un local entretenido para observar a la gente. *Chatfield's* ofrece un buen menú, accesible y en un ambiente de pub, con chimenea y todo; abierto sábados y domingos de 12.00 a 16.00 h. El resto de la calle 60, entre las avenidas Segunda y Tercera muestra una mezcla de pequeñas boutiques, semejante a Madison, pero en pequeño. Entre los nombres comerciales del lugar se encuentran *Rive Droite*, en el número 235, tel. 688-7600; *Yves St. Tropez*, en el número 247, tel. 759-3784; y *Betsey Johnson* con sus originales diseños en el número 251, tel. 319-7699. Uno de los lugares de visita "obligada" es *Serendipity 3*, calle 60 este, número 225, un pequeño gran restaurante que además es tienda y sirve buen chile y *mocaccino* helado en enormes copas. Tel. 838-3531.

Camine por la calle 60 hacia el este; en el número 333 encontrará *Tucano*, un caro restaurante francés, tel. 308-2333, y al lado *Club A*, un club nocturno privado. *Terrestris*, en el número 409 de la misma calle, es la mejor tienda para comprar plantas y árboles de interior de buena calidad, algunos a precios razonables; tel. 758-8181.

Continúe por la calle 61 hacia el norte y doble al oeste. En el número 421 se encuentra el **Museo Abigail Adams Smith**, dedicado a la famosa escritora, en la casa que fuera propiedad de John Quincy Adams (sexto presidente de los EE.UU.), aunque éste nunca vivió en ella. The Colonial Dames of America (Las Damas Coloniales de América) adquirieron y restauraron la casa, decorándola y amueblándola con detalles característicos de época, como si Abigail realmente hubiera vivido en ella. La casa se encuentra situada en un lugar increíblemente verde. Abierto de lunes a viernes de 10.00 a 16.00 h. Tel. 838-6878.

Al lado está *Carriage House Motor Cars Ltd.*, una sala de exposición de lujosos coches británicos; tel. 688-4650. El *Vertical Club*, en el número 330 de la acera de enfrente, tel. 355-5100, es un club de moda en el cual la "gente guapa" del barrio viene a modelar su cuerpo y a relacionarse. Continúe en dirección oeste; *Bowery Lighting*, en la Segunda Avenida 1144, tel. 832-0990, y *Light Inc.*, en el número 1162, esquina a la calle 61, tel. 838-1130, son las dos tiendas de lámparas más frecuentadas por los diseñadores de interiores de Nueva York. *Trump Plaza*, el nuevo edificio residencial de la calle 61 esquina a la Tercera Avenida, es una especie de "hermano menor" de *Trump Tower*, en la Quinta Avenida esquina a la calle 57.

Doble hacia el norte en la Tercera Avenida y llegará a *Magic Town House*, en la Tercera Avenida 1026, tel. 752-1165, donde se ponen en escena extraordinarias obras infantiles por las mañanas y para adultos por las noches. Hay que reservar entradas. Regrese a la calle 61 y continúe hacia el oeste por Lexington y doble hacia el norte. El *New York Doll Hospital* (el sanatorio de muñecas), en Lexington Avenue 787, tel. 838-7527, vende pelucas y otros repuestos para arreglar muñecas antiguas y son expertos tasadores de muñecas.

Continúe hacia el norte por Lexington Avenue. El hermoso edificio de ladrillo situado en la esquina de la calle 63 es el magnífico, y relativamente barato, *Barbizon Tower Hotel*, tel. 838-5700. El restaurante italiano *Bravo Gianni*, en la calle 63 número 230, tel. 752-7272, ofrece excelente comida, es elegante y caro. En *Muppet Stuff*, en el número 833, tel. 980-8340, encontrará los muñecos creados por Jim Henson & Co. en todos los tamaños. En la *Librairie Lipton*, en el número 850, tel. 628-7600, encontrará una amplia selección de revistas internacionales.

Deténgase en la esquina de la calle 65, si dobla a la derecha, en el número 133 verá *Old Denmark*, tel. 744-2533, una pequeña tienda repleta de especias, galletas y golosinas de Holanda en la parte delantera y con un bar al fondo. Abierto de 11.00 a 16.00 h.

Regrese a Lexington Avenue y continúe hacia el norte. En **7th Regiment Armory**, que ocupa toda la manzana, entre las calles 66 y 67, y entre las avenidas Lexington y Park, se lleva a cabo todos los inviernos la Feria Anual de Antigüedades (Winter Antiques Fair).

El conjunto de edificios situado una manzana al norte pertenece al **Hunter College**, fundado en 1870 para mujeres de clase obrera. En la actualidad es el colegio universitario más grande de la ciudad, en el cual se matriculan principalmente mujeres. Infórmese sobre los acontecimientos que allí tienen lugar. Tel. 570-5825.

Preste atención al edificio de apartamentos en el número 210 de la calle 68 este, esquina a la Tercera Avenida. Fue diseñado por George y Edward Blum y pasaría inadvertido si no fuera por una franja de cerámica con ornamentación de estilo modernista. El cine *68th St. Playhouse*, calle 68 esquina a la Tercera Avenida, presenta generalmente estrenos de películas artísticas o de especial interés; tel. 734-0302.

Regrese a Lexington Avenue y camine hacia el norte. *An American Place*, en Lexington 969 esquina a la calle 71, tel. 517-7660, es un restaurante original, famoso y caro. Regrese hasta el número 929; allí se encuentra *Garnet Liquors*, Tel. 772-3211, importante tienda de licores donde encontrará algunas de las mejores ofertas y probablemente la más amplia selección de la ciudad. Podrá darse cuenta de que en cada manzana de Lexington Avenue parece haber una floristería. Si busca un almuerzo o cena más asequible vaya a *Fay and Allen's*, un pequeño café popular en la calle 71, esquina a la Tercera Avenida, tel. 972-9666. *Marymount Manhattan Theater*, en la calle 71, número 221, tel. 246-4779, presenta compañías de danza modernas y experimentales. Ya que est en la calle 71, preste atención a la original fachada del número 251, con ventanas ovaladas oscuras, que destaca en la fila de atractivas casas residenciales.

Doble hacia el norte en la Tercera Avenida. *Rusty's*, en la esquina con la calle 73 (su dueño es Rusty Staub, la estrella del béisbol), se especializa en costillas asadas; tel. 861-4518. *Mezzaluna*, en la Tercera Avenida 1295, tel. 535-9600, es actualmente la *pizzería* de moda, donde la juventud se apiña alegremente. Se sirve pizza solamente a la hora de la comida y de 22.30 a 1 de la madrugada. *Jim McMullen's*, en el número 1341, al norte de la calle 67, tel. 861-4700, es uno de los lugares preferidos por los jóvenes ejecutivos para almorzar y por la noche es muy popular entre solteros acomodados y deportistas profesionales de la ciudad.

En la calle 78 doble hacia el este y deténgase a observar el edificio de ocho pisos en el número 266 y el alto mástil que asoma por encima. El valor de los terrenos en Manhattan es tan alto que suele ser rentable construir edificios altos y estrechos en parcelas pequeñas como ésta. Las nuevas restricciones municipales han restringido este tipo de edificios a los niveles bajos de las calles laterales.

Continúe en dirección este hasta llegar a la Primera Avenida y doble al sur. David Brenner, Robin Williams y Pat Benatar son algunos de los famosos invitados de *Catch a Rising Star*, el famoso cabaret y teatro, en la Primera Avenida 1487. Tel. 794-1906. Durante la semana se ofrecen representaciones continuas desde las 21.00 h. Los viernes y sábados hay dos espectáculos: a las 20.30 y a medianoche. Se cobra la entrada y la consumición mínima son dos bebidas. Se recomienda hacer reservas de antemano.

Para disfrutar de una excelente cena húngara o europea oriental dispone de tres restaurantes en la zona: *Csarda*, en la Segunda Avenida 1477, esquina a la calle 77, tel. 472-2892, recomendado por su comida abundante y sabrosa y por sus precios razonables; *Red Tulip*, calle 75 este, número 439, tel. 650-0537; y *Ruc*, calle 72 este, número 312, tel. 650-1611, con un agradable patio abierto donde podrá disfrutar de una cena que animará su espíritu.

Sin embargo, para regalarse con una comida al aire libre, difícilmente se puede superar el encanto de *Lions Rock*, con su menú continental, en la calle 77 este, número 316. En el centro de su jardín crean ambiente una gran roca y una cascada. Acuda una noche calurosa, solicite una mesa en el jardín y se sentirá como en el campo. Tel. 988-3610.

Otras tres alternativas baratas a las que puede recurrir para cenar son el pequeño *Szechuan Kitchen*, en la Primera Avenida esquina a la calle 76, sus platos están muy condimentados y siempre son deliciosos; *Mamma Leah's Blintzeria*, un café que sirve comida judía casera, en la Primera Avenida 1400 cerca de la calle 74, tel. 570-2020, recomendable también para un desayuno tardío; y por último, al oeste, en la calle 74, número 354, tel. 249-6619, *Andree's Mediterranee*, un restaurante atractivo que ofrece deliciosa comida casera de Oriente Medio.

En las proximidades se encuentra *Chicago City Limits*, una compañía teatral de comedia improvisada, fundada hace 10 años, que ofrece uno de los mejores espectáculos de su género. Calle 74 este, número 351, tel. 772-8707.

Diríjase hacia el este hasta la Avenida York para conocer la casa de subastas **Sotheby Parke Bernet**, en el número 1334, esquina a la calle 72. El inventario de las piezas se expone al público los martes de 9.30 a 19.30 h y de miércoles a sábados de 9.30 a 17.00 h. Los domingos y lunes sólo se puede acceder con cita previa. Tel. 472-3400.

Regrese a la Primera Avenida y continúe hacia el sur. *Zucchini*, en el número 1336, al sur de la calle 72, tel. 249-0559 sirve platos saludables y deliciosos en un local decorado a base de antigüedades. Hacia el este, en la calle 66, se encuentra **Rockefeller University**; durante el día puede visitar sus hermosas instalaciones pidiendo permiso al guarda.

Regrese a la Primera Avenida por la calle 66 y saboree un helado en *Peppermint Park*, tel 879-9484. El resto del paseo hacia el sur incluye un gran número de restaurantes y clubes nocturnos. Algunos de ellos son: *Maxwell's Plum*, en la calle 64, esquina a la Primera Avenida, tel. 628-2100; es muy popular para celebrar reuniones familiares; *Manhattan Cafe*, en la misma esquina, es un establecimiento clásico y amplio, tel. 888-6555; *Friday's*, un edificio rojo, blanco y azul en la esquina de la calle 63 y la Primera Avenida, tel. 832-8512, es un bar-restaurante muy popular al que acuden especialmente personas sin pareja; *Il Vagabondo*, calle 62 este, número 351, tel. 421-1661, es un restaurante italiano que ofrece cocina casera más asequible que sus competidores cercanos.

En *Chippendale's*, Primera Avenida 1110, tel. 935-6060, bailarines con reducidos atuendos divierten a su público con danzas eróticas.

Finalmente, en esta zona abren sus puertas varios cines que presentan películas de estreno. Entre ellos citaremos el ya mencionado *68th St. Playhouse*, *Leow's 1 y 2*, en la Segunda Avenida esquina a la calle 66, tel. 744-7339; *Beekman*, en la misma esquina, tel. 737-2622, y *Gemini 1 y 2*, en la Segunda Avenida esquina a la calle 64, tel. 832-1670.

Yorkville: Sabor a Europa oriental

Yorkville es el área delimitada por las calles 79 y 96, entre la Lexington Avenue y el East River, no muy lejos de la zona de los museos y la Avenida Madison. Aparte de algunas buenas tiendas en las avenidas, unos pocos pero excelentes restaurantes, clubes nocturnos y el "*92nd St. Y*" con sus conciertos y conferencias, hay poco que ver en esta zona, principalmente residencial durante el día.

Yorkville fue el segundo barrio de Nueva York, después de Lower East Side, que atrajo a un gran número de inmigrantes alemanes y húngaros a finales del siglo XIX. Desde entonces ha mantenido su carácter típico europeo de clase media. Sin embargo, el enorme incremento en el precio de los terrenos en los últimos años ha desdibujado el límite entre Yorkville y el "verdadero" Upper East Side que se encuentra al sur. Como éste último se considera más elegante, los inversores de la zona fronteriza suelen ignorar el nombre de Yorkville. Hoy en día, los restaurantes alemanes, griegos y húngaros de Yorkville comparten el espacio con torres de apartamentos y selectos restaurantes italianos.

Nuestra visita de día a Yorkville comienza en la estación de la línea 6 del metro, en la calle 77 esquina a Lexington Avenue. Camine hacia el norte por Lexington, encontrará algunas tiendas de ropa excelentes, y doble hacia el oeste en la calle 80. Preste atención a los edificios situados en los números 124 y 130, dos construcciones de ladrillo y de piedra respectivamente. Ambas fueron diseñadas por el arquitecto Mott B. Schmidt, la primera para Clarence Dillon y la segunda para Vincent Astor, hijo del magnate hotelero John Jacob Astor II. Vincent, que administró los negocios inmobiliarios de su familia tras la muerte del padre en la tragedia del *Titanic*, estaba a favor de las reformas sociales y vendió gran parte de sus propiedades a la ciudad, a bajo precio, para la construcción de viviendas.

Regrese a Lexington y continúe caminando hacia el norte. El **Victorian Gothic Convent** (1880), en la esquina de la calle 81, fue originalmente el convento de las Hermanas de Bon Secours de Troyes, orden francesa, y actualmente pertenece a Little Sisters of Assumption (Hermanitas de la Asunción). Actualmente es el centro de una polémica relacionada con su conservación. Las monjas, que trabajan con los pobres más al norte, quieren vender el edificio y han recibido ofertas de 7 millones y medio de dólares por parte de empresarios que desean construir un rascacielos. Los partidarios de su conservación, que lo defienden como uno de los últimos ejemplares de arquitectura victoriana, quieren declararlo monumento histórico, para lo cual harían falta complicados trámites. Pero si se le reconociera como tal sería más difícil venderlo.

Camine por Lexington Avenue hacia el norte y llegará a una interesante zona de compras. *Jenny B. Goode*, en el número 1194, al norte de la calle 81, tel. 794-2492, es un lugar excelente para encontrar originales artículos para la casa. Cruzando la avenida, en el número 1201, tel. 472-2623, está *Go*

Manhattan de día y de noche

utilizado por las tropas durante la Guerra Civil. En la actualidad funciona como galería de arte, que permanece abierta de lunes a viernes de 9.30 a 16.30 h.

Al oeste del Dairy, para los más pequeños funciona el Carrousel, abierto de 10.30 a 16.45 h, durante los fines de semanas en invierno sólo si el tiempo lo permite y todos los días el resto del año. Cuesta 50 centavos la vuelta. La **Wollman Memorial Ice-Skating Ring** (pista de patinaje Wollman) está situada al sur del Dairy.

Al oeste se encuentra el **Hecksher Playground and Puppet House**, un jardín de juegos y teatro de marionetas. Entre al parque por la calle 59 y la Séptima Avenida y diríjase hacia el norte, a la altura de la calle 62. Las funciones de marionetas se presentan de lunes a viernes a las 10.30 y 12.00 h. Se cobra entrada y es preciso reservarlas. Tel. 397-3089.

La *Tavern on the Green*, es un hermoso restaurante acristalado cercano a Central Park West, a la altura de la calle 67. Cuenta con varios salones, alguno decorado con arañas de cristal. Tel. 873-3200. Al este, **Sheep Meadow**, una amplia y encantadora pradera de rica vegetación donde originalmente pastaban las ovejas. Actualmente se utiliza para juegos, limitados por las condiciones climáticas y la determinación oficial de mantenerla en buen estado.

Al este de Meadow se abre la hermosa avenida **The Mall**, bordeada de olmos gigantescos, que termina al norte en **Naumburg Bandshell** (1923), donde se ofrecen conciertos improvisados cuando hace buen tiempo. Al norte del Bandshell, junto al lago, se encuentran la fuente **Bethesda** y **The Terrace**, hermosas aunque decadentes.

Al oeste de la fuente Bethesda encontrará otra fuente, **Cherry Hill** y el **Concourse**. Mirando hacia el norte puede verse el **lago** y el puente peatonal **Bow Bridge**. En el lago se puede pasear en barca cuando el tiempo es cálido. Las barcas pueden ser alquiladas en **Loeb Boathouse**, en el lado oriental del lago, al norte de la fuente Bethesda.

Strawberry Fields, en Central Park West, a la altura de la calle 72, lleva el nombre de una canción escrita en 1967 por John Lennon, que vivía muy cerca de allí.

Al norte del lago está **the Ramble**, un retorcido sendero que discurre a través de una densa vegetación. Es un lugar ideal para observar a los pájaros. No vaya solo, únase a los ornitólogos que se reúnen aquí frecuentemente; infórmese en el Dairy o llame al tel. 397-3091.

El **Ladies Pavilion** (Pabellón de mujeres), en el extremo noroeste del lago, a la altura de la calle 75, es el último de los seis delicados refugios de hierro forjado que había en las orillas de los diversos lagos. Visite el **Conservatory Water**, al lado este del parque, en la calle 74, para divertirse observando el embarcadero de fuera borda y veleros en miniatura. Alquile uno o mire a los expertos que a veces manejan flotillas enteras. También puede tomar un refresco en el *Kerbs Memorial Boathouse*.

En el **Swedish Cottage**, al noroeste del lago, aproximadamente a la altura de la calle 79, se encuentra el *Teatro de marionetas*. De martes a viernes hay funciones para escolares y los sábados para el público en general. Se cobra entrada y hay que hacer reservas. Tel. 988-9093.

Hacia el este se eleva el **Belvedere Castle** (Castillo Belvedere). Esta construcción de 1869, en la cima de *Vista Rock*, desde la cual se aprecia una buena panorámica de todo el parque, es actualmente una estación meteorológica y un centro de estudios en el que se dan talleres y funciones de fin de semana. Los talleres, que se desarrollan generalmente los sábados, son gratuitos para niños de 5 a 11 años y sus familiares; las funciones de los domingos son gratuitas para todos los visitantes. Abierto de martes a domingos de 11.00 a 16.00 h, viernes de 13.00 a 16.00 h. Tel. 772-0210.

El Belvedere sirve de magnífico refugio a los que acuden al popular Festival Shakespeare de verano ofrecido por el *Delacorte Theater*. "Theater in the Park" es el nombre del programa gratuito adoptado por el productor Joseph Papp y el *Public Theater*; ofrece dos obras en la temporada de verano, una de ellas de Shakespeare. Puede conseguir las entradas gratis el mismo día del espectáculo, pero esté preparado para soportar una larga espera. Antes de ponerse en la cola compre una cena fría, un pollo asado u otras golosinas en *Dallas BBQ*, en la calle 72, al oeste de Central Park West, tel. 873-2004.

El frondoso campo **Great Lawn**, al norte del teatro Delacorte, se utiliza para ofrecer conciertos gratuitos durante la temporada de verano (ópera, jazz, pop) y partidos de béisbol y fútbol americano. Es difícil imaginar que en la época de la Depresión era un barrio de chabolas habitado por mendigos.

Al este de Great Lawn se encuentra la parte posterior del Metropolitan Museum, que se reconoce por el obelisco llamado **La aguja de Cleopatra**. Es un regalo egipcio del jedive Ismail Bajá a la ciudad de Nueva York, entregado el 22 de febrero de 1881. El transporte fue financiado por William H. Vanderbilt. El nombre del monumento no es acertado ya que en realidad fue construido para Tutmosis III, cuyo reinado (1490 a 1436 a. C.) precedió al de Cleopatra en unos 1.400 años.

El **Reservoir**, al norte de Great Lawn, ocupa la cuarta parte de la superficie del parque. Su pista de *jogging*, de más de 2 km de longitud, es uno de los lugares predilectos de los neoyorquinos. El **Conservatory Garden**, a la altura de la Quinta Avenida y la calle 105, abarca tres jardines por los que puede pasear.

La esquina noreste de Central Park está ocupada por el **Lago Meer**, donde se puede navegar y también patinar en la pista de patinaje Lasker, ángulo suroeste del lago, de miércoles a domingos entre noviembre y febrero. Se cobra la entrada, tel. 397-3106.

El elevado extremo norte del parque ofrecía a las fuerzas armadas de los EE.UU. una excelente panorámica sobre los ríos East y Hudson durante la Revolución y la guerra de 1812. Las tropas de George Washington utilizaron el **McGown Pass** para su retirada. De los diversos fuertes que había en la zona solamente queda el Blockhouse.

Boathouse en la calle 110 es un restaurante en donde también se pueden alquilar barcas.

Actividades

Central Park ofrece un amplio abanico de instalaciones deportivas y de recreo. A continuación se mencionan algunas de las más populares:

Barcas

Durante la temporada de verano alquile barcas de remos en *Loeb Boathouse* en el lago, a la altura de las calles 74-75 este.
Puede jugar con barcos en miniatura en el **Conservatory Water**, Quinta Avenida esquina a la calle 74.

Patinaje

Patinaje sobre hielo: *Lasker Ring*, en el centro del parque a la altura de la calle 106, abierto de miércoles a domingos de noviembre a febrero. Se cobra la entrada, tel. 397-3142. *Wollman Rink*, en el centro del parque a la altura de la calle 63, tel. 397-3106.

Patinaje sobre ruedas *Mineral Springs*, al norte de Sheep Meadow, a la altura de la calle 69, tel. 861-1818.

Caminar y correr

El lugar más popular es la pista que discurre alrededor del Reservoir. *NY Road Runners Club* organiza grupos para hacer carreras todos los sábados a las 10 de la mañana, a la altura de la calle 90 y la Quinta Avenida. Tel. 860-4455.

El *NY Walkers Club* proporciona servicio médico y entrenamientos, todos los sábados a las 9 de la mañana; calle 90 esquina a la Quinta Avenida, tel. 772-2940.

Los llamados *Urban Park Rangers* llevan a cabo paseos de 90 minutos todos los domingos a las 14.00 h, sea cual fuere el tiempo meteorológico. Tel. 397-3091 y 397-3156.

Juegos de pelota

Se requiere permiso para poder hacer uso de las canchas. Para informarse sobre su disponibilidad llame al tel. 360-8200. Se consiguen permisos para

Central Park

Alrededores de Central Park

jugar al softball a través del tel. 408-0214; para hardball, rugby y fútbol: tel. 408-0209.

Puede utilizar los vestuarios del **North Meadow Center**, en el centro del parque a la altura de la calle 97. Abiertos de 8.00 a 17.00 h. Traiga su propio candado.

Equitación

Se pueden alquilar caballos en *Claremont Stables* (establos Claremont), calle 89 oeste, número 175, abierto entre semana de 6.30 hasta una hora antes de que oscurezca, y hasta las 16.00 h los fines de semana. Solamente para jinetes experimentados con silla inglesa. Se puede cabalgar exclusivamente por los senderos indicados, dentro del parque. Tel. 724-5100.

Coches de caballos

En la calle 59, esquina a las avenidas Quinta y Sexta. Máximo dos personas por coche.

Bicicletas

Están restringidas a los senderos cuando los caminos del parque permiten el paso a vehículos de motor. Cuando éstos se encuentran cerrados para los vehículos se puede pasear en bicicleta utilizando el carril derecho, por todo el parque. Nunca circule por los senderos peatonales y viaje siempre alrededor del parque en sentido contrario a las agujas del reloj.

En los caminos de Central Park se prohibe el paso a vehículos los fines de semana desde las 19.00 h del viernes hasta las 6.00 h del lunes, entre el 1 de mayo y el 1 de noviembre, y de 10.00 a 15.00 h y de 19.00 a 1 h entre semana. Para alquilar bicicletas, tel. 861-4137.

Acontecimientos anuales

"You Gotta Have Park" tiene lugar un fin de semana del mes de mayo; los voluntarios tratan de obtener una contribución por cada visitante que entra al parque, destinada a su conservación. La campaña se ameniza generalmente con actos especiales y conciertos para atraer a las multitudes. La ciudad de Nueva York gasta 6 millones de dólares al año en el parque y los voluntarios el último año lograron reunir tres millones.

El maratón de la Ciudad de Nueva York, de 42 km, está organizado por el *NY Road Runners Club* y viene realizándose cada otoño desde 1970. Originalmente estaba confinado a Central Park pero en 1976 su itinerario fue modificado para que incluyera los cinco barrios, comenzando en Staten Island y finalizando en Tavern on the Green, en Central Park. Los miles de participantes (casi 15.000 en los últimos años) son alentados por millones de espectadores a lo largo de toda la carrera.

Tres consejos para finalizar:
Mantenga limpio el parque.
No camine solo de noche por él.
Si se pierde, no se asuste. La mayoría de las farolas tienen cuatro números que facilitan la localización, los dos primeros indican las calles paralelas a los costados del parque, las dos últimas hacen referencia al lado este (pares) u oeste (impares).

Upper West Side:
Música clásica y vida moderna

Rejuvenecido, renovado y cada vez más prestigioso, el Upper West Side, el lado noroeste de Manhattan, es el sitio de moda actualmente. Desarrollado a finales del siglo pasado, este barrio cuenta con algunas de las casas más bonitas y los edificios de apartamentos más elegantes de la ciudad, especialmente a lo largo de la avenida Central Park West (CPW).

Si bien Riverside Drive, con sus vistas sobre el río Hudson y Central Park West, con vistas a Central Park, nunca perdieron su exclusividad como zonas residenciales, las manzanas intermedias evidenciaron cierta decadencia. El primer paso hacia su recuperación tuvo lugar en 1962, con la apertura del Lincoln Center, en el extremo sur del barrio, epicentro de la alta cultura neoyorquina y sede de la Metropolitan Opera, la Opera de NY, el City Ballet y la Orquesta Filarmónica de Nueva York. Sin embargo el cambio más importante comenzó a darse hace unos pocos años, cuando la población integrada por profesionales jóvenes y pudientes reconsideraron el Upper West Side como un lugar para vivir, propiciando la aparición de buenos restaurantes y tiendas. Si bien tiene cierta similitud con el Upper East Side, al otro lado del parque, el lado oeste es más juvenil y mucho más informal. Para visitarlo hemos dividido el barrio en dos, al norte y al sur de la calle 77.

Primero nos dirigiremos hacia el norte por la avenida Columbus y luego hacia el sur por Broadway hasta el Lincoln Center. A todo lo largo de la ruta hay edificios notables, tiendas, restaurantes, clubes y teatros, así como diversos lugares donde "observar a la gente". Recuerde que en muchas de las salas de conciertos y espectáculos que mencionaremos es necesario hacer reservas.

De la calle 59 a la 77

Éste es el lugar ideal para combinar el paseo con las compras durante el día y una cena por la noche. La vida nocturna y la diurna son aquí muy diferentes y no queda tiempo para aburrirse. El mejor momento para visitarlo es el sábado por la tarde o por la noche.

Comenzaremos el itinerario en **Columbus Circle**, en la esquina suroeste de Central Park. Tome la línea 1 de metro hasta la estación 59th st. Tenga cuidado: el tráfico confluye desde todos lados y el lugar es una verdadera pesadilla para los peatones.

El centro de Circle está adornado con un monumento a Cristóbal Colón, obra de Gaetano Russo, que fue instalado en 1892; la fuente de la base fue donada por George T. Delacorte en 1965. El edificio de mármol blanco, de estilo ligeramente morisco en el extremo sur, en el número 2, es **NYC Department of Cultural Affairs** (Departamento de Asuntos Culturales de la Ciudad de Nueva York). El centro de la planta baja ofrece información al visitante sobre la red de metro de Nueva York, mapas de autobuses y calles, folletos gratuitos sobre actividades culturales, lugares de interés de la ciudad y atracciones. Tel. 397-8225.

El **NY Coliseum**, utilizado principalmente para exposiciones comerciales y grandes exposiciones, está situado en el lado oeste del Circle.

En el extremo norte, en Broadway y las calles 60 y 61, est la torre de **Gulf and Western**. En su planta baja está el cine *Paramount*, en donde se proyectan generalmente películas de estreno. En el piso superior está el *Top of the Park Restaurant*, caro pero con una vista espectacular. Tel. 333-3800.

Diríjase hacia el norte por Broadway. En la calle 61 doble hacia el oeste, hasta la avenida Columbus. El edificio **Sofia**, una obra de arte modernista de ladrillo, que fuera en el pasado un almacén, es actualmente un lujoso conjunto de apartamentos.

Continúe hacia el norte por la avenida Columbus, prestando atención a **Fordham University**, en la acera de enfrente. El **Lincoln Center** comienza a su izquierda en la calle 62. Suba por las escaleras hasta llegar frente a la fuente; el sol reflejándose en el agua y en las paredes de mármol crea una imagen fresca y brillante. Por la noche, la atracción principal son los dos murales de Marc Chagall suspendidos en el **Metropolitan Opera House**, que se ven a través de los cristales, detrás de la fuente. El Metropolitan Opera presenta espectáculos durante una temporada de 30 semanas que finaliza en abril. En verano se representan muchos espectáculos extranjeros. La taquilla está abierta de lunes a sábados de 10.00 a 20.00 h y los domingos de 12.00 a 18.00 h. Las entradas están a la venta cuatro semanas antes de la representación. Tel. 362-6000.

A la izquierda de la fuente se encuentra el *New York State Theater*, sede del Ballet de Nueva York (que estuvo dirigido George Balanchine, famoso por la representación anual navideña de *El Cascanueces*) y de la **Opera**

UPPER WEST SIDE

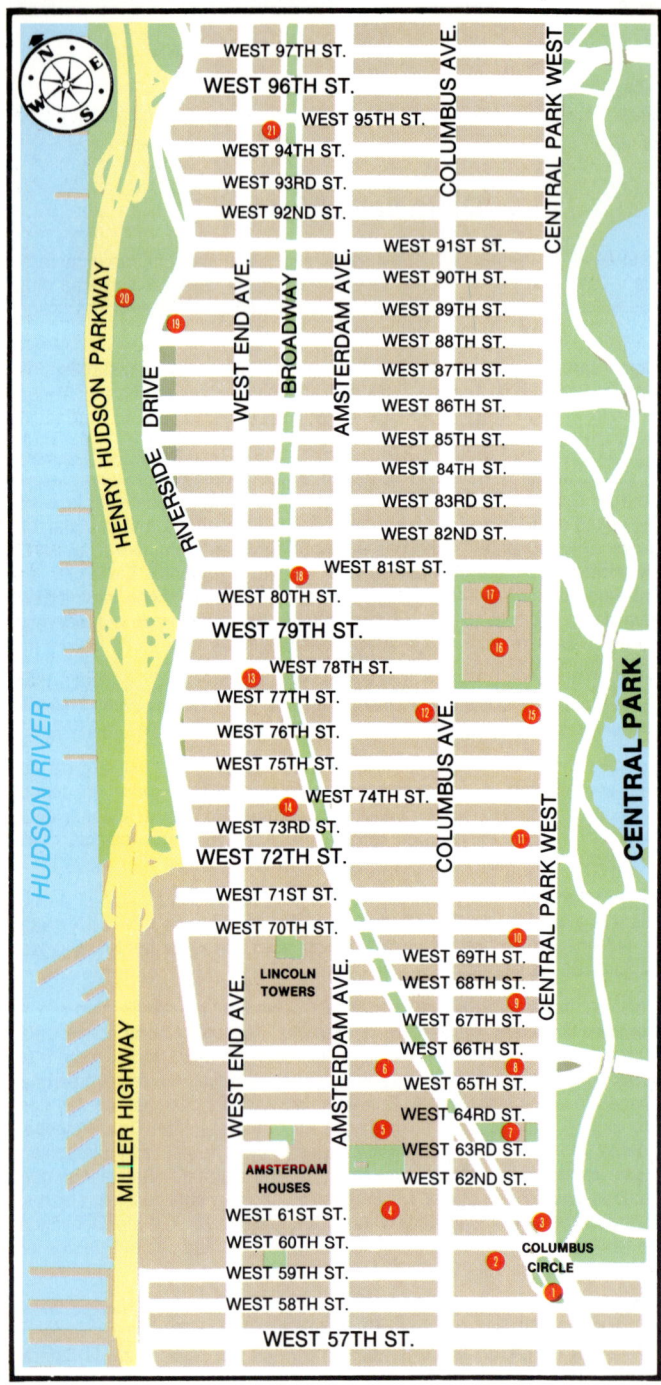

NUEVA YORK

de la ciudad de Nueva York dirigida por Beverly Sills. La temporada de ópera abarca desde junio hasta mediados de noviembre. Todas las operas en idiomas extranjeros son traducidas simultáneamente, mediante subtítulos en inglés, en una pantalla sobre el escenario. La taquilla del State Theater est abierta los lunes de 10.00 a 20.00 h, de martes a sábados de 10.00 a 21.00 h, y los domingos de 11.30 a 19.30 h. Tel. 870-5570 para información; tel. 944-9300 para reservar entradas.

Doblando a la derecha de la fuente encontrará el **Avery Fisher Hall**, el auditorio de la Orquesta Filarmónica de Nueva York, donde también se presentan orquestas y solistas invitados. Además de su programación regulares, la Filarmónica ofrece conciertos para jóvenes a precios reducidos y lleva a cabo ensayos públicos, a bajo precio, los jueves desde septiembre hasta mayo a las 9.35 h. La taquilla está abierta de lunes a sábados de 10.00 a 18.00 h, los domingos de 12.00 a 18.00 h, y algunas noches hasta las 21.00 h, dependiendo del horario de los espectáculos. Tel. 874-2424 de información; tel. 874-6770 para reservar entradas.

A la izquierda del Metropolitan Opera encontrará la verde tranquilidad del **Damrosch Park** y el **Guggenheim Bandshell**. Los conciertos gratuitos al aire libre que se ofrecen aquí en las noches de verano son de los mejores que pueden escucharse en la ciudad y, sin embargo, de los menos aprovechados. El programa, que encontrar en el *New York Times*, puede variar en función de las inclemencias del tiempo.

Vivian Beaumont Theater, a la derecha del "Met", es el lugar más

---

1. Departamento de Cultura de la ciudad de Nueva York
2. Coliseo de Nueva York
3. Torre Gulf and Western
4. Universidad Fordham
5. Lincoln Center
6. Escuela de Música Juilliard
7. Y.M.C.A.
8. Iglesia luterana de la Santísima Trinidad
9. Segunda Iglesia Christ Scientist
10. Congregación Shearith Israel
11. Edificio de apartamentos Dakota
12. Mercadillo de avenida Columbus
13. Iglesia colegial y escuela de West End
14. Ansonia
15. N.Y. Historical Society
16. Museo Americano de Historia Natural
17. Planetario Hayden
18. Zabar's
19. Mansión Rice
20. Monumento a soldados y marinos
21. Symphomy Space

191

controvertido del Lincoln Center. Fue construido como escenario de obras dramáticas, pero generalmente está cerrado y produce pérdidas incluso cuando está abierto; tel. 787-6868. *Mitzi Newhouse Theater*, en el piso inferior, también se encuentra cerrado en la actualidad; tel. 580-1494.

Un puente peatonal que cruza la calle 65 conecta el Center con el famoso **Juilliard Music School**. Los estudiantes actúan durante todo el año; tel. 799-5000.

En la calle 65 esquina a Broadway, abre sus puertas el **Alice Tully Hall**, donde actúa la Sociedad de Música de Cámara del Lincoln Center, así como un gran número de artistas invitados. La Sociedad ofrece descuentos a estudiantes y personas de edad en aquellas entradas que no pudieron ser vendidas en su momento y son compradas 30 minutos antes del espectáculo. La taquilla está abierta de lunes a sábados de 11.00 a 19.00 h; domingos de 12.00 a 18.00 h. Tel. 362-1911 de información; tel. 874-6770 para reservar entradas.

En el Lincoln Center se ofrecen varios paseos con guías. Uno de ellos, que le lleva a través del Met, NY State Theater y Avery Fisher Hall, comienza en el piso inferior y dura una hora; diariamente de 10.00 a 17.00 h. Se recomienda hacer reservas en el tel. 877-1800, ext. 512. Otra interesante posibilidad es el "Bakstage Tour of the Metropolitan Opera House" (paseo entre las bambalinas del Metropolitan), tel. 582-3512. Finalmente, el Center ofrece un programa llamado "Meet-the-Artist" (encuentro con los artistas); dura todo un día, sólo para grupos de 20 personas o más; tel. 877-1800, ext. 547, o escriba a "Meet-the-Artist", Lincoln Center, New York, NY 10023.

El nuevo **Museum of American Folk Art** (Museo de arte folclórico americano), en Lincoln Square 2, cerca del Lincoln Center, recientemente instalado en el lugar, ofrece una gran variedad de exposiciones públicas de arte y artesanía.

Uno de los tesoros escondidos del Lincoln Center es la **Library of the Performing Arts** (Biblioteca de artes escénicas). Para encontrarla camine por la avenida Columbus, al bajar por las escaleras de la fuente doble a la derecha y luego nuevamente a la derecha en la calle 65; pase por debajo de la arcada y doble a la izquierda en la avenida Amsterdam, hasta llegar al número 111, entre las calles 64 y 65. Aquí encontrará artistas instruyéndose en la completísima biblioteca especializada en música, drama y danza, una colección única. Sus archivos de cine y video están a disposición de los visitantes que pueden disfrutar viendo a sus bailarines favoritos en proyectores privados. La biblioteca cuenta con varias galerías y ofrece recitales gratuitos en el **Bruno Walter Auditorium**. Obtenga las entradas personalmente después de las 15.00 h el mismo día del espectáculo; los sábados, a las 12.00 h. Visita gratuita a la biblioteca los jueves de 11.00 a 12.00 h. Tel 879-1670 para reservas. La biblioteca está abierta los lunes y jueves de 10.00 a 20.00 h, martes y sábados de 10.00 a 18.00 h; miércoles y viernes de 12.00 a 18.00 h.

En el Lincoln Center hay cuatro tiendas de regalos. En el piso inferior están el *Performing Arts Shop* y *The Gallery*; salga de la biblioteca, doble a la izquierda y entre a la galería cubierta bajo el "Met". En *The Performing Arts Shop* encontrará libros, discos, juegos musicales, etc. Abierto de lunes a sábados de 10.00 hasta el primer intermedio en el "Met"; domingos de 12.00 a 19.00 h. La *Gallery* cuenta con objetos de arte de edición limitada y de colección. Abierto los lunes de 16.00 a 20.00 h; martes a sábados de 11.00 a 20.00 h; domingos de 14.00 a 19.00 h. En el piso superior, al lado de la taquilla, está *Metropolitan Opera Shop*, con grabaciones, libros, pósters, ropa y recuerdos. Abierto de lunes a sábados desde las 10.00 h hasta el último intermedio; domingos de 12.00 a 18.00 h. La *Avery Fisher Hall Boutique*, en el vestíbulo principal, cuenta con objetos musicales muy especiales. Abierto de lunes a jueves y sábados desde las 18.00 h hasta el primer intervalo, los viernes desde las 13.00 h hasta el primer intermedio. Todos los ingresos de esta tienda son destinados a beneficio del Center y muchos de sus empleados son músicos.

Regrese a Broadway y diríjase hacia el sur. Nuestro paseo, de todo un día de duración, terminará nuevamente en el Center, a tiempo para asistir a un espectáculo nocturno. El *Ballet Shop*, en Broadway 1887, cerca de la calle 63, es la librería especializada en temas de danza más grande de Nueva York; tel. 5681-7990. Camine una manzana hacia el este por la calle 62 hasta Central Park West y preste atención al **Century Building**, entre las calles 62 y 63, un edificio de apartamentos de torres gemelas, con ornamento de estilo modernista, diseñado por Irwin Chanin y construido en 1932.

En la esquina de Central Park West, calle 63 oeste, número 56, está el *YMCA* (albergues juveniles). De todas las conferencias e interesantes debates que organizan, uno de los mejores es *Writer's Voice* (La voz del escritor). Llame para informarse al tel. 787-6557 o pregunte en la taquilla. El *American Kaleidoscope Theater*, en el *YMCA*, es bastante accesible. Para conseguir entradas, llame al tel. 724-3080; para conocer el calendario de programación infantil, al tel. 663-0267.

Continúe hacia el norte por Central Park West. En la calle 54 est la **NY Society for Ethical Culture**, en un edificio de estilo modernista diseñado por Robert D. Kohn, tel. 874-5210. Camine una manzana hacia el oeste por la calle 64, hasta Columbus Avenue y diríjase hacia el norte. El *Lincoln Square Coffee Shopp*, entre las calles 65 y 66, se especializa en ensaladas, pan casero y *muffins*. Tel. 799-4000.

En la acera de enfrente, en el número 37, está el *First Act Theater*, el primer teatro en el cual jóvenes actores (de 10 a 22 años) participan en comedias musicales especialmente escritas para ellos. La entrada es barata; tel. 873-6400. Podrá encontrar un tipo diferente de espectáculo en **Holy Trinity Lutheran Church** (Iglesia luterana de la Santísima Trinidad), en la esquina noroeste de Central Park West y la calle 65, donde pueden escucharse cantatas de Bach y asistir a veladas luteranas. Domingos a las 17.00 h de octubre a abril. La iglesia abre media hora antes de cada servicio.

Camine hacia el norte por Central Park West, y contemple el edificio de apartamentos del número 55. Visto desde la acera del parque los ladrillos cambian de un tono púrpura oscuro, en la parte inferior, a un matiz claro en la parte superior, lo que produce un bonito efecto. El edificio, construido en 1930, parece iluminado por el sol incluso en los días nublados.

El próximo lugar que visitaremos en Central Park West es la **Second Church of Christian Scientists**, en la esquina de la calle 68, un edificio neoclásico, que destaca en esta manzana, obra de Frederick R. Comstock. Camine hacia el sur y doble hacia el oeste en la calle 67. En el número 1 está el **Hotel des Artistes**, realmente construido para acoger artistas, con

El Lincoln Center por la noche

techos muy altos, para poder colocar grandes pinturas y esculturas. Uno de sus inquilinos, Howard Chandler Christy, es el autor de los murales que adornan las paredes del *Cafe des Artistes* en la planta baja, el lugar más romántico que pueda imaginarse para un almuerzo o una cena antes de entrar en el teatro; tel. 877-3500.

De aquí nos dirigiremos hacia el norte por Columbus Avenue, la avenida de tiendas y restaurantes del Upper West Side, recuperada tras una reciente metamorfosis. En ella encontrará un gran número de restaurantes populares y boutiques de moda; las noches de verano los cafés abren sus puertas y la clientela llena de alegría las aceras.

La **Congregación Shearith Israel** está en la esquina sureste de la calle 70 y Central Park West. Esta sinagoga de estilo neoclásico de la colectividad de origen español y portugués, es la quinta de la comunidad judía más veterana de la ciudad (1654).

Regrese a la Columbus Avenue y continúe hacia el norte. *Charivari 72*, en la esquina sureste de esta avenida y la calle 72, una tienda de la cadena de boutiques Charivari de la zona, ofrece modelos formales y caros de diseñadores europeos, para hombre y mujer; tel. 787-7252. Cruzando la avenida, en el número 256, está *To Boot*, indiscutiblemente la mejor zapatería para hombres de Nueva York. Los precios son altos pero reflejan la calidad de la mercancía. Tel. 724-8249.

Caminando por la calle 72 hacia Central Park, pasará por *Dallas BBQ*, en el número 27, uno de los mejores lugares para cenar a precio asequible en la ciudad. Su delicioso pollo y las costillas asadas tienen una gran demanda, pero nunca hay que esperar demasiado para conseguir una mesa. También puede llevarse la comida para disfrutarla una tarde en el parque. El precio es increíblemente módico; tel. 873-2004. *Dallas BBQ* está situado en el *Hotel Olcott*, donde se hallan también los clubes de bridge *Manhattan* y *Gotham*. El *Penthouse Manhattan Club* es conocido por las sesiones de bridge; las tardes pertenecen a los jubilados, las noches a los profesionales jóvenes. Se dan lecciones de dos horas de duración, abierto diariamente; tel. 799-4242. El Gotham, en donde se celebran campeonatos de bridge, es un establecimiento más serio y de categoría; tel. 874-2180.

Cruzando la calle se encuentra *Oliver Cromwell Residential Hotel* (1928), el lugar favorito del arquitecto Emery Roth, tel. 362-2000. Sus diseños se encuentran por todo el Upper West Side; algunos ejemplos son: el San Remo en Central Park West 145; el Beresford, en el número 211; el Belleclaire, calle 77 esquina a Broadway. Si bien la compañía de Roth es famosa actualmente por sus rascacielos de acero y cristal, su gusto personal se inclina por estructuras más tradicionales como la del Cromwell.

El edificio de apartamentos *Dakota*, diseñado por Henry J. Hardenbergh (debe su nombre a la gran distancia que lo separaba en el pasado del centro de la ciudad, tan lejos como el Estado de Dakota), en la esquina noroeste de Central Park West y la calle 72, fue construido 40 años antes que el *Cromwell*. Su desarrollo se debe a Edward S. Clark (el heredero de la fortuna de Singer, el de las máquinas de coser) y en la actualidad es uno de los edificios más exclusivos de Manhattan y uno de los preferidos por las estrellas del mundo del espectáculo.

Camine hacia el norte por Central Park West y doble hacia el oeste por la calle 73 hacia Columbus Avenue. En el camino encontrará *TOMI/Park Royal Theater*, en el número 23, otro excelente teatro del barrio con precios accesibles. Teléfono de la taquilla: 787-3980. *La Tablita*, en el número 65, ofrece platos y vinos argentinos e italianos a precios moderados; la comida argentina es mejor. Tel. 724-9595.

Doble hacia el norte en Columbus Avenue. En *Kenneth Cole Shoe Boutique*, en la esquina de la calle 76, vende zapatos de este diseñador vanguardista. El **Columbus Avenue Flea Marquet**, mercado de Columbus Avenue, en el patio y el interior de *Intermediate School 44*, entre las calles 76 y 77, cuenta con más de 200 puestos en los que se puede encontrar prácticamente todo, desde artículos para fiestas y cristalería de la época de la Depresión, hasta ropa y joyería barata. Domingos de 10.00 a 18.00 h.

Aquí llegamos a la zona de los museos: el **American Museum of Natural History** (Museo Americano de Historia Natural) en Central Park West entre las calles 77 y 79; la **New-York Historical Society** (Sociedad Histórica de Nueva York) en Central Park West esquina a la 77; y el **Hayden Planetarium** (Planetario Hayden) en Central Park West esquina a la 81. Todos ellos serán visitados en un paseo próximo. Ahora doblaremos hacia el oeste en la calle 77, hasta Broadway, una ancha vía de doble sentido.

Los amantes de la arquitectura prestarán atención al *Belleclaire*, en la esquina sureste de Broadway y la calle 77. El arquitecto Emery Roth lo diseñó con menos de treinta años, siendo uno de sus primeros edificios de apartamentos, lo cual es patente en la carencia de estilo definido. Ignore la entrada fea y escondida y la suciedad, contemple las esquinas redondeadas y las ventanas adornadas con arcos. Los trabajos posteriores de Roth ejemplifican de una manera más clara su talento para crear grandes edificios elegantemente adornados con delicados ornamentos.

El **West End Collegiate Church and School**, una manzana hacia el oeste, en la esquina noreste de la calle 77 y la avenida West End, tiene una sólida arquitectura y es un raro ejemplo de estilo flamenco. Fue construido en 1892 para la Iglesia Colegial Protestante Reformista, establecida por los colonos holandeses en 1628. La escuela fue construida diez años más tarde y es considerada uno de los institutos independientes de educación secundaria más antiguos del país. Observe el edificio desde la acera de enfrente de la avenida West End y preste atención a su agudo tejado cubierto de tejas rojas y a las altas ventanas de los dormitorios.

Regrese a Broadway y diríjase hacia el sur. El recientemente renovado *Promenade Theater*, en Broadway 2162, es considerado del tipo "off-Broadway", debido a su tamaño y a la lejanía del distrito de los teatros. Tel. 580-1313. Comparte la misma dirección con el *Second Stage Theater Company*, tel. 873-6103.

Ernie's Cafe, en Broadway 2150, se encuentra en un salón cavernoso y sin adornos al que acuden personas sin pareja; es un buen lugar de encuentro. En verano, los enormes portones de la entrada son abiertos y la fiesta se prolonga hasta la calle. Tel. 496-1588.

El *Beacon Theater*, Broadway 2124 esquina a la calle 74, atrae a músicos y cantantes de pop, rock y soul de primera categoría. La sala de conciertos es una verdadera obra de arte. Tel. 874-1717.

Continúe hacia el sur por Broadway, pasando el *Ansonia*, en la calle 73. Es el edificio de apartamentos más ornamentado de la zona. Fue construido en 1904 con forma de castillo y ha sido la residencia favorita, y también el estudio, de muchos músicos famosos, entre ellos Caruso, Toscanini y Stravinsky. Hacia el este, en la calle 72 oeste, número 158, está *Palsson's Restaurant*, en cuyo piso superior se representa el popular *Forbidden Broadway*, que parodia obras teatrales de Broadway, de martes a domingos a las 20.30 h y viernes y sábados a las 13.30 h. Se requiere entrada o haber reservado. Tel. 398-8383.

Regresando a Broadway, en el número 1987 está el *Regency Theater*, donde se pasan dos películas antiguas por función; tel. 724-3700. El **Merkin Concert Hall**, media manzana al oeste de Broadway, en la calle 67 oeste, número 129, cuenta con una excelente acústica y programas accesibles de música clásica; tel. 362-8719.

Pocos lugares más adecuados que este barrio, lleno de música, para el recientemente inaugurado *Tower Record* y *Tower Video*, las sucursales de Uptown del enorme establecimiento del Village, en las esquinas de Broadway y las calles 66 y 67, respectivamente, al norte de Juilliard y el Lincoln Center. Ambas tiendas con sus luces de neón y sus brillantes interiores, son una verdadera fiesta. *Tower Records*, tel. 505-1500, es inigualable en su selección. En *Tower Video*, tel. 505-1166, se venden y alquilan películas de video.

El **Richard Allen Center**, al oeste de Broadway, en la calle 62 oeste, número 36, está dedicado fundamentalmente al teatro de negros norteamericanos; tel. 489-1940. En la puerta de al lado se encuentra *Tovarisch*, que se especializa en cocina rusa; tel. 757-0168. En los *Lincoln Plaza Cinemas*, cruzando Broadway entre las calles 62 y 63, se proyectan los últimos estrenos extranjeros.

De la calle 79 a la 96

Este paseo le llevará a través de la parte norte del Upper West Side, entre las calles 79 y 96, al oeste de Central Park. Para llegar hasta aquí, tome la línea 1 de metro hasta la estación 79th st.

Comenzaremos visitando varios museos, pero después del desayuno. A la salida del metro encontrará un excelente lugar para ello. Camine unos pocos pasos por la calle 79 y doble hacia el norte en la Amsterdam Avenue, hasta *Sarabeth's Kitchen*, abierto de 9.00 a 19.00 h, tel. 496-6280.

Desde allí continúe por la calle 79 hasta Columbus Avenue, doble dos manzanas hacia el sur y en la calle 77 doble hacia el este, en dirección a Central Park. La **New-York Historical Society**, fundada hace 180 años cuando todavía se acostumbraba a escribir New York con un guión en el medio, ocupa la esquina sureste de la calle 77 y Central Park West. En su museo y archivo histórico, dedicado principalmente a la historia de la ciudad, puede ver la autorización firmada por Napoleón para la venta de Louisiana, las pinturas de pájaros en témpera de John James Audobon y el carruaje utilizado por George Washington. Así mismo cuenta con la mayor colección de la ciudad de lámparas de Tiffany; vale la pena dedicarle una visita. Abierto de martes a viernes de 11.00 a 17.00 h, domingos de 13.00 a 17.00 h. Se cobra entrada. Tel. 873-3400.

En la esquina noroeste de la calle 77 y Central Park West se encuentra el **American Museum of Natural History**. Preste atención a la fachada de granito rosa de Vermont de la calle 77 y luego entre por la 79; una estatua ecuestre de Theodore Roosevelt le dará la bienvenida en la escalera. Visitar el museo es un verdadero placer tanto para los jóvenes como para los mayores (40 salas de exposición, con más de 34 millones de objetos. Explore el museo por su propia cuenta o aproveche una de las visitas gratuitas con guía. Todo tipo de animales se presentan en su entorno natural: mamíferos africanos, aves oceánicas, reptiles, anfibios y animales marinos. Puede observar también un secoya gigante de 1.300 años de edad, ver el zafiro *Estrella de la India* y la colección de meteoritos más grande del mundo. Hay exposiciones especiales para niños, en las cuales se pueden tocar los objetos expuestos, y también conferencias y funciones para adultos. No deje de ver la ballena azul de 30 m de longitud, que aunque no es real, encanta a los niños. En el *Naturemax Theater* podrá disfrutar de espectaculares películas en pantallas gigantes, pagando una entrada adicional: *Volar*, simulación del vuelo en globo, planeador y avión de guerra, y *Planeta viviente*, un paseo alrededor del mundo. No se lo pierda. En el museo hay varios restaurantes y dos tiendas de regalos: para adultos en el primer piso y para niños en el sótano. El museo está abierto los lunes, martes, jueves y domingos de 10.00 a 17.45 h; los miércoles, viernes y sábados de 10.00 a 19.00 h. Entrada libre los viernes y sábados después de las 17.00 h. Tel. 769-5100. Hay que pagar la entrada al museo para poder entrar al cine. Tel. 769-5650.

El **Hayden Planetarium**, en la esquina de la calle 81 y Central Park West, al norte del museo, es fácilmente reconocible por la cúpula de cobre. Su

Arquitectura en Nueva York

principal atracción es el *Sky Theater*, que le mostrará la grandeza del firmamento. Llame al tel. 769-5920 para consultar el programa. Calcule cuál sería su peso en otros planetas, vea exposiciones sobre la historia de la astronomía, un móvil del sistema solar y un calendario azteca. Hay una función especial para niños en edad preescolar. Abierto de lunes a viernes de 12.00 a 16.45 h; los sábados entre octubre y junio de 10.00 a 17.45 h, los domingos entre octubre y junio de 12.00 a 17.45 h; sábados y domingos de julio a septiembre de 12.00 a 16.45 h. Recuerde que con la entrada puede acceder también al Museo de Historia Natural.

En el Planetario se presentan actualmente espectáculos de *Laserock*, juegos de rayos laser combinados con música rock, los viernes y sábados por la noche. Un verdadero placer visual. Las funciones son generalmente a las 19.30, 21 y 22.30 h. Se cobra la entrada. Tel. 769-5921.

El lado este de Central Park West le ofrece un relajante paseo hacia el norte a lo largo del parque y una vista de la bella arquitectura que se extiende frente a éste. El *Beresford*, en el número 221, entre las calles 81 y 82, es otro de los edificios obra de Emery Roth, construido un año más tarde (1929) que el San Remo. *El Dorado*, en el número 300, entre las calles 90 y 91, es contemporáneo, diseñado por Margon & Holder, con torres gemelas de estilo modernista. En la esquina de la calle 92 está el *Ardsley*, otra creación de Emery Roth (1931), decorado en la base con bandas de piedra arenisca y cenefas de hormigón coloreado. Más al norte, en la calle 96, está la **First Church of Christian Scientists**, diseñada por Carrere & Hastings (1903), responsables también de la Biblioteca Pública de Nueva York.

Doble hacia el sur, cruce hacia el lado oeste de Central Park West y regrese hasta la calle 86. Doble hacia el oeste, deje atrás la *Riverside Shakespeare Company*, en el número 165 (consulte el programa, tel. 877-6810) y llegue hasta Amsterdam Avenue. Diríjase hacia el sur. Al comienzo de las calles 80 hay una gran variedad de tiendas de antigüedades y buenas opciones para cenar a precio razonable. Doble hacia el norte en Broadway, encontrará los mejores lugares para disfrutar un desayuno dominical, así como varios clubes y salas de espectáculos excelentes.

Para probar tipos de pan acuda a *H & H Bagels*, en la esquina suroeste de Broadway y la calle 80, tel. 799-9680. También puede conocer *Zabar's*, todo un hito gastronómico, que destaca en pescado ahumado, platos preparados, pastas, pan fresco, frutos secos y golosinas, y hasta vende artículos del hogar. *Zabar's* simboliza a Nueva York: lleno de gente pero casero y con lo mejor de todo... Claro que tendrá que luchar con la dificultad de conseguir que le atiendan. Abierto de lunes a jueves de 8.00 a 19:30; viernes y sábados de 8.00 a 14.00 h; domingos de 9.00 a 18.00 h. Tel. 787-2000.

En la acera de enfrente, en Broadway 22352, abre sus puertas *Eeyores's*, con una gran selección de libros infantiles, tel. 362-0634. En la esquina de la calle 81 está *Shakespeare and Co.*, tel. 580-7800, una gran librería. Dos boutiques de la cadena Charivari, *Charivari Mens Store*, tel. 873-7242, y *Charivari Sport*, tel. 799-8650, ocupan las esquinas opuestas de Broadway y la calle 85. Esta cadena de diseñadores de moda ha colonizado el West Side.

Una pequeña vuelta hacia el oeste por la calle 89, hasta el final en Riverside Drive, le permitirá observar una de las últimas mansiones que quedan en Manhattan, **Rice Mansion**, en la esquina sureste, un híbrido de estilos modernista y neogeorgiano, construida en 1901. Contemple la cochera de la calle 89, fue diseñada por Herts & Tallent para el magnate ferroviario Isaac L. Rice y en la actualidad es la escuela rabínica **Yeshiva Chofetz Haim**.

Cruzando Riverside Drive se encuentra el hermoso monumento adornado con columnas *Soldados y Marinos*, erigido en Riverside Park en 1902. Este parque fue diseñado por Frederick Law Olmstead (más conocido por su obra Central Park). Su cuidado en la planificación grandiosa así como en los detalles se manifiesta en las pendientes escalonadas de la ladera. El parque, que se extiende desde la calle 72 hasta la 145, separa la avenida del río Hudson y cuenta con pistas de baloncesto y tenis, juegos y bancos. Al **Boat Basin**, en la calle 79, acuden los amantes de la navegación y los propietarios de embarcaciones.

Regrese a Broadway y camine un trecho hacia el este. Allí encontrará los **Claremont Stables**, los únicos establos aún existentes en Manhattan. En ellos puede alquilar un caballo y montura para cabalgar por Central Park. Tel. 724-5100.

Continúe hacia el norte por Broadway. En el número 2537 está *Symphony Space*, un centro de actuaciones de primer orden. Llame al tel. 864-5400 para informarse del programa, que puede incluir música o danza clásica, moderna o experimental, e incluso programas para niños. *Metro Cinema*, un poco al norte, es un cine serio en el cual se presentan películas antiguas y clásicas. Tel. 222-1200.

Mikell's, el centro del jazz y el blues del Upper West Side, se encuentra unas manzanas hacia el este en Columbus Avenue número 760. Tel. 864-8832.

Diríjase hacia el norte por la Avenida Columbus y doble al oeste en la calle 103 hasta Riverside Drive, para llegar a *Equity Library Theater*, famoso por la gran calidad de sus reposiciones. Tel. 663-2028. Otros espectáculos teatrales pueden contemplarse en *West End Theater*, en la calle 91 oeste número 302, y *West Side Rep.*, en la calle 81 oeste número 252, tel. 874-9400. O puede pasar la noche simplemente paseando por Columbus Avenue entre las calles 67 y 86.

Sea precavido, se sentirá más a gusto y más seguro tomando un taxi en lugar de caminar por las calles del norte de este barrio, especialmente durante la noche.

Alto Manhattan y Harlem:
El límite norte

En el Alto Manhattan encontrará diversas atracciones culturales, históricas y educativas, que en algunos casos se hallan muy juntas, de manera que resulta muy cómodo para el visitante. Como estos lugares se encuentran cerca de barrios poco seguros, no recomendamos pasear por las calles. Vaya directamente al lugar que desea visitar; si tiene pensado acudir a un espectáculo, llame con antelación para reservar entradas. Le recomendaremos algunos buenos restaurantes en la zona. Siendo cauteloso no tiene nada que temer y podrá conocer lugares hermosos, tanto de día como de noche.

Comenzaremos el itinerario en el área donde se encuentra Columbia University, la catedral de St. John the Divine, la iglesia Riverside y la tumba de Grant. Comenzaremos por Columbia: tome la línea 1 de metro hasta la estación 116th st., en el extremo oeste del campus. El campus se extiende desde la calle 114 hasta la 120. Se ofrecen recorridos con guía de lunes a viernes; comienzan en 210 Dodge Hall, tel. 280-2845. La oficina de información está en la esquina de Broadway con la calle 116, en el campus.

La historia de **Columbia University** se remonta a 1754, año en que Samuel Johnson comenzó a enseñar a ocho alumnos en Trinity Church, cerca de Wall Street, el primer instituto de educación superior de Nueva York, llamado King's College al principio, pasó en 1784 a denominarse Columbia. En 1879 se mudó a su sede actual. Esta universidad, de gran reputación, lideró el movimiento contra la participación en la guerra de Vietnam, en la década de 1960.

Los edificios más antiguos del campus fueron diseñados por McKim, Mead & White. Especial interés tiene el edificio central por su columnata y su cúpula, **Low Library**, que fue biblioteca y actualmente acoge la administración. Frente a ésta se encuentra **Butler Hall Library**, la gran biblioteca que vale la pena visitar por su riqueza de archivos, libros raros y manuscritos. Los archivos son expuestos en el sexto piso. Abierto de lunes a viernes de 9.00 a 17.00 h. Entrada libre.

En el piso superior de Butler Hall, en la calle 119 oeste, número 400, está *The Terrace*, un encantador restaurante donde cenar contemplando una vista nocturna extraordinaria de la ciudad. Excelente cocina francesa a precios altos. Almuerzo: martes a viernes de 12.00 a 15.00 h. Cena de martes a sábados de 18.00 a 22.30 h. Tel. 666-9490.

La **Cathedral of St. John the Divine** está al sur de Columbia, en avenida Amsterdam esquina a la calle 112. Camine hacia el sur desde la estación de metro hasta la calle 114, doble al este en Amsterdam y al sur en la calle 112. Es la mayor iglesia neogótica del mundo; fue comenzada en 1892 por la firma *Heins & La Farge*, que ganó el concurso del diseño original... y aún está sin terminar. Heins & La Farge alcanzaron a ver construidos

ALTO MANHATTAN Y HARLEM

1. Universidad de Columbia
2. Catedral de St. John the Divine
3. Iglesia Riverside
4. Tumba del General Grant
5. The Grange
6. Escuela de Arte de Harlem
7. City College de Nueva York — Campus norte
8. City College de Nueva York — Campus sur
9. Complejo del museo Audubon
10. Cementerio Trinity
11. Mansión Morris-Jumel

solamente el ábside, el coro y el crucero. El arquitecto Ralph Adams Cram asumió la continuación del trabajo en 1911 y cambió a un estilo neogótico. La fachada y la nave, de 183 por 97,5 m, reflejan el diseño de Cram, al igual que el campanario, cuando se termine. La construcción fue suspendida en 1941 por la participación de los EE.UU. en la Segunda Guerra Mundial y no fue reanudada, ya que la Diócesis Episcopal de Nueva York dio mayor prioridad a la pobreza del barrio que a la erección de una catedral. Con esta doble finalidad, en 1982 fueron contratados jóvenes de Morningside Heights, Harlem, Newark y New Jersey que aprendieron el tallado de piedras. Los nuevos artesanos, siguiendo los planos de Cram, han terminado dos torres laterales y una central. En St. John, pese a no estar terminada, se llevan a cabo programas y exposiciones de arte. Abierto de 7.00 a 17.00 h. Tienda de regalos, tel.678-6888; taquilla, tel. 678-6922.

Si tiene hambre puede dirigirse a *Green Tree Hungarian Restaurant*, en avenida Amsterdam 1034, esquina a la calle 111. Un ambiente tranquilo, servicio amistoso, barato y menú casero de Europa oriental. Abierto hasta las 21.00 h los fines de semana, tel. 864-9106. Otra posibilidad es el *West End Cafe*, frente a Columbia, en Broadway 2911, esquina a la calle 114. Es muy popular entre los universitarios y atrae a músicos de jazz de primera línea. Generalmente hay funciones los viernes y sábados por la noche. Menú a precios razonables, entrada y consumición mínima. Tel. 666-8750.

Camine hacia el norte por Broadway y doble al oeste en la calle 120. La **iglesia Riverside**, construida en 1930 gracias a una donación de John D. Rockefeller, se eleva en Riverside Drive, entre las calles 120 y 122. Desde el mirador de la torre de 21 pisos de altura puede contemplarse una hermosa vista del río Hudson. Abierto de lunes a sábados de 11.00 a 15.00 h. Domingos de 12.30 a 16.00 h. Hay que pagar una pequeña tasa de admisión. Su carillón de 74 campanas, el más grande del mundo, puede escucharse los sábados al mediodía y los domingos a las 15.00 h.

Al igual que St. John the Divine, Riverside Church cuenta con actividades culturales. El *Riverside Church Theater*, famoso por su festival de danza, ofrece conciertos y espectáculos dramáticos. Ruth St. Denis, pionera de la danza moderna, actuó aquí en 1934. El precio de la entrada es siempre razonable y hay descuentos para estudiantes y jubilados. Tel. de la taquilla, 864-2929.

Cruzando Riverside Drive, en el parque, a la altura de la calle 122, está la **Tumba de Grant**, un mausoleo de granito blanco construido en 1897 para Ulysses S. Grant (decimoctavo presidente de los EE.UU.) y su esposa. Grant, un importante general de la Guerra Civil pero un presidente poco efectivo, murió pobre. Sin embargo, la venta de sus memorias, publicadas tras su muerte, rindieron a su familia 450.000 dólares. El coste de construcción de la tumba — 600.000 dólares — fue obtenido por suscripción popular. En la entrada al mausoleo están grabadas las palabras que pronunció con ocasión de su investidura: "Que la paz sea con nosotros". La cripta está abierta; en dos salas laterales se exponen recuerdos de su vida. Abierto de miércoles a domingos de 9.00 a 17.00 h. Entrada libre, tel. 666-1640.

El segundo enclave cultural, con dos teatros, dos museos, una importante biblioteca y un distrito histórico, se encuentra en Harlem. Una breve apunte histórico: los holandeses se asentaron en este lugar en 1658 y el proceso de urbanización comenzó a fines del siglo pasado. Harlem tuvo, desde principios de siglo, una población mayoritariamente negra; en la zona oriental se ha asentado una población principalmente hispana, por lo cual el lugar es conocida como Spanish Harlem. Los escritores Langston Hughes, Richard Wright, Ralph Ellison y James Baldwin son oriundos de Harlem. Tome las líneas 2 ó 3 del metro hasta la estación 125th st. y Lenox ave. Si quiere sentirse más seguro quizás le convenga tomar un taxi.

El *New Heritage Repertory Theater* se encuentra en el tercer piso de la avenida Lenox número 290, esquina a la calle 125. Llame a información, tel. 876-3272. El **Studio Museum of Harlem**, en la calle 125 oeste número 144, expone pinturas y fotografías sobre temas africanos y la experiencia de la población negra en América. Abierto de miércoles a viernes de 10.00 a 17.00 h; sábados y domingos de 13.00 a 18.00 h. Se cobra la entrada, tel. 864-4500.

El *National Black Theater* está en la calle 125 este, número 9, al este de la Quinta Avenida. Teléfono de la taquilla: 234-2469. Al cruzar la Quinta Avenida, mire al sur hacia el Marcus Garvey Park. En su centro se encuentra la última torre de vigilancia contra incendios que queda en Nueva York (1856). El parque está limitado hacia el oeste por el **Distrito Histórico Mount Morris Park** (designado así en 1971), que abarca desde la calle 120 hasta la 124 y desde el parque hacia el oeste, hasta la avenida Lenox; las últimas casas de esta avenida son especialmente bonitas.

Diríjase hacia el norte por Lenox hasta la calle 126. El **Black Fashion Museum**, en la calle 126 oeste, número 155, expone al público vestuario perteneciente a obras teatrales, de cine y TV; asimismo alberga exposiciones itinerantes del extranjero. Entrada libre, aunque se solicita un donativo. Abierto diariamente de 12.00 a 18.00 h. Llame para concertar cita, tel. 666-1320.

Continúe hacia el norte hasta el **Arthus Schomburg Center**, en la avenida Lenox 515, cerca de la calle 134, donde se encuentra la mayor colección de los EE.UU. de historia y literatura de negros, así como exposiciones temporales de arte. Tel. 862-4000.

Continúe por la calle 125 hacia el este, hasta el final. Hemos llegado al confín de esta zona. Disfrute con la vista del Triborough Bridge (1936), puente que conecta Manhattan con el Bronx y Queens.

Nuestro próximo objetivo es la antigua casa de campo de Alexander Hamilton, que es actualmente el **Distrito Histórico Hamilton Heights**. Tome la línea 2 de metro hasta la estación 145th st., camine hacia el oeste, hasta la avenida Convent y doble hacia el sur hacia la calle 141. El distrito histórico abarca las calles que ha cruzado la avenida Convent (calles 141 a 145), más Hamilton Terrace, una manzana hacia el este, accesible por la calle 141 ó 144.

Comenzaremos por **the Grange**, en la avenida Convent 287, esquina a la calle 141, la casa de Alexander Hamilton, primer Secretario del Tesoro de los EE.UU., asesinado por Aaron Burr en un duelo a pistola en 1804. Se encuentran en el lugar un monumento nacional y una exposición de objetos que pertenecieron a Hamilton. Abierto de miércoles a domingos de 9.00 a 17.00 h. Entrada libre, tel. 283-5154.

El **Harlem School of the Arts**, en la avenida Saint Nicholas 645, cerca de la

Muros

calle 141, se ha transformado en una de las escuelas de artes escénicas (danza, teatro, artes visuales y música) más importantes del país. También cuenta con un teatro, tel. 926-4100.

Unas manzanas hacia el sur, en la avenida Convent, está el **City College of NY**. El campus norte está entre las calles 138 y 140; el campus sur entre las calles 131 y 136, bordeando el Saint Nicholas Park. **Aaron Davis Hall**, en la calle 134, campus sur, ofrece al público espectáculos en vivo, películas y conferencias, tel. 690-8166.

El siguiente lugar que visitaremos es **Audubon Terrace Museum Complex**. Tome la línea 1 de metro hasta la estación 157th st. Audubon Terrace se encuentra al sur de Broadway entre las calles 155 y 156. El conjunto incluye varios museos, cuyos edificios son en su mayoría de estilo modernista, construidos a principios de siglo:

Museum of American Indian (Museo de los Indios Americanos), cuenta con la colección más grande del mundo de arte indígena y objetos de América del Norte, Central y Sur. Vale la pena visitarlo. Abierto de martes a sábados de 10.00 a 17.00 h; domingos de 12.00 a 17.00 h. Se cobra la entrada, tel. 283-2420.

El **Hispanic Museum** (Museo Hispánico) conserva pinturas de maestros españoles y diversas obras de arte ibéricas. Abierto de martes a sábados de 10.00 a 16.30 h; domingos de 13.00 a 16.00 h. Entrada libre, tel. 926-2234.

La **American Numismatic Society** (Sociedad Numismática Americana), con exposiciones de monedas, biblioteca y un conservador que atenderá sus preguntas y consultas específicas. Abierto de martes a sábados de 9.00 a 16.30 h, domingos de 13.00 a 16.00 h. Entrada libre, tel. 234-3130.

Puente George Washington

La **American Academy and National Institute of Arts and Letters** (Academia Americana e Instituto Nacional de Artes y Letras) expone en sus salas manuscritos, partituras y objetos artísticos. Abierto de martes a sábados de 9.00 a 16.30 h; domingos de 13.00 a 16.00 h. Entrada libre, tel. 386-5900.

Al sur de Audubon Terrace está el **Trinity Cemetery**, entre las calles 153 y 155, desde Riverside Drive hasta avenida Amsterdam, separado por Broadway, tel. 283-6200. En este cementerio, que sólo puede visitarse concertando una cita, descansan varios miembros de las familias Astor y Van Buren que tanto contribuyeron al desarrollo de la ciudad. Otros famosos enterrados en el lugar son John James Audubon (el terreno del cementerio formaba parte de sus propiedades) y Clement Moore, autor de *The night before Christmas*. La hermosa **Church of the Intercession** (1914) es la iglesia del cementerio, en la calle 155 oeste, número 550.

Cerca de aquí, en la calle 152 oeste, número 466, se encuentra el *Dance Theater of Harlem*, una excelente compañía que ha cobrado mayor importancia en los últimos años. Continúe por Broadway hacia el sur, hasta la calle 152 y diríjase hacia el este. La compañía, al este de la avenida Amsterdam, presenta obras interpretadas por sus alumnos avanzados y ocasionalmente organiza concursos de danza, tel. 690-2800. A poca distancia, en la calle 160 oeste, esquina a la avenida Edgecombe, se encuentra la **mansión Morris-Jumel**, construida en 1765, que formó parte de las propiedades de Roger Morris. El general George Washington instaló aquí su cuartel general en 1776, durante la Guerra de Independencia. La casa es hermosa, está decorada con el mobiliario típico de la época y los visitantes son bien acogidos. Abierta de martes a domingos de 10.00 a 16.00 h. Tel. 923-8008.

Excursiones

Fuera del Alto Manhattan hay tres lugares que merecen visitarse:

El hermoso **George Washington Bridge**, puente de la calle 178 que cruza el río Hudson hasta New Jersey. Tiene una longitud de 1066 metros y una altura de 183 metros sobre el río. Fue construido en 1931.

Fort Tryon Park, la colina donde se encuentran los **Cloisters** (Claustros). Está situada cerca del extremo norte de Manhattan, desde la calle 190 hasta la calle Dyckman, entre Riverside Drive y Broadway. Tome el autobús número 4 desde cualquier lugar de Madison Avenue hasta la estación final o la línea A de metro. El parque, diseñado por Fredrick Law Olmstead hijo, es muy hermoso, así como las vistas del río Hudson que desde él se divisan. John D. Rockefeller hijo lo donó a la ciudad en 1930 y ejerció una gran influencia en la construcción de los Claustros (1934-1938). El monasterio, que reúne auténticos elementos arquitectónicos medievales europeos, alberga la colección medieval del Museo Metropolitano de Arte. Desde el museo, en la cima de la colina, se contempla una hermosa vista del río Hudson, frente a una zona sin construir de New Jersey Palisades, en el lado oeste. Dicha zona no se ha desarrollado precisamente gracias a que Rockefeller la compró para preservar intacta la hermosa vista desde el museo. En los Claustros se encuentran hermosos tapices, cristalería, esculturas y manuscritos. El monasterio proporciona una atmósfera perfecta como marco a los conciertos de música religiosa que allí se celebran de vez en cuando. Visitas gratis de martes a jueves a las 15.00 h; los miércoles, solamente en invierno. Abierto generalmente de martes a domingos de 9.30 a 16.45 h. Llame al tel. 923-3700 para confirmar el horario. La entrada es gratuita pero se sugiere dar un donativo.

Dyckman House, en Broadway 4881, cerca de la calle 204, es una casa construida en 1748; se quemó durante la Guerra de Independencia y fue reconstruida en 1783. Es una casa de campo holandesa, de madera blanca y piedra, en la cual hay actualmente un museo con la decoración típica de la época; es el último ejemplo que resta en Manhattan de aquel tiempo y estilo. Abierto de martes a domingos de 11.00 a 17.00 h. Entrada libre. Le recomendamos que llegue allí en un taxi. Si insiste en utilizar el metro, tome la línea A hasta la estación 207th st. y camine hacia el sur hasta la calle 204. Hay muy poco que ver en los alrededores, de manera que si tiene poco tiempo, puede renunciar a Dyckman House.

Brooklyn

Brooklyn, que deriva del holandés *Breukelen* (tierra cortada), actualmente es el distrito más poblado de Nueva York. Los primeros colonos se asentaron en 1636 en el área conocida como Flatlands, llamada New Amersfoort por los holandeses; luego la población se extendió ocupando otros enclaves: Midwout (actualmente Flatbush), Boswyk (Bushwick), New Utrecht y el poblado inglés de Gravesend. Los ingleses, al apoderarse de la colonia en 1664, cambiaron el nombre de Breukelen por el de "Kings County". Durante la Guerra de Independencia estuvo dividido entre patriotas americanos y *tories*, leales a los británicos.

Pese a su incorporación a la ciudad en 1834 y a la consecuente unión con los otros cuatro distritos, Brooklyn mantiene muchas características independientes. En el centro, Borough Hall, destacan los grandes tribunales de justicia; esta zona constituye también un importante núcleo financiero y comercial. El Museo de Brooklyn cuenta con excelentes colecciones mundialmente famosas de arte egipcio, precolombino y prehistórico. Los Jardines Botánicos son famosos por sus floridos cerezos japoneses y el llamado Jardín de las Fragancias. Brooklyn tenía en el pasado su propio equipo de baloncesto, los Dodgers o "Bums", como eran llamados afectuosamente, que abandonaron su estadio, Ebbets Fields, marchándose a Los Angeles, California, en 1958. La pérdida se lamenta todavía.

Brooklyn tiene muchas razones para estar orgullosa de sí misma, tal y como le dirán gustosamente sus habitantes. Algunos de sus hijos predilectos más famosos son George Gershwin, Norman Mailer, Jackie Robinson, Woody Allen, Leana Horne, Barbra Streisand, W.E.B. du Bois y Beverly Sills. El ambiente de Brooklyn no se parece al de Manhattan, es más tradicional que moderno y de clase media más bien que alta.

Cada sector de Brooklyn mantiene su carácter propio. El corazón comercial es el puerto, por el cual pasa el 40% de las importaciones de la ciudad de Nueva York. Con más de 320 km de costa, Brooklyn es famoso por su puerto de la Marina (Navy Yard). Durante la Guerra Civil, el famoso barco de guerra *Monitor* partió desde Williamsburg (1862), una zona habitada por inmigrantes italianos, polacos, negros, puertorriqueños y judíos ortodoxos. Bay Ridge tiene una considerable población escandinava. Coney Island, ha pasado ya su época de esplendor; sin embargo, tiene un parque de atracciones, playas y el maravilloso New York Aquarium. Brooklyn Heights fue originalmente el lugar de residencia de los grandes comerciantes y propietarios de barcos. Esta zona, poblada de casas construidas con piedra caliza de color rojizo, fue declarada monumento histórico.

Antes de comenzar nuestro paseo, recuerde que todos los números de teléfono de este distrito van precedidos por el prefijo 718, si llama desde Manhattan (para más detalles, consulte la "Introducción").

BROOKLYN

1. Brooklyn Heights
2. Borough Hall
3. Cage and Tollner
4. River Cafe
5. Academia de Música de Brooklyn
6. Grand Army Plaza
7. Jardín Botánico de Brooklyn
8. Museo de Brooklyn
9. Museo infantil de Brooklyn
10. Astroland
11. Acuario de Nueva York

Brooklyn y los puentes que comunican con Manhattan

Tome la línea 2 ó 3 del metro hasta la estación Clark st. y camine por la calle Clark varias manzanas hasta la costa. Ha llegado a **Brooklyn Heights Promenade**, las colinas con una fabulosa vista de los rascacielos del Bajo Manhattan (Wall Street, el puerto, el Puente de Brooklyn y la Estatua de la Libertad). Camine varias manzanas en cada dirección y preste atención a las viviendas, toda una colección de casas de piedra caliza de color rojizo, de estilo italiano, casas de madera y edificios de apartamentos, todo ello en perfecto estado de conservación. Se encuentra también a corta distancia de varios restaurantes de categoría, un enclave de Oriente Medio y un mercado de antigüedades. Si visita Brooklyn en el día de la Independencia o en vísperas de Año Nuevo podr disfrutar de un hermoso espectáculo de fuegos artificiales.

Doble a la izquierda en la calle Clark para llegar hasta Columbia Heights. Es una calle apartada, paralela a Promenade, de bellas casas y edificios de apartamentos que recuerdan algunos barrios de Londres y París. Doble nuevamente a la izquierda, hasta la calle Montague, la principal arteria comercial de Brooklyn Heights, con boutiques, pequeñas tiendas, galerías de arte y varios restaurantes, una gran variedad para un barrio tan pequeño.

Desde aquí puede seguir a pie hasta Borough Hall o la avenida Atlantic, en la que abundan los restaurantes con comida típica de Oriente Medio y tiendas de antigüedades. Primeramente visitaremos Borough Hall. Doble a la derecha desde la calle Montague por la calle Henry y luego a la izquierda en Joralemon; Sidney Place, a la derecha de la calle Joralemon, es aun más bonita. Continúe por Joralemon hasta la calle Court, hasta llegar a los imponentes edificios gubernamentales y a los juzgados de Brooklyn. El **Borough Hall** mismo (1851), a su izquierda, en Joralemon 209, es muy parecido al City Hall en el Bajo Manhattan.

Más adelante, en Fulton Mall, calle Fulton 374, está el restaurante más antiguo de Brooklyn: *Gage & Tollner*, donde se sirven mariscos a una fiel clientela de abogados y hombres de negocios. Tel. 875-5181.

Si prefiere la cocina de Oriente Medio, doble a la derecha de la calle Montague a la calle Henry y luego a la izquierda en la avenida Atlantic. Los restaurantes que aquí recomendados son el *New Near East*, en Court 137, esquina a la avenida Atlantic, tel. 625-9559, y *Almontassar*, en Court 218, tel. 624-9267. La avenida Atlantic es un lugar excelente donde encontrar valiosas antigüedades. *Horseman Inc.*, en el número 351, y *Dan's Antiques*, en el número 363, son dos buenos ejemplos. El último lugar que recomendamos en la zona es *Sahadi Importing Co.*, en la avenida Atlantic 189, con sus maravillosos aromas de especias, café, nueces y semillas; tel. 624-4550.

Complete la noche asistiendo a una función en **Brooklyn Academy of Music** (BAM) en la avenida Lafayette 30 (líneas de metro 2, 3, 4, 5, D, M o QB hasta la estación Atlantic ave.-Flatbush ave.) Este legendario centro cultural, creado en 1859, es la sede de la Filarmónica de Brooklyn y de la compañía de danza de Twyla Tharp; Sarah Bernhardt, Edwin Booth, Anna Pavlova y Caruso actuaron aquí. Al margen de lo clásico, BAM está a la vanguardia de la música innovadora, así como de la danza y el teatro de vanguardia con su festival llamado *Next Wave* (la próxima onda). La temporada del BAM abarca de septiembre a junio. Tel. 636-4100; para hacer reservas con tarjeta de crédito, tel. 944-9300.

Para divertirse durante el día acuda a la zona de Prospect Park. Tome la línea 2 ó 3 de metro hasta la estación Grand Army Plaza o la D, M, QB o S hasta Prospect Park. El parque mismo, bordeado por Grand Army Plaza, los jardines botánicos y el exclusivo Prospect Park West, fue diseñado por Frederick Law Olmstead y Calvert Vaux, más famosos por su obra en Central Park, aunque más satisfechos con los resultados de Prospect Park. **Grand Army Plaza** refleja la concepción de sus diseñadores de crear una entrada majestuosa al parque. El Soldiers and Sailor's Memorial Arch (Arco en memoria de los soldados y marinos), coronado con una escultura de Frederick MacMonnies, y las fuentes, son espectaculares. No se encuentran calles en el centro del parque. En el edificio de estilo modernista puede alquilar una barca para navegar por el lago o jugar al croquet en el extremo sur del parque, en un refugio diseñado por Stanford White. En el quiosco de música se ofrecen conciertos gratuitos durante el verano. Desde principios de noviembre a mediados de marzo se puede patinar sobre hielo. Para más información sobre las actividades en el parque llame al tel. 965-6515.

Al norte de Prospect Park, cruzando la avenida Flatbush, está el **Institute Park**, el jardín Botánico, el museo y la biblioteca pública. El **jardín botánico** (Brooklyn Botanic Garden), en la avenida Washington número 1000, fundado en 1910 sobre un vertedero de cenizas, cuenta con un invernadero, jardín de plantas aromáticas para ciegos y una rosaleda con 90 variedades de rosas. El invernadero fue diseñado por McKim, Mead & White. Abierto entre mayo y septiembre, de martes a viernes entre las 8.00 y las 18.00 h; fines de semana y festivos de 10.00 a 18.00 h. Entre octubre y abril, de martes a viernes de 8.00 a 16.30 h. La entrada es gratuita y los fines de semana y festivos se cobra una entrada simbólica para el Conservatorio y los jardines especializados. Tel. 622-4433.

Tome la línea 2 ó 3 de metro hasta la estación Eastern Parkway-Brooklyn

Museum, para llegar al **Museo de Brooklyn**, en Eastern Parkway 188. El edificio del museo, diseñado por McKim, Mead & White en 1895, acoge las mejores colecciones de arte egipcio del país, así como magníficas colecciones de arte africano y precolombino e importantes pinturas de autores americanos. En la tienda de regalos se venden libros, joyas, antigüedades y reproducciones. Abierto diariamente de 10.00 a 17.00 h. Cerrado los martes. Entrada libre, aunque se sugiere aportar un donativo. Tel. 638-5000.

El **Museo Infantil de Brooklyn** (Brooklyn Children's Museum), en la avenida Brooklyn 145, el primero de su género en el mundo, es otro de los lugares recomendados, especialmente, por supuesto, para los niños. Sus salas cuentan con una excelente ambientación sobre la naturaleza y la tecnología; por ellas se puede pasear y tocar los objetos expuestos. Sin embargo, el barrio en el que se encuentra el museo es bastante problemático; llame por teléfono para que le informen. Abierto diariamente de 10.00 a 17.00 h; cerrado los martes. Se cobra entrada. Tel. 735-4400.

Para disfrutar de un paseo en el que apreciar la arquitectura propia de Brooklyn, tome la línea 2 ó 3 de metro hasta Grand Army Plaza. Las calles residenciales a lo largo de Prospect Park West tienen mucho en común con las que se encuentran frente a Central Park. Prospect Park West y las calles de Park Slope, entre las calles Union y 14, son un símbolo de elegancia urbana: luces de gas, esculturas y escaleras de piedra. Desde la estación de metro camine por la calle Plaza en dirección oeste, alejándose de la avenida Flatbush. Doble a la derecha en Lincoln Place, luego a la izquierda hacia la Octava Avenida. Es un hermoso lugar para caminar, bordeado de árboles y casas de piedra rojiza impecablemente conservadas. Doble a la izquierda en la calle Carrol. A su izquierda verá el edificio de la Octava Avenida número 117, obra de C.P.H. Gilbert para Thomas Adams hijo, el multimillonario de la goma de mascar _Chiclets_. Gilbert diseñó gran parte de esta manzana, incluidos los números 838, 842 y 846. La intersección de la calle Carroll y Prospect Park West ofrece una hermosa vista del Arco a su izquierda. Doble a la derecha en Prospect Park West y nuevamente a la derecha en Montgomery Place. Gilbert colaboró con el inversor inmobiliario Harvey Murdock en casi toda esta manzana. Doble a la derecha en la Octava Avenida y a la izquierda en la calle Carroll. Esta zona cuenta con una arquitectura notable, una larga hilera de casas de tres pisos con escalinatas construidas con piedra rojiza. Continúe por la calle Carroll hasta la Séptima Avenida, la principal calle de tiendas y restaurantes de Park Slope. Dos de los mejores restaurantes del lugar son el agradable _Charlie's_, en la avenida Flatbush 348 (esquina a Octava Avenida y calle Sterling), con sencilla comida americana, tel. 857-4584, y el pequeño y romántico _Raintree's_, en Prospect Park West 142, esquina a la calle 9.

Coney Island

En **Coney Island** podrá gozar de agradables entretenimientos. Tome las líneas B, D, F, M, N o BQ de metro hasta la estación Stillwel ave.-Coney Island. Saboree algodón azucarado, un perrito caliente o palomitas y disfrute del ambiente. Diviértase en **Astroland** con su famosa atracción, el Cyclone, una terrorífica "vuelta al mundo". _Nathan's Famous_ es realmente famoso por sus salchichas, patatas fritas y panochas de maíz, aunque también por las largas colas; tel. 266-3161. Astroland está abierto durante el verano desde el mediodía hasta medianoche. Tel. 372-0275.

Al lado, en la calle 8 oeste y el Boardwalk, está el **New York Aquarium**, con sus ballenas, tiburones, anguilas, tortugas de mar, pingüinos y otras especies de la vida acuática. Abierto diariamente en verano desde el mediodía hasta medianoche. Los espectáculos de delfines y las exposiciones que los niños pueden tocar se encuentran cerrados durante el invierno. Se cobra la entrada, tel. 265-3473. Hay aparcamiento.

Los mejores restaurantes de las inmediaciones sirven comida italiana. *Gargiulo's*, en la calle 15 oeste número 2911, ofrece lo que muchos consideran la mejor cocina italiana de Nueva York. Los precios son razonables. Abierto diariamente desde el mediodía hasta las 22.00 h; tel. 266-0906. *Carolina*, en la avenida Mermaid 1409, es un lugar muy popular con generosas raciones y precios asequibles. No se aceptan reservas y hay que estar preparado para aguardar hasta que se desocupa una mesa; tel. 266-8311.

Al este de Coney Island se encuentran **Manhattan Beach** y **Brighton Beach**, que formaban parte de un antiguo lugar de veraneo de la clase alta que se alojaba en sus lujosos hoteles y apostaba en los hipódromos. Cuando las multitudes populares comenzaron a llegar, los ricos empezaron a alejarse. Manhattan Beach continúa siendo un lugar selecto y Brighton Beach se ha transformado en un barrio de sólida clase media judía desde hace 50 años. Gran cantidad de población judía soviética ha ocupado recientemente el lugar de los residentes más veteranos, quienes, después de haber prosperado, se han mudado a Long Island. En el barrio encontrará muchos restaurantes rusos y clubes nocturnos, la mayoría a lo largo de Brighton Beach.

Sheepshead Bay es otro excelente barrio de clase media, en la costa. Tome las líneas D, M o BQ de metro hasta la estación Sheepshead Bay. El viaje, principalmente elevado, le ofrece una gran vista de Brooklyn. Una vez allí, visite los muelles donde amarran un gran número de barcas de pesca, algunas de alquiler y otras en las que se vende el pescado fresco recién recogido. A lo largo del paseo muchos restaurantes ofrecen pescados y mariscos, pero generalmente no son mejores que en cualquier otro restaurante o marisquería de Nueva York.

Todos los años se lleva a cabo el *Celebrate Brooklyn Festival*, que se celebra en julio y agosto e incluye una serie de espectáculos en teatros y parques públicos de Brooklyn. Todos los espectáculos son gratuitos. Para informarse sobre el festival, llame al tel. 768-0699.

Queens

Queens es el más grande de los cinco distritos de la ciudad de Nueva York: aproximadamente 300 km cuadrados. El primer asentamiento de población holandesa en el lugar, Maspeth, se remonta al año 1642. El nombre es posterior; los ingleses tomaron Nueva Amsterdam en 1664 y llamaron a la zona "Queens" (reinas) en honor a Catalina de Braganza, la reina consorte de Carlos II. Queens adoptó el sistema de gobierno de condados inglés, creándose subdivisiones que, en gran medida, siguen vigentes hoy. Por ello los habitantes dicen vivir en Flushing, Forest Hills, Astoria, etc., más que en Queens.

Cada sección tiene sus propios escenarios históricos, actividades culturales y celebraciones deportivas. En Astoria puede visitarse un estudio de cine, utilizado en el pasado por los hermanos Marx y W.C. Fields, entre otros, donde hasta el presente se siguen filmando grandes películas. El US Open Tennis Championship (Torneo Internacional de Tenis de los EE.UU.) se lleva a cabo anualmente en Flushing Medow Park, donde se celebraron dos ferias mundiales. Queens es el barrio de Nueva York que cuenta con más zonas verdes y además tiene una franja de playas que dan al océano Atlántico. Si llegó a la ciudad en avión, probablemente haya aterrizado en uno de sus aeropuertos, La Guardia o Kennedy. Exploraremos el barrio paso a paso.

Queens está ligada a Manhattan por dos puentes y un túnel además del metro. El puente Triborough (1936) va desde Astoria, en el noroeste de Queens, hasta Manhattan y el Bronx. El puente Queensboro (1903) y el Queens Midtown Tunnel unen a Queens con Midtown Manhattan. El Queensboro Bridge fue declarado lugar histórico en 1973 y es homenajeado en la canción clásica de Simon & Garfunkel *The 59th Street Bridge Song* (*Feeling Groovy*). Ambas arterias llevan a Long Island City y Astoria, dos zonas que vale la pena visitar.

Todos los teléfonos de Queens tienen que llevar el prefijo 718.

A **Long Island City**, un área industrial en el East River, frente a las Naciones Unidas, se llega con la línea E ó F del metro. En su costa, que según los planes actuales será revitalizada y transformada en un área de recreo, hay varias marisquerías. Entre ellas, *Waters's Edge*, en Drive 44 junto al río, ofrece la más espectacular de las vistas de Manhattan, pero la comida es cara y poco acorde con el ambiente. Abierto diariamente desde el mediodía hasta la 1.00. *Manducatis*, en la avenida Jackson 13-37, esquina a la calle 47, es un restaurante italiano de tipo familiar con deliciosos platos hechos con ingredientes frescos y no demasiado caro. Abierto de lunes a sábados de 11.30 a 15.00 h, y de 17.00 a 22.00 h. Tel. 729-4602.

Long Island City, que aunque próximo a Manhattan ofrece alquileres de viviendas mucho más accesibles, ha desarrollado una considerable comunidad artística. Preste atención al **Project Studio One (P.S.1)**, una sala de exposiciones en el edificio de una escuela de 1892, dedicado al arte innovador y vanguardista. Explore sus estudios, en los que trabajan 35 artistas norteamericanos y extranjeros. Abierto de jueves a domingos de 12.00 a 18.00 h. Est situado en la calle 21 46-01, esquina a la avenida Ely. Se cobra la entrada. Tel. 784-2084.

La zona Hunters Point, en la Avenida 45 entre las calles 21 y 23, declarada conjunto histórico en 1968, es una muestra de arquitectura al modo italiano y francés de mediados del siglo XIX.

Al noreste de Long Island City está **Astoria**, un asentamiento que tiene su origen en los primeros tiempos de la colonia, conocido hasta 1839 como "Sunwick", el nombre de una tribu indígena local. Actualmente reside en este barrio una numerosa población de origen griego y el área alrededor del bulevar Ditmars y Broadway cuenta con un gran número de restaurantes griegos, cafés y clubes nocturnos abiertos hasta altas horas de la noche. Sin embargo, la mejor razón para visitar Astoria durante el día es conocer **Kaufman Astoria Film Studio**, en la calle 35, número 34-31, esquina a la avenida 34. El estudio, recientemente renovado, se utilizó en los años veinte y treinta para rodar películas de los Hermanos Marx, W.C. Fields y Gloria Swanson. Nueva York es uno de los lugares predilectos para filmar películas. El Astoria Studio, por ejemplo, es uno de los favoritos del director Sidney Lumet, responsable de películas como *The Wiz*, *The Veredict* y *Prince of the City*. Cuando visite el lugar, deténgase en el **American Museum of the Moving Image**, donde se da a conocer la historia de la cinematografía en la ciudad de Nueva York entre 1896 y 1982, a través de fotografías, figurines, pósters, escenografías y proyecciones ocasionales de películas de estreno. Para información y reservas, tel. 784-4742. La galería del museo está abierta al público solamente concertando cita de antemano, tel. 784-4520.

Más lejos, junto al East River, se encuentra el **Aeropuerto La Guardia**; inaugurado en 1939, ocupa una superficie de unas 263 hectáreas y cambió de nombre en 1947 en honor del alcalde neoyorquino Fiorello La Guardia. El edificio de la terminal central cuenta con un mirador desde el cual se pueden contemplar los despegues y aterrizajes pagando una reducida tarifa. Para obtener información general sobre el aeropuerto, tel. 476-5000.

Ridgewood, una sólida comunidad de clase media, está incluido en el National Register of Historic Places (Registro Nacional de Lugares Históricos); se compone de casas e iglesias de principio de siglo espléndidamente conservadas. No deje de ver **Onderdonk House**, de 200 años de antigüedad, en la avenida Flushing número 1-20, donde la *Ridgewood Historical Society* (Sociedad Histórica de Ridgewood) ofrece programas centrados en el arte colonial. Para informarse sobre estas actividades y sobre la comunidad en general, tel. 456-1776.

Kew Gardens, un barrio compuesto principalmente por casas de estilo Tudor en calles bordeadas de árboles, a sólo media hora de Manhattan, fue promovido a principios de siglo por el abogado Albon Platt Man como alternativa al frenético estilo de vida de Manhattan. Las casas originales, que no valían más de 20.000 dólares cuando se construyeron, cuestan ahora hasta medio millón de dólares. Kew Gardens atrajo siempre a la clase alta. Su principal avenida, Lefferts Boulevard, cuenta con dos excelentes restaurantes, *Pastrami King*, en Queens Boulevard, número 124-24, esquina a la calle 82, tel. 263-1717; y *The Garden*, en Queens Boulevard número 120-20, preferido por la juventud rica de la zona, tel. 263-6767.

Al oeste de Kew Gardens, en Park Lane South, esquina a la calle 89, se encuentra el área de *picnic* y los establos para montar a caballo de Forest Park, información en el tel. 261-7674. En el **Seuffert Bandshell**, en Woodhaven Boulevard y la calle Myrtle, se dan conciertos gratuitos los domingos entre junio y septiembre.

Al norte de Forest Park se encuentra Forest Hills Gardens, un elegante barrio residencial diseñado por Grosvenor Atterbury y Frederick Law Olmstead, hijo, por encargo de la Fundación Russell Sage, en 1909, interesada en construir viviendas para la clase obrera. El resultado, Forest Hills Gardens, de unas 70 hectáreas, construido alrededor de una plaza de estilo Tudor, con pavimento de adoquines, arcos y torres, resultó tan hermoso que se transformó en uno de los barrios más apreciados de la ciudad. El Greenway, un área central de parques, conduce desde la plaza a través de retorcidas calles residenciales. La mayor parte de las casas son de estilo Tudor; el especial diseño de farolas y señales contribuyen a la unificación del diseño. A poca distancia se encuentra el *West Side Tennis Club*, rodeado por las calles Burns y Dartmouth y las avenidas 69 y 70. Predecesor del Flushing Meadow Park como sede del US Open, cuenta con 46 pistas durante la temporada. Hay que pagar la entrada. Información en el tel. 268-2300.

Flushing, muy densamente poblado en la actualidad, comenzó siendo un poblado cuáquero a finales del siglo XVII. La **Friends' Meeting House** (1694), en Northern Boulevard número 137-16, est abierta de 14.00 a 16.00 h el primer domingo de cada mes, menos enero, febrero y agosto. Tel. 358-9636.

La principal atracción de Flushing probablemente sea **Flushing Meadows-Corona Park**. Para llegar allí, tome la línea 7 de metro hasta la estación Shea Stadium. El parque, que en el pasado era una ciénaga, se extiende desde la avenida Jewel hasta la avenida Roosevelt. En 1964 se llevó a cabo en sus terrenos la Exposición Universal de la que aún quedan algunas "herencias"; en el parque se puede navegar en barca, patinar y hacer *picnic*. El **Queens Museum**, en el ala norte del Pabellón de la Ciudad de Nueva York, presenta exposiciones temporales y otras permanentes que incluyen una maqueta de unos 1.350 metros cuadrados de la ciudad de Nueva York, una de las principales atracciones de la Exposición de 1964. Abierto de martes a sábados de 10.00 a 17.00 h. Los domingos de 13.00 a 17.00 h. Se cobra entrada. Tel. 592-2405.

En el *Theater in the Park*, en el Pabellón del Estado de Nueva York, en el centro del parque, otro de los recuerdos de la Exposición, se puede disfrutar con obras de teatro, comedias musicales, conciertos y espectáculos de danza; tel. 592-5700. Los niños pueden dar de comer a los animales en el **Children's Zoo**, calle 111, esquina a la Avenida 54. Abierto diariamente de 9.30 a 16.30 h. Entrada libre, tel. 699-7239.

Uno de los lugares más importantes del parque es el **US Tennis Association National Tennis Center** (Centro de Tenis de la Asociación Nacional de Tenis de los EE.UU.), donde se celebra el US Open Tennis Championships desde 1978. En sus instalaciones hay 27 pistas descubiertas, iluminadas, y nueve cubiertas. Abierto desde las 8.00 h hasta medianoche. Tel. 592-8000. En los alrededores existen otras dos alternativas lúdicas. Una es el **Pitch and**

QUEENS

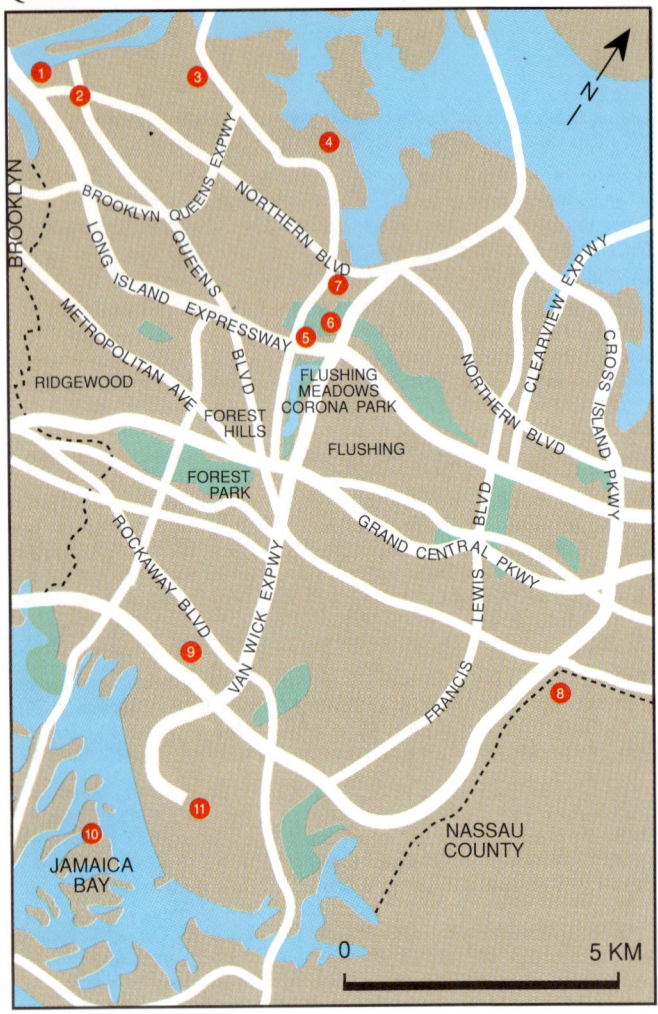

1. Waters's Edge
2. Project Studio One
3. Estudio cinematográfico Kaufman Astoria
4. Aeropuerto La Guardia
5. Museo de Queens
6. Asociación de tenis de los EE.UU., Centro nacional de Tenis
7. Shea Stadium
8. Parque e hipódromo Belmont
9. Hipódromo Acqueduct
10. Reserva natural de Jamaica Bay
11. Aeropuerto internacional John F. Kennedy

Putt Golf, cerca de la entrada al parque por College Point Boulevard. Abierto de 9.00 a 20.00 h. Tel. 271-3250, 699-4207. La otra es el patinaje sobre hielo, en el ala sur del NYC Building, detrás del espectacular Unisphere. Abierto desde noviembre a marzo, de miércoles a domingos. Hay que pagar entrada, tel. 271-1996.

Al norte de Flushing Meadow Park, en la calle 126 esquina a la avenida Roosevelt, se encuentra el **Shea Stadium** (con una capacidad de 55.300 personas), donde el equipo de fútbol *New York Jets* juega desde mediados de abril hasta principios de octubre. Tel. 507-6387. Tome el la línea 7 de metro hasta la estación Willets Point/Shea Stadium. Para obtener información sobre la forma de conseguir entradas el mismo día del partido, consulte la sección sobre el Yankee Stadium ("El Bronx").

El **Queens Botanical Garden** (Jardín Botánico de Queens), en el límite este de Flushing Meadows Park, en la calle Main número 43-50, consta de unas 6 hectáreas de jardines al aire libre y el Arboretum, de más de 9 hectáreas, en el que se encuentran los Jardines de Pájaros y Abejas, con colmenas activas; éste es un lugar muy apreciado para celebrar bodas. Abierto diariamente desde las 9.00 h hasta el anochecer. Se cobra la entrada, tel. 886-3800.

Llame a la Queens Historical Society, tel. 445-0021, para concertar un paseo a través de Freedom Mile, en Flushing, para conocer el pasado histórico colonial de la zona.

Queens College se encuentra al este de Flushing Meadow Park, en Kissena Boulevard, en la salida 24 de Long Island Expressway. La principal razón para visitar el College es conocer el *Golden Center for the Performing Arts*, y disfrutar de su programación semanal de conciertos de música clásica, pop y jazz, así como de obras teatrales, ópera y espectáculos infantiles. Estacionamiento gratuito. Información y reservas, tel. 793-8080.

El extremo oriental de Queens limita con Nassau County. En Douglaston, el **Alley Pond Park and Environmental Center**, en Northern Boulevard 228-06, es una reserva de gran interés para los amantes de la naturaleza, donde viven gran cantidad de animales; hay un museo de historia natural, una tienda y un centro de reciclaje. Entre sus atracciones: *Cattail Pond*, un estanque poblado de aves acuáticas; *Pitobik Trail*, una senda de más de tres km de longitud a través de un campamento de indios *Mattinecock*; y *Turtle Pond Trail*, el emplazamiento de un antiguo glaciar continental, actualmente cubierto de vegetación y salpicado de estanques, donde viven diversas especies animales. Estacionamiento y entrada gratuitos. Se consiguen horarios y mapas de los senderos en el Centro. Información, tel. 229-4000.

Queens County Farm Museum se encuentra al este de Alley Pond Park, en Little Neck Parkway número 73-50, Floral Park. La granja, de más de 20 hectáreas, se remonta a 1772 y todavía está en funcionamiento. Abierta los sábados de 11.00 a 16.00 h; domingos de 13.00 a 16.00 h. Entrada libre, tel. 468-4355.

Belmont Park, con su área de *picnics*, un lago y un hipódromo, está más hacia el sur, en el límite con Nassau County. Almuerce en el restaurante próximo a la pista de carreras y podrá codearse con *jockeys* y entrenadores. Abierto de 9.30 a 16.30 h, tel. 641-4700, extensión 306, para orientarse e informarse.

Más grande que Belmont es el **Aqueduct Racetrack** (capacidad para 80.000 espectadores), en Rockaway Boulevard y calle 108, en Ozone Park. Aqueduct es el hipódromo más grande de EE.UU. para carreras de caballos purasangre; además es muy fácil acceder a él en transporte público, el metro llega a la misma puerta. La temporada de carreras abarca de enero a mayo y de octubre a diciembre; tel. 641-4700, extensión 306.

Hemos llegado a un sector de Queens que ocupa una península frente al océano Atlántico. El **Jacob Riis Park**, en el extremo oeste, es una playa pública arenosa y bella, con buenas condiciones para practicar *surf* acuático, una rampa, piscina y mini-golf. Abierto diariamente hasta el anochecer, entrada libre. Tenga en cuenta que los fines de semana del verano se encuentra atestada de gente. Orientación e información en el tel. 474-2600.

Al este de la península abre sus puertas el parque de atracciones **Rockaway**, en las calles 97 — 98 frente al océano. Cuenta con 65 juegos y atracciones, abiertos diariamente desde el mediodía. Hay dos sesiones: desde el mediodía hasta las 18.00 h y desde las 16.00 hasta que cierra. La entrada permite el uso ilimitado de los juegos para adultos; las atracciones infantiles no están incluidas. Información, tel. 945-7000.

El **Jamaica Bay Wildlife Refuge** (Refugio de Vida Silvestre de Jamaica), con más de 300 especies de aves y pequeños animales, se encuentra entre la península y "el continente". El parque abre diariamente de madrugada, el mejor momento para observar a los pájaros, y cierra al anochecer. Los fines de semana se ofrecen pases de diapositivas sobre el medio ambiente. Entrada gratuita. Para información, tel. 474-0614. Pasando el refugio y ocupando casi toda la costa sur de Queens, está el **Aeropuerto Internacional John F. Kennedy**, por el que pasa el 75% del tráfico aéreo entre Europa y los EE.UU.

Bronx

El Bronx, en el norte de la ciudad de Nueva York, es el único distrito conectado con el continente y lleva el nombre de Johannes Bronck, un danés que fue propietario de la región en 1641. El territorio del Bronx estaba repartido entre unos pocos terratenientes y creció lentamente durante el período colonial. Tres de las comunidades del Bronx se sumaron a la ciudad de Nueva York en 1874 y la restante en 1898.

El Bronx, desde las colinas de Riverdale hasta algunos de los barrios más miserables de la ciudad, tiene un carácter principalmente residencial. En su distrito oriental está Parkchester, el mejor conjunto residencial a gran escala de Nueva York, construido en 1938-1942 para una población de 40.000 habitantes. El Hunter College Campus, la Universidad Fordham y el College de Medicina Albert Einstein, son sólo algunos de los centros educativos del Bronx. Para recreo el Bronx cuenta con bellos parques, el mundialmente famoso Bronx Zoo, el más grande de los EE.UU., y el **Yankee Stadium**.

Este último es la sede del equipo de béisbol más famoso de la historia. Babe Ruth y sus inmortales discípulos Lou Gehrig, Joe DiMaggio, Casey Stengel y Mickey Mantle, le dieron gloria al estadio. Remodelado hace unos años con una inversión de 100 millones de dólares, el estadio mismo es una de las mejores instalaciones de su tipo del país. La temporada de béisbol abarca desde mediados de abril hasta principios de octubre. Para adquirir por adelantado las entradas, programas y reservas, llame a *Chargit*, tel. 944-9300, o *Teletron*, tel. 947-5850. Si decide ir a un partido sin tener entradas, **evite a los revendedores de la calle** y acuda a una de las taquillas que hay alrededor del estadio. Los asientos de las gradas descubiertas son más baratos pero tienen dos desventajas: están muy lejos de la zona donde se desarrollan las principales acciones del juego y se está totalmente expuesto a los elementos, durante tres horas. Alternativas mejores son los asientos reservados entre la primera y la tercera base, o detrás de la primera base, al nivel del campo o en el entresuelo.

La próxima parada la haremos en el **Hall of Fame for Great Americans**, en el Bronx Community College's University Heights Center. En el Hall pueden contemplarse gran cantidad de bustos de norteamericanos famosos, hombres de estado, artistas, escritores y científicos. Abierto diariamente de 10.00 a 17.00 h. Entrada libre, tel. 220-6920.

El **Edgar Allan Poe Cottage** está situado en Grand Concourse y East Kingsbridge Rd., donde residió el escritor entre 1846 y 1848. En él se conservan ediciones originales de sus obras y recuerdos. Abierto de lunes a viernes de 9.00 a 17.00 h. Sábados de 10.00 a 16.00 h y domingos de 13.00 a 17.00 h. Se cobra la entrada, tel. 881-8900.

Desde aquí iremos al **Bronx Zoo**, que se considera visita indispensable. Es el jardín zoológico urbano más grande del país, con más de 3.600 animales salvajes procedentes de todas las partes del mundo. Se puede llegar a

EL BRONX

1. Yankee Stadium
2. Hall of Fame of Great Americans
3. Casa de Edgar Allan Poe
4. Zoológico del Bronx
5. Jardín botánico de Nueva York
6. Museo Van Cortlandt
7. Wave Hill
8. Museo marítimo histórico de City Island

él con la línea 2 de metro hasta la estación Pelham Parkway, caminando luego hacia el este hasta la entrada Bronxdale. Otra posibilidad es tomar el autobús expreso de *Liberty Lines*, desde Madison Avenue en las esquinas de las calles 28, 37, 40, 47, 54, 63 ó 84. Tel. 881-1000 para solicitar programas e información.

El zoológico abre diariamente a las 10.00 h y cierra de lunes a sábados a las 17.00 h, los domingos y festivos a las 17.30 entre febrero y octubre y a las 16.30 entre noviembre y enero. De viernes a lunes la entrada se paga; el resto de la semana, es gratis. Se recomienda dar un donativo. Tel. 367-1010. Los menores de 16 años deben ir acompañados por un adulto. Para concertar un paseo gratuito con guía, los sábados y domingos, llame al tel. 220-5141. Para conseguir información adicional, tel. 367-1010.

Los animales del zoológico, que viven en sus entornos naturales en más de 10 hectáreas de extensión, pueden encontrarse en las siguientes zonas:

Wild Asia (*Asia salvaje*): un monocarril atraviesa la vegetación de jungla asiática donde habitan elefantes, rinocerontes, antílopes y tigres que pasean libremente.

Africans Plains (*Llanuras africanas*): donde viven en libertad jirafas, cebras, gacelas y leones, aunque los senderos están separados por fosos.

World of birds (*El mundo de los pájaros*): muestra una gran variedad de pájaros exóticos que vuelan encerrados en una selva tropical. Todos los días a las 14.00 h se lleva a cabo una simulación de tormenta.

De Jur Aviary: una colonia de pingüinos de escollera y de las playas de América del Sur.

World of Darkness (*El mundo de la oscuridad*): el zoológico ha transformado el día en noche permitiéndole observar animales nocturnos en plena actividad.

Children's Zoo (*Zoológico infantil*): aquí se puede trepar por una telaraña, ponerse el caparazón de una tortuga, coger y alimentar animales de granja, etc. Se cobra una módica entrada.

Cruce Pelham Parkway para conocer al vecino del jardín zoológico, el **NY Botanical Gardens** (Jardín Botánico de Nueva York), unas 100 hectáreas de flora que cuenta con una rosaleda y casi 180 áreas de abetos. No deje de ver el invernadero **Enid A. Haupt Conservatory**, un palacio victoriano de cristal con 11 pabellones de vidrio, en los que se puede encontrar flora de desiertos, subtropical, etc. El invernadero tiene a su cargo *Greenworld*, un centro didáctico para los visitantes jóvenes. Hay que hacer reservas de antemano para asistir a cursos y paseos, tel. 220-8748. *Snuff Mill* (molino de rapé), un edificio de piedra del siglo XVIII donde se molía rapé en el pasado, es actualmente un bar con un patio exterior en el que se puede cenar, con una hermosa vista. El jardín está abierto de martes a domingos de 10.00 a 16.00 h. Entrada gratuita. Tel. 220- 8700.

De aquí seguiremos hasta Riverdale, un selecta zona de casas y edificios de apartamentos en el noroeste del Bronx. *Liberty Lines* cuenta con un autobús expreso que lleva hasta el barrio; Información en el tel. 881-1000. Nuestro interés en la zona se centra en dos parques, Van Cortlandt Park y Wave Hill.

En **Van Cortlandt Park** se encuentra el **Van Cortlandt Museum**, justo al norte de la calle 242 esquina a Broadway. La mansión, de 1748, que fuera durante un tiempo el cuartel militar de George Washington, ha sido rehabilitada y amueblada al estilo colonial holandés y británico. Se ofrecen paseos con guía y, de vez en cuando, conciertos. Abierto de martes a sábados de 10.00 a 16.45 h, domingos de 14.00 a 16.45 h. Se cobra la entrada. Tel. 543-3344.

Wave Hill, cerca de la avenida Independence, esquina a la calle 249, es una hermosa finca de 112 hectáreas con vistas sobre el río Hudson. Allí residieron Theodore Roosevelt, Mark Twain, Arturo Toscanini y otros. En su hermoso entorno se exponen actualmente esculturas al aire libre y se celebran conciertos gratuitos en la lujosa sala Armor Hall. Algunos conciertos se ofrecen en vivo y otros son grabaciones de la colección de música de Wave Hill, que cuenta con todos los conciertos de Toscanini. Wave Hill está abierto diariamente de 10.00 a 16.30 h. Visita del jardín con guía, diariamente a las 14.15 h. Entre semana la entrada es libre. Tel. 549-3200.

Un poco alejada de la costa oriental del Bronx se encuentra **City Island**, unida al continente por un estrecho puente, el único indicio de que se encuentra aún en la ciudad de Nueva York. City Island tiene el aspecto de un pequeño pueblo de Nueva Inglaterra, con sus barcas y clubes marítimos. La isla tiene una avenida central; en las calles se pueden ver casas de campo, curiosos chalés y casas de tonos rojizos. Abundan las marisquerías. Visite el centro de artesanía y alquile una barca de pesca o de paseo para dar una vuelta. El **City Island Historical Nautical Museum** (Museo Náutico Histórico de City Island), en la calle Fordham 190, resume la historia de la isla desde los tiempos precoloniales hasta el presente. Abierto los domingos de 14.00 a 16.00 h. Entrada libre, tel. 885-2531.

Staten Island

El barrio del oeste de la ciudad de Nueva York, Staten Island (oficialmente Richmond County) fue el último fundado (1661), el último en sumarse a la ciudad (1898) y el más ignorado. La razón de ello probablemente sea geográfica: es una isla, no conectada con el resto de la ciudad por metro. Tome la línea RR hasta la estación Whitehall st. o la línea 1 hasta la estación South Ferry, la última en Manhattan. El viaje en ferry es barato y bastante romántico, especialmente al regresar a Manhattan. Desde St. George, en Staten Island puede continuar en taxi o autobús.

Para llamar por teléfono a Staten Island es necesario marcar el prefijo 718.

En la calle Bay, a corta distancia del muelle del ferry, encontrará una serie de tiendas de antigüedades: *Horse of a Different Color*, en la calle Bay 646, ofrece muebles y vestidos antiguos, tel. 720-9619; y *Edgewater Hall Antique Center* en el número 691 de la misma calle, tel. 720-1861, reúne una gran colección de boutiques. La mayor parte de las tiendas están abiertas de miércoles a domingos de 12.00 a 17.00 h. Cerrado los lunes y martes.

Con el autobús número 2 llegará en cinco minutos al **Staten Island Children's Museum** (Museo Infantil de Staten Island), en la calle Beach 15, muy interesante por sus programas diarios para niños. La participación sigue el orden de recepción y está incluida en el precio de la entrada al Museo. Abierto de martes a viernes de 13.00 a 17.00 h, sábados de 11.00 a 17.00 h, domingos y festivos de 12.00 a 17.00 h. La mayoría de los programas comienza a las 13.30 h. Tel. 273-2066.

Un corto viaje hasta Richmondtown nos lleva hasta otro gran museo, **Jaques Marchais Center of Tibetan Art** (Centro Jacques Marchais de Arte Tibetano), en la avenida Lighthouse 338. Los dos edificios del museo, situados en la cima de una colina, albergan la colección privada de arte tibetano más grande de los EE.UU., así como obras de otros países asiáticos. Abierto sábados y domingos de 13.00 a 17.00 h entre abril y noviembre; jueves a domingos de 13.00 a 17.00 h de junio a agosto. Cerrado de diciembre a marzo. Tel. 987-3478.

Una vez en Richmondtown, visite **Richmondtown Restoration**, una recreación del estilo de vida del pueblo entre los siglo XVII y XIX. Varios edificios, algunos de ellos en su estado original, están abiertos al público. Podrá conocer los métodos artesanos para hacer pan en aquellas épocas, y cómo se ha preservado el lugar. Los dos museos que allí se encuentran, el **Transportation Museum** (Museo del transporte) y el **Staten Island Historical Society Museum** (Museo de la Sociedad Histórica de Staten Island) albergan exposiciones que ilustran la vida local en el pasado. Cuenta con tiendas, bares y zonas de *picnic*. Abierto de miércoles a viernes de 10.00 a 17.00 h, sábados y domingos de 13.00 a 17.00 h. Los menores de 6 años entran gratis. Tel. 351-1617.

Continúe por Hylan Boulveard hasta el final, Tottenville, donde se encuentra

STATEN ISLAND

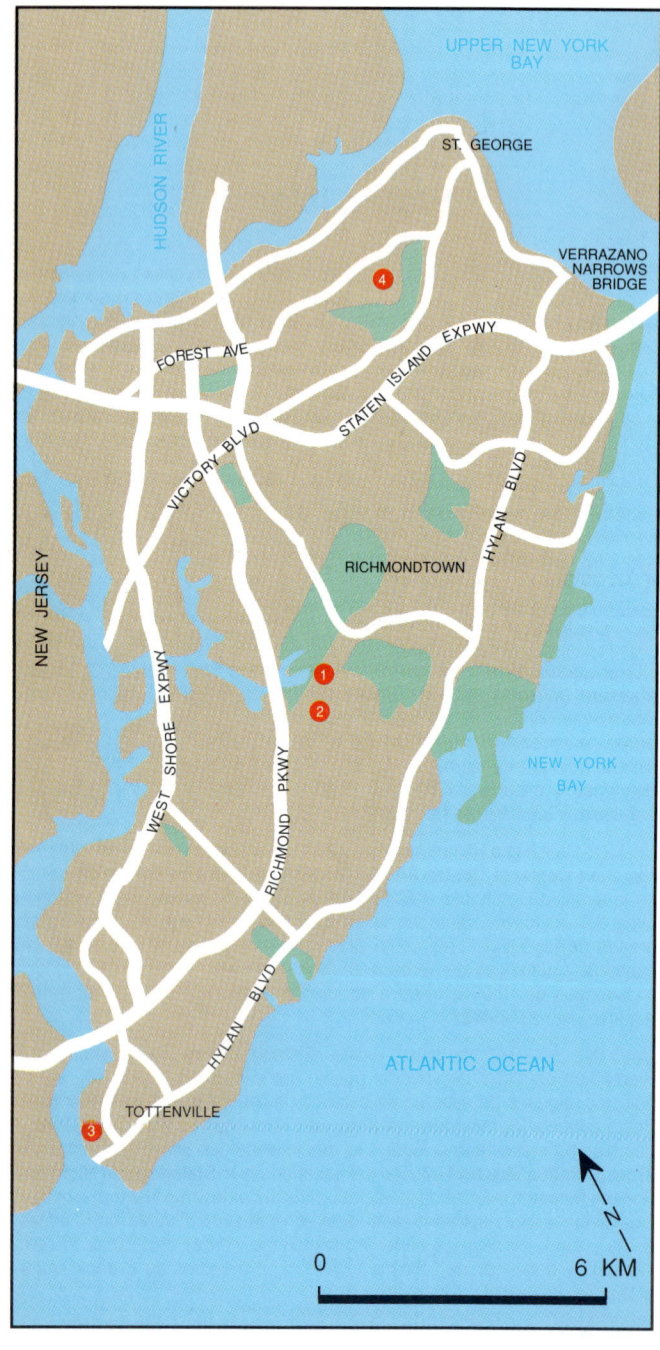

HUDSON RIVER

UPPER NEW YORK BAY

ST. GEORGE

VERRAZANO NARROWS BRIDGE

④

FOREST AVE

STATEN ISLAND EXPWY

VICTORY BLVD

HYLAN BLVD

RICHMONDTOWN

NEW JERSEY

WEST SHORE EXPWY

RICHMOND PKWY

①

②

NEW YORK BAY

HYLAN BLVD

ATLANTIC OCEAN

③

TOTTENVILLE

N

0   6 KM

Conference House (1670). En este lugar, en 1776, el almirante británico Lord Howe y los jefes de la colonia Benjamín Franklin y John Adams mantuvieron la única conferencia de paz destinada a impedir la Revolución americana. Visite la exposición de artesanía y enseres domésticos de época o disfrute de un *picnic* en sus alrededores. Abierto de miércoles a domingos de 13.00 a 17.00 h entre abril y septiembre, miércoles a domingos de 13.00 a 16.00 h entre octubre y marzo; cerrado los lunes, martes y festivos. Se cobra la entrada. Tel. 984-2086.

El mejor restaurante de Staten Island es *Framboise*, avenida Forest 585, New West Brighton, tel. 981-5725; puede acceder a él mediante un corto viaje en ferry. Su interesante menú de estilo nueva cocina, renovado mensualmente, es preparado por el chef y propietario Frank Puleo. La decoración de sus cinco salones es muy bonita; se encuentran tapizados con motivos de frambuesas y adornados con antigüedades. El viaje en ferry y *Framboise* ayudan a pasar una noche romántica. Abierto de martes a sábados de 6.00 a 23.00 h, domingos de 15.30 a 20.30 h.

Después de haber explorado la isla, concluiremos haciendo referencia a sus puentes. Tanto **Goethals Bridge** (1928), que lleva el nombre del constructor del Canal de Panamá, como **Outerbridge Crossing**, inaugurado el mismo año y **Bayonne Bridge**, el puente de arcos de acero más grande del mundo cuando se construyó (1931) comunican la isla con Nueva Jersey. El único puente entre Staten Island y Brooklyn es el **Verrazano-Narrows Bridge**. Este hermoso puente de acero, construido en 1964, es el puente colgante más largo del mundo (1.300 m) y lleva el nombre del navegante y explorador Giovanni da Verrazano.

1. Centro Jacques Marchais de arte tibetano
2. Richmondtown Restoration
3. Conference House
4. Framboise

"Visitas obligadas"

Según comentamos en nuestra introducción presentamos a continuación una serie de lugares que no pueden dejar de visitarse en Nueva York. La selección, aproximadamente por orden de importancia, incluye algunos de los edificios, museos y lugares más famosos de la ciudad, sin los cuales no se puede considerar completa la visita a la "Big Apple".

Estatua de la Libertad: Tome el ferry desde la plataforma número 1 en Battery Park. Tome la línea 1 del metro hasta la estación South Ferry, las líneas 4 ó 5 hasta Bowling Green, o la línea RR hasta la estación Whitehall st. El ferry funciona todos los días de 9.00 a 16.00 h. Tel. 269-5755. (Ver "Bajo Manhattan").

Empire State Building: Quinta Avenida esquina a la calle 34. Tome las líneas B, D, F, N, Q ó R de metro hasta la calle 34 o la línea 6 hasta la estación 33rd st. Los observatorios están abiertos de 9.30 a medianoche, todos los días. Se cobra la entrada. (Ver "Herald Square").

Times Square: En la intersección de la calle 42 y la Séptima Avenida. El lugar más bullicioso, deslumbrante y decadente de la ciudad de Nueva York. Tome las líneas 1, 2, 3, 7, N ó R hasta la estación 42nd st./Times Square. (Ver "El distrito de los teatros").

Rockefeller Center: Se extiende desde la calle 48 hasta la 52 y desde la Quinta Avenida hasta mitad de camino entre la Sexta y la Séptima. Atracciones: el edificio RCA, la Rockefeller Plaza, el Radio City Music Hall, tiendas, exposiciones y restaurantes. Tome la línea N ó R de metro hasta la estación 49th st., la línea 6 hasta la estación 51st st., ó las líneas B, D, F ó Q hasta la estación 47th-50th sts. (Ver "Quinta Avenida").

St. Patrick's Cathedral: Quinta Avenida esquina a la calle 51, la iglesia más hermosa de la ciudad. Siga las mismas instrucciones que para llegar a Rockefeller Center. (Ver "Quinta Avenida").

Naciones Unidas: Primera Avenida y calle 46. Se cobra la entrada. No se admiten niños menores de cinco años. Visitas con guía cada 30 minutos entre 9.15 y 16.45 h, domingos y festivos de 11.00 a 16.45 h. Para concertar visitas guiadas en idiomas extranjeros, llame al tel. 963-7539. (Ver "East Side, de la calle 42 a la 51").

Museo Metropolitano de Arte: Quinta Avenida y calle 82, uno de los museos más grandes del mundo. Abierto de miércoles a sábados de 10.00 a 16.45 h. Martes de 10.00 a 19.45 h, domingos y festivos de 11.00 a 16.45 h. Tome la línea de metro 4, 5 ó 6 hasta la estación 86th st. (Ver "Los museos").

Guggenheim Museum: Quinta Avenida y calle 89. Abierto de martes a sábados de 11.00 a 20.00 h, miércoles, domingos y festivos de 11.00 a 17.00 h. Tome la línea 4, 5 ó 6 de metro hasta la estación 86th st. (Ver "Los museos").

American Museum of Natural History: calle 79 y Central Park West. Junto al Planetario Hayden, alberga las colecciones y archivos sobre dinosaurios más completas del mundo. Abierto los lunes, jueves y domingos de 10.00 a 17.45 h, y los miércoles, viernes y sábados de 10 a 19 h. Tel. 769-5100. Tome la línea 1 de metro hasta la estación 79th st., o las líneas B ó C hasta la estación 81st st. (Ver "De la calle 79 a la 96").

World Trade Center: calles Cortlandt y Church; seis edificios y una galería de arte subterránea con tiendas y restaurantes, de los cuales las Torres Gemelas, Twin Towers, (1 y 2 WTC) son las más famosas. Visite el mirador de la bolsa de comercio de lunes a viernes de 9.30 a 15.00 h; entrada gratuita. El observatorio del piso 107 en el edificio 2 WTC está abierto toda la semana de 9.30 a 21.30 h. Entrada gratuita para niños menores de seis años, Tel. 466-7377. Tome la línea 1, R ó N de metro hasta la estación Cortlandt st., o bien las líneas A, C, ó E hasta la estación Chambers st. (Ver "Bajo Manhattan").

New York Stock Exchange (Bolsa de Nueva York): calle Broad número 20. Entrada gratuita al Visitor's Center (Centro de Visitantes) y a la galería desde donde puede observarse la febril actividad del comercio de acciones. Abierto de lunes a viernes de 10.00 a 16.00 h, tel. 656-5167. Tome la línea A, M ó Z hasta la estación Broad st., la línea 1, R ó N hasta la estación Rector st., ó la línea 2, 3, 4 ó 5 hasta la estación Wall Street. (Ver "Bajo Manhattan").

South Street Seaport: Un conjunto de edificios rehabilitados del siglo XIX con tiendas, restaurantes, bares, museos y lugares de ocio. Abierto de 10.00 a 22.00 h, todos los días. Los bares y restaurantes cierran más tarde. Horario de domingo de las tiendas: de 12.00 a 20.00 h. Los restaurantes de 10.00 a 22.00 h. El museo está abierto de lunes a sábados de 10.00 a 19.00 h, domingos de 10.00 a 18.00 h. Se cobra la entrada. Tome la línea A, C, J, M, Z, 2, 3, 4 ó 5. (Ver "Bajo Manhattan").

Chinatown: El área al sur de la calle Canal, entre las calles Mulberry y Bowery, con la calle Mott como calle central. Tome la línea de metro J, M, N, R, Z ó 6 hasta la estación Canal st. (Ver "Chinatown").

Intrepid Sea Air And Space Museum: Muelle 86, río Hudson y calle 46. El horario varía según las estaciones, llame antes al tel. 245-2533. Tome el autobús M27 ó M42. (Ver "El distrito de los teatros").

Museum of Modern Art, MOMA (Museo de Arte Moderno): calle 53 oeste, número 11. Se exponen obras de arte desde impresionistas a contemporáneas, incluso diseños de muebles, y se pasan películas. Abierto de viernes a martes de 11.00 a 18.00 h, jueves de 11.00 a 19.00 h. Tome la línea 6 del metro hasta la estación 51st st., o la línea E ó F hasta la estación 5th ave. Tel. 708-9400. (Ver "Quinta Avenida").

Colección Frick: calle 70 este, número 1; una soberbia colección de arte y antigüedades. Abierto de martes a sábados de 10.00 a 18.00 h, domingos y festivos de 13.00 a 18.00 h. Cerrado los lunes. Se cobra la entrada; no se admiten niños menores de 10 años. Tel. 288-0700. Tome la línea 6 de metro hasta la estación 68th st. (Ver "Madison Avenue").

Lincoln Center: Broadway entre las calles 62 y 65, con la Opera Metropolitana, New York State Theater, Avery Fisher Hall, Damrosch Park,

Lower East Side: Torres Gemelas del World Trade Center

Alice Tully Hall y la escuela de música Juilliard. Tome la línea 1 de metro hasta la estación 66th. st. (Ver "De la calle 59 a la 77").

Bloomingdale's: avenidas Lexington y Tercera, entre las calles 59 y 60. Una tienda con clase. Tome la línea de metro 4, 5, 6, R ó N hasta la estación 59th st. Tel. 705-2000. (Ver "East Side, las calles 50").

Tiffany's: Una joyería exclusiva en la Quinta Avenida esquina a la calle 57, al lado de Trump Tower, tel. 755-8000. (Ver "Quinta Avenida").

Trump Tower: Quinta Avenida entre las calles 56 y 57. El más esperado de los edificios de Midtown. Tiendas exclusivas, restaurantes y apartamentos. (Ver "Quinta Avenida").

Chrysler Building: Calle 42 y avenida Lexington. El rascacielos de estilo modernista más glorioso de la ciudad de Nueva York. Visite el vestíbulo. Tome las líneas 4, 5, 6 ó 7 de metro hasta la estación 42nd st. (Ver "East Side, de la calle 42 a la 51").

Central Park: Un oasis en medio de la ciudad. Zoológico, lago de recreo, zonas deportivas, etc. La entrada al parque es gratuita. No camine por él después de anochecer. Muchas líneas de metro llegan hasta el parque, incluyendo aquellas que van hasta el Museo de Historia Natural. (Ver "Central Park").

Washington Square Park: En el centro de Greenwich Village. Toda una galería viva de neoyorquinos, colorista y melancólica, donde músicos, artistas, estudiantes y vendedores de droga conviven en armonía. Tome las líneas A, B, C, D, E, F ó K hasta la estación W 74th st. (Ver "Greenwich Village").

NUEVA YORK

Disfrute al máximo de su estancia

Comer y beber

Los placeres culinarios se toman muy en serio en Nueva York, como puede deducirse por el tiempo y el dinero que se invierte en este tipo de locales. La calidad y el carácter de los restaurantes son motivo de fervientes discusiones y clasificaciones, y los establecimientos surgen o se esfuman de acuerdo con el gusto local. El visitante de Nueva York encontrará una gran variedad de deliciosa comida y la abundancia de restaurantes responde tanto a las exigencias del paladar como a las del bolsillo.

Los neoyorquinos suelen cenar en los restaurantes, haciendo la comida principal del día. La mayoría de los restaurantes son tranquilos durante el día, ya que los neoyorquinos prefieren comer un rápido bocado comprado en un puesto callejero, por ejemplo una salchicha o un *pretzel* (galleta muy salada de origen alemán). Los restaurantes tratan de atraer clientes para el desayuno o el almuerzo bajando los precios.

El crisol humano que conforma la ciudad, como resultado de las muchas olas de inmigrantes que llegaron a sus costas, se ve reflejado en la variedad culinaria que ofrece. En algunos casos la distancia geográfica de los países de origen ha producido un gran perfeccionamiento de la cocina; muchos restaurantes chinos de Manhattan ofrecen platos más deliciosos que los que se pueden encontrar en Shanghai o Pekín. La categoría de los restaurantes, su comida y precios se ven constantemente revalorizados, de acuerdo con las modas de la ciudad. A mediados de la década de los '80, la ciudad se vio invadida por una ola de restaurantes japoneses. A finales de la década esta ola fue reemplazada parcialmente por restaurantes macrobióticos orgánicos y otros restaurantes de cocina sana basada en diferentes filosofías de vida.

Tenga presente que los mejores restaurantes suelen exigir chaqueta y corbata para los hombres; respecto a las mujeres la etiqueta es menos rígida pero se prefieren los vestidos a los pantalones. En cuanto a las reservas, en algunos no se aceptan, mientras que en otros se puede reservar con semanas de antelación, pero siempre puede haber una cancelación. Es una buena idea llamar siempre antes.

Hemos dividido los restaurantes en las siguientes categorías: baratos, asequibles, caros y muy caros.

La mayoría de los restaurantes aceptan tarjetas de crédito, pero para evitar sorpresas desagradables, es preferible averiguarlo de antemano. Normalmente se deja el 15% de propina, y hasta el 20% en restaurantes muy buenos. Este 15% puede calcularse fácilmente como el doble del impuesto municipal que figura en la cuenta, el 8% aproximadamente. A los porteros y en el guardarropa se suele dar una propina de 1 ó 2 dólares. A continuación presentamos una lista de restaurantes en la cual se mencionan primero los que son típicos de la ciudad y a continuación aquellos que pueden clasificarse por la especialidad de su cocina, como chinos, italianos, japoneses, etc.

Lo mejor de la ciudad

Algunos restaurantes se han transformado en instituciones sociales para la élite. Estos restaurantes son muy elegantes y hay que vestirse adecuadamente para acceder a ellos. Es esencial hacer la reserva. Son también muy caros, lo cual parece no importar a quienes cenan en ellos.

Lutece: Calle 50 este, número 249, tel. 752-2225. Cocina francesa considerado como uno de los restaurantes más selectos de la ciudad.

Le Cirque: Calle 65 este, número 58, tel. 794-9292. Cocina francesa, con platos clásicos y también de nueva cocina.

Four Seasons: Calle 52 este, número 99, tel. 754-9494. La decoración y el menú varían según las estaciones. Las paredes están decoradas con magníficas obras de arte, algunas de Picasso.

Le Bernardin: Calle 51 oeste, número 155, tel. 489-1515. Un soberbio restaurante francés, recomendado particularmente por sus mariscos.

Le Grenouille: Calle 52 este, número 3, tel. 752-1495. Cocina francesa, tanto tradicional como nueva cocina.

Petrossian: Calle 58 oeste, número 182, tel. 245-0303. Nuevo restaurante cercano a Carnegie Hall. Pisos de granito rosado, espejos diseñados por Erte, caviar con champán o vodka. Muy caro.

Restaurantes con vistas

En lo alto de algunos rascacielos de Nueva York hay restaurantes y bares que ofrecen magníficas vistas de la ciudad. Se han convertido en lugares populares para tomar una copa, a donde acuden los visitantes que desean ver la ciudad desde un ángulo diferente después de un agotadora jornada de paseo o de compras. Estos restaurantes suelen ser una atracción más por sus vistas que por sus menús.

Top of the Park: Gulf 1 norte, Western Plaza, tel. 373-7373. Un restaurante italo-francés en Central Park. Reserve plaza para cenar. Caro.

Top of the Sixes: Quinta Avenida 666, tel. 757-6662. Menú americano a precios moderados.

Top of the Tower: En la Torre Beekman, esquina de la Primera Avenida y la calle 49, tel. 355-7300. Proporciona una hermosa vista del lado este de la ciudad. Caro.

Nirvana: Dos restaurantes con el mismo nombre, que ofrecen además veladas musicales con sitar y danzas hindúes. Uno de ellos ofrece una fabulosa vista de la resplandeciente Times Square, en Times Square 1, tel. 486-6868. El otro en Central Park South 30, tel.486-5700, domina el gran parque. Precios módicos.

Windows of the World: El piso 107 de las Torres Gemelas es el restaurante más elevado y famoso de la ciudad. En realidad se trata de varios restaurantes y salones que ofrecen cocina francesa y americana a precios desde módicos hasta caros. La experiencia de comer a más de 400 m sobre el nivel de la calle impresiona probablemente más que la comida misma. Es necesario hacer reserva y vestir ropa.

NUEVA YORK

Típicamente neoyorquinos

Hay cierto número de restaurantes típicamente neoyorquinos que se han vuelto sumamente populares entre los turistas. Han ganado popularidad por los motivos más diversos: su ambiente agradable, porque un *chef* famoso trabajó en ellos alguna vez o incluso por haber sido el escenario de alguna película.

Carnegie Deli: Séptima Avenida 584, tel. 757-2245. Está siempre lleno de gente, se sirven sandwiches enormes y es sumamente agradable; precios módicos.

Gallagher's Stake House: Calle 52 oeste, número 228, entre la Octava Avenida y Broadway, tel. 245-5336. Sirve cocina americana desde hace más de 50 años con una ambientación del Nueva York de antaño. Ofrece una gran variedad de carne de vacuno. Abierto del mediodía a medianoche. Caro.

Tavern on the Green: En la esquina del Central Park y la Calle W 67; tel. 873-3200. En este palacio de cristal se ofrecen menús europeos y americanos a precios desde módicos hasta caros. Es necesario hacer reservas y llevar chaqueta y corbata.

Russian Tea Room: Calle 57 oeste, número 250, tel. 265-0947. Próximo a Carnegie Hall, con un ambiente nostálgico que recuerda la vieja Rusia y el esplendor de la época de los zares. Cocina rusa y americana. Reserve mesa para cenar. Vestimenta formal. Precios módicos.

Sardi's: Calle 44 oeste, número 234, tel. 221-8440. Restaurante teatral, preferido por actores y directores, con menú italiano y americano. Es preferible vestir chaqueta y corbata. Hay que hacer reserva. Precios desde módicos hasta caros.

"Club 21": Calle 52 oeste, número 21, tel. 582-7200. Un club famoso que ha sido rehabilitado a fondo. Cocina americana moderna y tradicional preparada por el famoso *chef* nortemaericano Alain Sailhal. Se recomienda llevar vestimenta formal y hacer reserva. Precios de módicos a caros.

"Deli" para gourmets

Los *"deli"* o *delicatessens* (tiendas especializadas en manjares preparados, especialmente exóticos) están dispersos por toda la ciudad y son típicos de Nueva York. En ellos se sirve de todo, desde ensaladas hasta platos de quesos y salchichas pero sus especialidades son las comidas caseras. Se puede pedir una comida completa o simplemente un sandwich. Los sandwiches se hacen a gusto del cliente y generalmente son enormes y muy ricos. La mayor parte de los *deli* son pequeños establecimientos, pero algunos se han convertido en restaurantes para verdaderos *gourmets*. Un ejemplo de ello es *Zabar's*, en Broadway 2245, tel. 787-2000, famoso por ou *bagel and lox* (sandwich de salmón), *Balducci's*, entre las calles 9 y 10 en el Greenwich Village, sirve deliciosos quesos y salchichas de todo el mundo.

Restaurantes italianos

En el gran Nueva York encontrará muchos restaurantes italianos, desde los más baratos restaurantes familiares de Brooklyn hasta los más lujosos de Manhattan. Tenga en cuenta que en *Little Italy* hay más cafés italianos y confiterías que restaurantes selectos.

*N*UEVA YORK

Parioli Romanissimo: Calle 81 este, número 24, tel. 288-2391. Un restaurante prestigioso pero caro, uno de los mejores de la ciudad. Hay que hacer reservas y vestir ropa formal.

Scarlatti: Calle 52 este, número 25, tel. 753-2444. Un restaurante elegante de estilo anticuado con arañas de cristal. Abierto también al mediodía. Hay que hacer reserva y llevar vestimenta formal. Caro.

Lello: Calle 54 este, número 64, tel. 751-1555. Comida excelente en un ambiente apagado pero elegante. Se recomiendan principalmente los *spaghetti primavera*. Se precisa reserva. Caro.

Il Nido: Calle 53 este, número 251. Excelente restaurante especializado en platos del norte de Italia. Caro. Hay que reservar mesa.

Tre Scalini: Calle 58 este, número 230, tel. 688-6888. Su decoración tiene reminiscencias de los restaurantes de Roma. Menú típico del norte de Italia. Caro. Reserve mesa.

Trattoria: Park Avenue 200, tel. 661-3090. En el famoso edificio de Pan Am. En primavera y verano puede disfrutar del agradable jardín que se encuentra junto al restaurante.

Trastevere: Calle 83 este, número 309, tel. 734-6343. Un restaurante popular que tiene una sucursal llamada *Trastevere 84*, en la calle 84 este, número 155, tel. 744-0210. Precios módicos.

Patsy's: Calle 56 oeste, número 236, tel. 247-3491. Excelente cocina napolitana. Se recomienda hacer reserva. Pese a su sencilla decoración se exige vestimenta formal. Precios módicos.

Grand Ticino: Calle Thompson 228, tel. 777-5922. Excelente ubicación en el corazón del Village, a una manzana de Washington Square. Fue inaugurado en 1919. Un hermoso lugar para cenar después de haber caminado durante el día por el Village. Comida sabrosa y precios módicos.

Genoa: Avenida Amsterdam 271, tel. 787-1094. Un restaurante adorable que ofrece buen menú italiano, barato. Vestimenta informal.

En Little Italy

Paesano: Calle Mulberry 135, tel. 966-3337. Ideal para quienes quieran disfrutar de un ambiente auténtico en un local espacioso. Verdadero menú italiano. A veces actúan viejos músico italianos. Barato.

Luna's: Calle Mulberry 112, tel. 226-8657. Comida popular. Los mejillones son particularmente deliciosos. Actualmente el servicio ha mejorado y sin embargo el restaurante está menos de moda. Barato.

Restaurantes hindúes

Los amantes de la cocina hindú se verán más que satisfechos en cualquiera de los restaurantes hindúes del East Village. Sin embargo, es una zona en la que no se recomienda pasear de noche. Hay también un gran número de restaurantes hindúes entre las calles 20 y 30, en el lado este de Manhattan.

Akbar: Park Avenue 475, tel. 838-1717. Un restaurante selecto que sirve cocina típica del norte de la India. Para ocasiones especiales. Es necesario reservar mesa. El restaurante tiene otro local con el mismo nombre en la calle 49 este, número 256, tel. 755-9100.

Taste of India: Calle Bleecker 181, tel. 982-0810. Un pequeño y agradable restaurante en el centro de Greenwich Village, cerca de Washington Square.

La cocina está notablemente influida por la americana. Barato. Adecuado para hacer un alto mientras se pasea por la zona.

India of Shalimar: Calle 29 este, número 39, tel. 889-1977. Un restaurante agradable tenuemente iluminado. Precios módicos.

Village Maha Rajah: En la esquina de la Séptima Avenida y la calle Bleecker, tel. 243-4362. Gran variedad de panes. Precios módicos.

Restaurantes chinos

La gran cantidad de restaurantes chinos que se encuentran por todos los rincones de Nueva York puede ser motivo de confusión para aquellos que no conocen éste tipo de cocina. En Chinatown, por ejemplo, hay decenas de restaurantes, uno al lado del otro, al margen de los que están dispersos por toda la ciudad. Antes de decidir a cuál entrar, recuerde que hay diversos tipos de comida china: la de Szechuan y Hunan, más condimentadas y picantes, y la cantonesa y mandarina, más suaves.

Recuerde asimismo que la mayoría de los restaurantes chinos sirven almuerzos entre las 11.30 y las 14.30 h a precios considerablemente reducidos. Por unos pocos dólares puede disfrutar de una comida sabrosa y agradable, lo cual viene muy bien a los turistas que prefieren entrar a uno de estos restaurantes, sin planificarlo de antemano, y almorzar bien a bajo precio.

Tse Yang: Calle 51 este, número 35, tel. 688-5447. Al igual que en su homónimo de París, en este restaurante sirven un excelente menú franco-chino. Ambiente íntimo y precios caros. Hay que reservar mesa e ir vestido formalmente.

Shun Lee: Calle 55 este, número 155, tel. 371-8844. Cocina china de primera categoría. Caro y muy adecuado para ocasiones especiales. Tiene otro local: *Shun Lee West*, en la calle 65 oeste, número 43, tel. 595-8895. Vale la pena visitarlo aunque sólo sea por su selección de *Dim Sun*. Reserve mesa con antelación.

Peking Duck House: Calle Mott 22, tel. 227-1810. Un excelente restaurante de Chinatown. Se recomienda pedir por adelantado la especialidad de la casa, pato a la pekinesa, y acudir cuando esté bien hambriento. Precios módicos.

Cerca de *Peking Duck House* hay varios restaurantes chinos sencillos y baratos.

HSF: Calle 2, número 578, tel. 689-6969. Pollo estilo Hong Kong. Ambiente agradable. Se ofrece un menú con más de 60 tipos de *Dim Sun*. Precios módicos. Es preciso reservar mesa con antelación.

Restaurantes japoneses

Decenas de restaurantes japoneses surgieron, como hongos después de la lluvia, por todos los rincones de Nueva York en la última década. Con los cambios de gusto y de moda, algunos de ellos cerraron posteriormente, pero aún así podrá encontrar un gran número de restaurantes japoneses en toda la ciudad.

Nisi Noho: Calle Lafayette 380, tel. 677-8401. Un restaurante tranquilo y bonito, de ambiente romántico, en el que se sirve una excelente comida. Caro. Hay que hacer reserva.

Takesushi: Avenida Vanderbilt 17, tel. 867-5120. Como indica su nombre la especialidad es el *sushi* (variedad de pescado crudo). Excelente comida a precios módicos.

Hatsuhana: Calle 48 este, número 17, tel. 355-3345. Un restaurante japonés bien establecido. Excelente *sashimi*, posiblemente el mejor de la ciudad. Tiene otro local en Park Avenue 237, tel. 661-3400.

Mitsukoshi: Park Avenue número 461, tel. 935-6444. Un restaurante muy elegante que sirve cocina auténticamente japonesa. Precios módicos. Reserve mesa.

Benihana: Comida japonesa preparada al estilo americano, que responde al nombre de "japanese steak house". Los camareros y cocineros aprovechan la oportunidad de preparar la comida junto a la mesa con una impresionante demostración de espadas y fuego. Ideal para aquellos que no estén muy familiarizados con la comida japonesa o para los que deseen pasar una noche divertida. Precios módicos. Hay varios locales con idéntico menú en: calle 44 oeste, número 15, tel. 682-7120; calle 56 este, número 120, tel. 593-1627; y calle 56 oeste número 47, tel. 581-0930.

Restaurantes mexicanos

Mexican Village: Un restaurante tranquilo que ofrece un amplio menú. Precios módicos. Se recomienda hacer la reserva.

Caramba: Una cadena de cuatro restaurantes mexicanos, numerados *I*, *II*, *III* y *IV*. Son locales amplios y con una decoración grandiosa. *Caramba III* incluso tiene una pequeña cascada; el *II* es un lugar de reunión popular y ruidoso en Greenwich Village, algo más que un restaurante de buena comida mexicana. Situación, *Caramba I*: Octava Avenida 918, tel. 245-7910; *II*: Broadway 684, tel. 420-9817; *III*: Broadway 2567, tel. 749-5055; *IV*: Tercera Avenida 1576, tel. 876-8838.

Cantina: Avenida Columbus 221, tel. 873-2606. Un hermoso y anticuado restaurante en el que la comida no es tan picante como de costumbre. Barato.

Texarkana: Calle 10 oeste, número 64, tel. 254-5800. Excelente cochinillo a la brasa.

Sabor: Calle Cornelia 20, tel. 243-9579. Deliciosa comida cubana. Abierto solamente para la cena.

Restaurantes *kosher*

(De acuerdo a la ley judía)

Diva: Calle 81 este, número 306, tel. 650-1928. Excelentes productos lácteos. Precios módicos.

Levana: Calle 69 oeste, número 141, tel. 897-8457. Estrictamente *kosher*. Excelentes carnes. Precios módicos.

Nanou: Calle 21 este, número 24, tel. 506-5252. Excelente cocina francesa-mediterránea. Estrictamente *kosher*. Caro.

Cadenas de restaurantes

La comida rápida (*fast food*) es un producto típico de la cultura norteamericana. La comida es preparada en grandes cantidades y el mobiliario y los accesorios de plástico se adaptan al menú. Hamburguesas, patatas fritas y coca-colas es lo más solicitado y se sirve prácticamente de inmediato. Una comida completa puede costarle menos de cinco dólares. La popularidad de estos lugares es indiscutible, particularmente entre los niños.

McDonalds y *Burger King* son las dos principales cadenas de hamburgueserías. *Kentucky Fried Chicken* se especializa en pollo frito deliciosamente condimentado. La cadena *Sizzler* ofrece comida de mejor calidad a precios razonables; se especializa en churrascos. Cuenta con una impresionante variedad de ensaladas.

Diversiones

La ciudad de Nueva York tiene de todo. A pesar de las opiniones que afirman que ya no es el epicentro internacional del arte y la cultura, Nueva York sigue siendo la capital cultural del mundo y ofrece lo mejor de cada tipo de diversión.

Los periódicos y revistas locales cuentan con información detallada sobre todo lo que pasa en la ciudad. "Arts and Leisure", el suplemento dominical del *New York Times* es una fuente completa e indispensable de información actualizada sobre todos los acontecimientos culturales que tienen lugar en Nueva York. Los que disfrutan con diversiones diferentes pueden recurrir al *Village Voice*, que sale todos los miércoles y proporciona información sobre acontecimientos que se salen de lo común. El *Critic Center* publica un excelente folleto cada estación con detalles sobre los espectáculos de los meses siguientes. (Ver "Información turística").

Teatro

¿Qué sería de Nueva York sin el resplandeciente **Broadway** y las espectaculares comedias musicales que se representan cada noche en sus diferentes teatros? ¿Qué turista puede resistirse a la tentación de las llamativas luces de neón de Times Square, en su camino hacia el teatro? Al margen del fulgurante Broadway están los espectáculos *off-***Broadway** y las producciones experimentales de **off-off-Broadway**. Los *shows* de Broadway son, por supuesto, los más caros, pero muchos de ellos comenzaron en pequeños teatros experimentales de off-Broadway.

A continuación facilitamos una lista de teatros:

Actors and Directors Theater. Calle 42 oeste, número 410, tel. 695-5429.

Harold Clurman Theater. Calle 42 oeste, número 412, tel. 695-5429.

Samuel Beckett Theater. Calle 42 oeste, número 412, tel. 594-2826.

Playwrights Horizons. Calle 42 oeste, número 416, el más prestigioso de la zona, tel. 279-4200.

Intar Theater. Calle 42 oeste, número 418, tel. 695-6134. Obras en español.

South St. Theater. Calle 42 oeste, número 424, tel. 279-4200.

Douglas Fairbanks Theater. Calle 42 oeste, número 423-436, tel. 239-4321.

Nat Horne Musical Theater. Calle 42 oeste, número 440. Tel. 736-7128.

Los siguientes teatros, cercanos a la zona teatral por excelencia, también son considerados off-Broadway:

American Place. Calle 46 oeste, número 111, entre Broadway y Sexta Avenida, tel. 247-0393.

Audrey Wood. Calle 48 oeste, número 359, al este de la Novena Avenida, tel. 307-5452.

Ensemble Studio Theater. Calle 52 oeste, número 549, esquina a Avenida Once, tel. 944-9300.

Negro Ensemble Co./Theater 4. Calle 55 oeste, número 424, entre las avenidas Novena y Décima, tel. 246-8545.

Puerto Rican Traveling Theater. Calle 43 oeste, número 276, esquina a Octava Avenida, tel. 354-1293.

The Lambs: Calle 44 oeste, número 130, entre Broadway y Sexta Avenida, tel. 997-1293.

The Quaigh: Calle 43 oeste, número 110, entre Broadway y Sexta Avenida, tel. 221-9088.

Westside Arts Theater. Calle 43 oeste, número 407, esquina a Novena Avenida, tel. 541-8394.

Y a continuación los teatros "genuinos" de Broadway en una breve lista:

Ambassador. Calle 49 oeste, número 215, esquina a Broadway, tel. 239-6200.

Barrymore: Calle 47 oeste, número 243, entre Broadway y Octava Avenida, tel. 246-0390.

Belasco: Calle 44 oeste, número 111, entre Broadway y Sexta Avenida, tel. 354-4490.

Biltmore: Calle 47 oeste, número 261, entre Broadway y Octava Avenida, tel. 582-5340.

Booth: Calle 45 oeste, número 222, entre Octava Avenida y Broadway, tel. 246-5969.

Broadhurst: Calle 44 oeste, número 235, entre Octava Avenida y Broadway, tel. 247-0472.

Broadway. Broadway 1681, tel. 239-6200.

Brooks Atkinson: Calle 47 oeste, número 25, entre Broadway y Octava Avenida, tel. 245-3430.

Circle in the Square: Broadway 1633, esquina a calle 50, tel. 581-0720.

Cort: Calle 48 oeste número 138, entre las avenidas Sexta y Séptima, tel. 489-6392.

Edison: Calle 47 oeste, número 240, entre Broadway y Octava Avenida, tel. 757-7164.

Eugene O'Neill: Calle 49 oeste, número 2230, entre Octava Avenida y Broadway, tel. 246-0220.

46th st. Theater. Calle 44 oeste, número 226, entre Octava Avenida y Broadway, tel. 246-0246.

Gershwin: Broadway 1633, esquina a Calle 50, tel. 585-6510.

Golden: Calle 45 oeste número 252, entre Octava Avenida y Broadway, tel. 246-6740.

Helen Hayes: Calle 44 oeste, número 240, entre Octava Avenida y Broadway, tel. 221-6425.

Imperial: Calle 45 oeste, número 230, entre Octava Avenida y Broadway, tel. 265-4311.

Longacre: Calle 48 oeste, número 230, entre Broadway y Octava Avenida, tel. 246-5639.

Lunt Fontanne: Calle 46 oeste, número 205, entre Broadway y Sexta Avenida, tel. 586-5555.

Lyceum: Calle 45 oeste, número 149, entre Broadway y Sexta Avenida, tel. 582-3897.

Majestic: Calle 45 oeste, número 245, entre Octava Avenida y Broadway, tel. 246-0730.

Martin Beck: Calle 45 oeste, número 302, al oeste de la Octava Avenida, tel. 246-6363.

Minskoff: Broadway 1515, entre las calles 44 y 45, tel. 869-0550.

Music Box: Calle 45 oeste, número 239, entre Octava Avenida y Broadway, tel. 246-4636.

Nederlander: Calle 41 oeste, número 208, esquina a Séptima Avenida, tel. 586-6150.

Neil Simon: Calle 52 oeste, número 250, entre Octava Avenida y Broadway, tel. 757 -8646.

Palace: Broadway 1564, tel. 757-2626.

Plymouth: Calle 45 oeste, número 236, entre Octava Avenida y Broadway, tel. 730-1760.

Princess: Calle 48 oeste, número 200, entre Broadway y Séptima Avenida, tel. 586-3903.

Royale: Calle 45 oeste, número 242, entre Octava Avenida y Broadway, tel. 245-5760.

Shubert: Calle 44 oeste, número 225, entre Octava Avenida y Broadway, tel. 246-5990.

St. James: Calle 44 oeste, número 246, entre Octava Avenida y Broadway, tel.398-0280.

The Ritz: Calle 48 oeste, número 225, entre Broadway y Octava Avenida, tel. 582-4022.

Virginia: Calle 52 oeste, número 245, entre Octava Avenida y Broadway, tel. 977-9370.

Winter Garden: Broadway 1634, esquina a calle 50, tel. 245-4878.

Cuatro teatros merecen una mención especial.

Carnegie Hall: Calle 57 esquina a Séptima Avenida (Ver "Calle 57"); conciertos y recitales de música clásica. Tel. 247-7479.

City Center: Calle 55 oeste, número 131, entre las avenidas Sexta y Séptima; representaciones de la Compañía de Danza Alvin-Ailey y ocasionalmente espectáculos de cabaret, tel. 246-8989.

St. Clement's: Calle 46 oeste, número 423; conciertos ocasionales; tel. 246-7277.

Ziegfeld: Calle 54 oeste, número 141, entre las avenidas Sexta y Séptima; uno de los locales más grandes y ornamentados de la ciudad. Solamente estrenos. Tel. 765-7600.

Entradas

Hay diversas maneras de adquirir entradas para los espectáculos. Por lo general se pueden comprar en las taquillas de los teatros, pero no siempre esta modalidad es la más económica.

Para asistir a espectáculos en Broadway, si tiene en mente una obra concreta, llame por teléfono a *Telecharge*, tel. 239-6200, o a *Ticketron*, tel. 246-0102, y reserve las entradas utilizando su tarjeta de crédito con la mayor anticipación posible. Se cobra un tanto por el servicio. Las entradas para espectáculos en Broadway son caras. Las entradas reservadas a su nombre pueden retirarse en taquilla el mismo día de la representación. Es posible, aunque no recomendable, hacer las reservas por correo.

Si se encuentra en Nueva York puede comprar las entradas para la obra que desea ver con anticipación o bien el mismo día en la taquilla del teatro. Las entradas para muchas obras off-Broadway están concentradas en *Ticket Central*, calle 42 oeste, número 406, tel. 279-4200, abierto todos los días.

TKTS es la mejor sitio para comprar entradas a precios reducidos. Aquí encontrará entradas para las grandes obras del año anterior que, aunque ya no sean novedad, siguen representándose con éxito. Abierto de lunes a sábados de 15.00 a 20.00 h. para los espectáculos nocturnos (que generalmente comienzan a las 20.00 h), miércoles y sábados de 12.00 a 14.00 h y domingos de 12.00 a 14.45 h para las funciones de mañana. La matiné suele comenzar a las 14.00 h los miércoles, los domingos a las 15.00 y, menos frecuentemente, los sábados a las 14.00 ó 15.00 h. La cola en *TKTS* comienza a formarse antes de la apertura de las ventanillas, por ello es conveniente llegar temprano.

El puesto de *TKTS* se encuentra en Times Square, en el lugar oficialmente conocido como Father Duffy Square, en la intersección de Broadway, Séptima Avenida y calle 47. Tienen entradas a mitad de precio para algunos espectáculos del mismo día. Tome la línea 1, 2 ó 3 de metro hasta la estación Times Square/42nd st. y camine hacia el norte por Broadway o Séptima Avenida hasta la calle 47; o bien la línea RR hasta la estación 49th st. y camine hacia el sur hasta la calle 47.

Pida entradas para *central mezzanine* (en medio del palco o piso intermedio); probablemente serán las mejores, aunque más alejadas del escenario. Entradas para funciones nocturnas en Broadway pueden comprarse de lunes a sábados de 11.00 a 17.30 h, el día anterior a la representación. Utilice efectivo o cheques de viaje. Agregue 1,25 dólares, aproximadamente, por entrada; no se hacen devoluciones ni cambios.

Sin embargo, el sistema de *TKTS* tiene ciertas desventajas:

La lista exacta de las obras disponibles, aunque generalmente muy amplia, está colgada solamente en la taquilla misma. Entradas para los últimos éxitos no suelen encontrarse, ya que fueron vendidas de antemano; el vendedor "decide" el mejor lugar disponible. No hay planos de las salas; la cola se mueve demasiado rápido y no da tiempo a pensárselo mucho para decidir. La mayoría de las entradas son de plateas, en los extremos de las filas; por ello son preferibles los sitios centrales en el palco que en los costados de la platea. Los teatros suelen darle a *TKTS* las plazas más caras que no fueron vendidas en sus taquillas porque su ángulo de visión no es el mejor. Su entrada a mitad de precio (unos 50 dólares suele ser la entrada más cara en una comedia musical popular) resultar , aún así, cara. En algunos casos, por supuesto, podrá trasladarse a una butaca mejor después de que comience la función o en un descanso. En *TKTS* no se aceptan tarjetas de crédito.

Public Theater, en Lafayette 425, ofrece también un sistema de descuentos, *Quiktix*, con entradas a mitad de precio el mismo día de la función. Las entradas se ponen a la venta dos horas antes del comienzo del espectáculo. Entradas a precio normal pueden conseguirse en la taquilla, tel. 598-7150.

Ópera

En Lincoln Center se encuentra *Metropolitan Opera*, el centro lírico más prestigioso y elegante del mundo. Para informarse sobre las representaciones llame al tel. 362-6000. *New York City Opera* también se encuentra en

Lincoln Center, tel. 870-5570. Durante el verano se celebran espectáculos operísticos en los principales parques de la ciudad. Se recomiendan especialmente los de la *Metropolitan*. Para más información, tel. 362-6000.

Danza

Compañías de danza de todo tipo actúan regularmente en Nueva York. El abanico de posibilidades es enorme, desde ballet clásico hasta danza contemporánea de vanguardia. De las muchas compañías que destacan, algunas son dignas de mención especial, tal es el caso de *New York City Ballet*, un conjunto muy estimado que actúa en Lincoln Center, tel. 870-5570. *Alvin Ailey Dance Company* es la compañía oficial de City Center, aunque también actúan otros grupos, tel. 581-7907. *Dance Theater of Harlem* también se presenta en este lugar y en otros de la ciudad.

Música clásica

Las actuaciones de la *New York Philarmonic Orchestra* (Orquesta Filarmónica de Nueva York) son solamente uno de los muchos placeres que la ciudad ofrece a los amantes de la música clásica. Los mejores músicos del mundo se presentan regularmente en el Avery Fisher Hall del Lincoln Center, tel. 874-2424, y en el Carnegie Hall, tel. 247-7800. Durante el verano, en *Pier 84* se dan conciertos al aire libre, tel. 632-4001, y la Filarmónica ofrece muchos conciertos gratuitos en los parques de la ciudad, generalmente acompañados por impresionantes fuegos artificiales. Para información, tel. 580-8700.

Jazz

El jazz nació en el sur de los EE.UU. y se abrió camino hacia Nueva York, donde maduró y floreció. En la actualidad, este tipo de música forma parte de la ciudad. Acordes de jazz suelen escucharse al pasar cerca de una sala de conciertos o un club, en cualquier rincón de la ciudad. Los músicos callejeros confirman este lazo entre la vibrante ciudad y el emocionante ritmo musical. En las grandes salas se llevan a cabo conciertos de jazz en el marco del Festival de Jazz, auspiciado por las grandes firmas comerciales, pero para vivir una experiencia más íntima, acuda a uno de tantos clubes dispersos por la ciudad. Allí podrá disfrutar de lo mejor del jazz, al mismo tiempo que toma una copa o cena. Entre los mejores de la ciudad están:

The Blue Note: Calle 3 oeste, número 131, tel. 475-8592.
Fat's Tuesdays: Tercera Avenida 190, tel. 533-7902.
Sweet Basil's: Séptima Avenida 88, tel. 242-1785.
Village Gate: Calle Bleecker esquina a Thompson, tel. 475-5120.
Village Vanguard: Séptima Avenida 178, tel. 255-4037.
Duplex Jazz Club: Calle Grover 55, Tel. 255-5438.

Música pop

En las grandes salas de la ciudad se llevan a cabo grandiosos conciertos de música pop. Salas como **Carnegie Hall**, tel. 247-7800, **Radio City Music Hall**, tel. 757-3100, y la más grande de todas, **Madison Square Garden**, tel. 563-8300. Si un artista o grupo atraen tantos espectadores que no puedan caber en estas salas suelen presentarse en los grandes estadios deportivos. (Ver "Deportes").

Salas de baile

En ellas se presentan artistas tanto nuevos como viejos. Los primeros, tratando de escalar hasta la cima de la fama y los últimos tratando de aferrarse a los peldaños en su camino descendente, en ambos casos de gran talento. En estos clubes cobran la entrada o consumición mínima, o ambas. Los más conocidos son:

The Bottom Line: Calle 4 oeste, número 15, tel. 228-6300. Pop-rock y folk-rock.

Lone Star Roadhouse: Calle 52 oeste, número 240. Música *country*.

The Other End: Calle Bleecker 147, tel. 673-0730. Diferentes estilos musicales.

Sounds of Brazil (S.O.B.'s): Calle Varick 204, tel. 243-4940. Música sudamericana, principalmente brasileña.

Fives: Calle 57 número 555, tel. 751-4303. Rock bailable, *funk* y *reggae*.

Red Parrot: Calle 57 oeste, número 617, tel. 247-0612. Disco, rock. Jaulas con loros auténticos.

Visage: Calle 56 oeste, número 610, tel. 247-0612. Cuenta con piscina donde actúan "sirenas", patinaje sobre hielo y bailes.

Comedias

Si no le hacen reír en Nueva York, no le harán reír en ningún sitio. Pruebe en:

The Comic Strip: Calle 81 esquina a Segunda Avenida. Cómicos y cantantes principiantes.

Chicago City Limits: Calle 74 este, número 351. La más veterana compañía cómica de Nueva York.

Carolines: Calle South 89, en Seaport, con vistas al East River.

Comedy Cellar: Calle McDougal 117, Greenwich Village.

Improvisation: Calle 44 oeste, número 358. Fundado en 1963.

Entradas para espectáculos de ópera, danza y música

Bryant Park Music and Dance Ticket Booths es el lugar donde se pueden comprar entradas a mitad de precio el mismo día de la función, o a precio normal con antelación. Está situado en la calle 42, entre las avenidas Quinta y Sexta. Abierto los martes, jueves y viernes de 12.00 a 21.00 h, miércoles y sábados de 11.00 a 19.00 h, domingos de 12.00 a 18.00 h. Cerrado los lunes y el resto de los días entre las 14.00 y las 15.00 h.

Deportes

Los deportes más populares en Nueva York son el béisbol, fútbol americano y baloncesto. El equipo de baloncesto de la ciudad es el *Knickerbockers*, que juega en el Madison Square Garden, tel. 563-8300. El equipo de fútbol local, *New York Giants*, juega en el *Giant's Stadium*, en Nueva Jersey, tel. 201-935-8222. Los amantes del béisbol están divididos entre dos clubes: los *Mets*, cuyo campo está en *Shea Stadium*, Queens (donde también se celebran conciertos de música pop), tel. 718-507-8499, y los *Yankees*, que juegan en el famoso estadio del mismo nombre en el Bronx, tel. 293-6000.

El *US Open Tennis Championships* atrae a multitudes, se celebra en Flushing Meadow, tel. 718-271-5100. Los amantes de las carreras de caballos se reúnen en *Aqueduct Racetrack* y en *Belmont Park*, tel. 718-4700, ambos en Queens. En Madison Square Garden también se llevan a cabo importantes torneos de boxeo, que suelen ser presenciados por un público multitudinario. Para más detalles sobre los acontecimientos deportivos en la ciudad lo mejor es consultar la sección deportiva del *New York Times* y en los despachos de entradas como *Ticketron*, tel. 399-4444.

Comprar: ¿Qué y dónde?

El turista que visita por primera vez la ciudad de Nueva York se sentirá impresionado por la enorme variedad de comercios. Se encontrará ante interminables almacenes y montones de mercancías a una increíble variedad de precios.

Las compras en Nueva York se han transformado en un fin y tanto los turistas como sus propios habitantes visitan los grandes almacenes como si fueran lugares de interés histórico o natural.

Para saber dónde se encuentran las gangas y curiosidades, consulte el capítulo "Lower East Side y Little Italy". Si busca regalos de calidad y artículos de marca, vea "Calle 57".

Los visitantes se encuentran limitados en sus compras, lamentablemente, en cuanto a la cantidad de mercancía y productos que pueden comprar y transportar a sus países de origen. El exceso de equipaje dificulta los viajes y puede resultar caro en los transportes aéreos. En algunos casos incluso hay que pagar altos impuestos por los artículos importados al regresar a su país.

Sin embargo es imposible regresar con las manos vacías y la mayoría de los turistas se consideran con un talento muy desarrollado para comprar. Hay algunas reglas básicas que conviene recordar: escriba una lista detallada antes de lanzarse a comprar; preste atención a los *sales*, las ventas especiales que realizan la mayoría de las tiendas y que ofrecen significativas reducciones de precios, estas ventas especiales suelen coincidir con las fiestas; recuerde que las líneas aéreas limitan el equipaje que puede llevar consigo; tenga en cuenta las regulaciones aduaneras; calcule cuánto piensa gastar antes de entrar en una tienda y trate de no exceder dicha suma en más de 30%.

Los vendedores callejeros ofrecen una gran variedad de mercancías, en parte "limpia", en parte no tanto (robada), y también tratarán de venderle "gato por liebre". Los vendedores callejeros deben tener una autorización, pero muchos no la tienen. Pese a todo puede conseguir excelentes precios en ciertos artículos. Tenga cuidado si piensa comprar aparatos eléctricos ya que si no funcionan no los podrá devolver. Algunos artículos pueden adquirirse con toda tranquilidad en la calle, como paraguas, bufandas, pendientes y bisutería

Típicamente neoyorquinos

Macy's: Herald Square, tel. (800)446-2297. Los grandes almacenes más gigantescos del mundo. Situados en un edificio que comienza en la calle 34 y Broadway. Tome la línea B, D, F, N, Q ó R de metro. Abierto los lunes, jueves y viernes de 9.45 a 20.30 h, los martes y miércoles de 9.45 a 18.45 h, y los domingos de 10.00 a 18.00 h.

Bloomingdale's: Tercera Avenida 1000, tel. 355-5900. Comparable en tamaño a *Macy's* pero con más categoría y más caro, allí se puede encontrar prácticamente todo lo imaginable. Situado en la esquina de la Tercera Avenida y la calle 59. Tome la línea 4, 5, 6, N ó R de metro. Abierto los lunes y jueves de 10.00 a 21.00 h, martes, miércoles, viernes y sábados de 10.00 a 18.30, y los domingos de 12.00 a 18:30 h.

Saks Fifth Avenue: Quinta Avenida 611, tel. 753-4000. Forma parte de la cadena de tiendas mundialmente famosa por su ropa de marca. Subterráneo E ó F. Abierto de lunes a sábados de 10.00 a 18.00 h, martes hasta las 22.00 h. Cerrado los domingos.

Alexander's: Avenida Lexington 731, tel. 593-0880. Una amplia selección de ropa y zapatos. Artículos de calidad a precios asequibles. Situado frente a *Bloomingdale's*, pertenece al millonario Donald Trump.

Qué comprar y dónde

Lower East Side: Confección, ropa de cama, aparatos eléctricos de 220 v.

Chinatown: Artículos para el hogar y aparatos eléctricos baratos.

Calle 47 (entre las avenidas Quinta y Sexta): Joyas y piedras preciosas.

Calle 42 y Times Square: Aparatos eléctricos.

Calle 14 este: Textiles, cosméticos y equipos fotográficos a precios rebajados.

Calle 57 (entre las avenidas Tercera y Séptima): Ropa exclusiva.

Compras de categoría

Libros

Scribner's: Quinta Avenida 597, tel. 486-4070. Una librería maravillosa que vale la pena visitar aunque no piense comprar nada.

The Strand: Broadway 828, tel. 473-1452. La colección más grande de libros usados de la ciudad. Excelentes precios y vendedores con amplios conocimientos.

Barnes and Noble: Quinta Avenida 128, tel. 807-0099, una cadena con varias tiendas en la ciudad. Es la librería más grande de Nueva York y en su anexo de liquidaciones se ofrecen libros nuevos a precios rebajados.

The French and Spanish Bookstore: Quinta Avenida 115, tel. 673-7400. La librería más completa en libros extranjeros.

Rizzoli: Calle 57 oeste, número 31, tel. 674-1616. Una gran selección de buenos libros de arte. Cuenta con varias tiendas en la ciudad.

Books of Wonder: Calle Hudson 464, tel. 645-8006. Excelentes libros para niños.

Discos

Tower Records: Dos grandes sucursales de esta cadena nacional con un increíble inventario de todos los estilos musicales, particularmente completa en cuanto a jazz. La sucursal del Village está en Broadway 692, tel. 505-1500, y la otra se encuentra en los alrededores del Lincoln Center, en la esquina de Broadway y la calle 66, tel. 799-2500.

J and R Music World: Una gran selección que responderá a todas sus exigencias musicales, ofreciéndole además equipos electrónicos y ordenadores. La tienda de discos está dividida en tres secciones: clásicos, jazz y pop. Cuenta con los precios más baratos de la ciudad, pero no se aceptan devoluciones.

Para los amantes de discos antiguos, Greenwich Village cuenta con varias tiendas que se especializan en discos de segunda mano. Las más populares son:

Vinylmania, tel. 463-7120; *House of Oldies*, tel. 243-0500; *Bleecker Bob's Golden Oldies*, tel. 475-9677. Llame por teléfono para averiguar si tienen el disco que busca.

Juguetes

FOA Schwartz: Quinta Avenida 767, tel. 644-9400. La cadena de tiendas de juguetes más famosa de la ciudad y una de las más famosas del mundo. Una increíble variedad a precios altos.

Forbidden Planet: Broadway 821, tel. 473-1576. Una maravillosa colección de robots, juguetes y libros de ciencia ficción.

Kiddie City: Calle 34 oeste, número 35, tel. 629-3070. Una tienda amplia con la mayor selección de juguetes de Manhattan. Precios razonables y muchas ofertas especiales. Frente al edificio Empire State.

San Francisco Ship Model Gallery: Madison Avenue 1089, esquina a la calle 82, tel. 570-6767. Juguetes para mayores. Maquetas a escala de barcos famosos.

Deportes y camping

Paragon: Broadway 867, tel. 255- 8036. Tiene todo lo que puede llegar a necesitar para practicar cualquier deporte o hacer cámping. Un paraíso de artículos deportivos.

Herman's: Calle 42 oeste, número 135, tel. 730-7400. Una enorme variedad de artículos a precios razonables.

Cosmética, joyería y complementos

Tiffany's: Quinta Avenida 757, tel. 755-8000. Una estrella cinematográfica por mérito propio que en la actualidad ofrece mucho más que joyas. Muy selecto y caro.

Chaumet: Calle 57 este, número 48, tel. 371-3943. Una joyería francesa con dos siglos de antigüedad.

Van Cleef & Arpels: en *Bergdorf's*: Quinta Avenida 754, tel. 753-7300. Muy agradable.

Louis Vuitton: Calle 57 este, número 51, tel. 371-6111. Famosa por sus lujosos equipajes.

Hermes: Calle 57 este, número 11. Famosos pañuelos y excelentes artículos de cuero.

Fortunoff's: Quinta Avenida 681, tel. 758-6660. Gran cantidad de artículos a precios excelentes.

Elizabeth Chin: Calle Mott 2, tel. 732-0399. Le proporcionarán asesoramiento estético y cosmético. Cosmética de alta categoría.

Georgia Klinger: Madison Avenue 501, tel. 838-3200. Ofrece diversas fórmulas de maquillaje y cosmética integral.

Ropa de hombre

Barney's: Séptima Avenida 106, tel. 929-9000. Se encuentran representados todos los diseñadores. En las Torres Gemelas del World Trade Center cuenta con un local para hombres de negocios.

Paul Stuart: Madison Avenue esquina a la calle 45, tel. 682-0320. Buena calidad, moda conservadora y cara.
Moe Ginsburg: Quinta Avenida 162. Trajes, smokings y zapatos a precios razonables.
London Majesty: Avenida de las Americas (Sexta) 1212, tel. 221-1860. Una cadena europea que se especializa en tallas grandes.
Guy Laroche: Calle 57 este, número 36, tel. 980-1460. Francés y exquisito. Prêt-à-porter.

Ropa de mujer

Para comprar ropa femenina, _Bloomingdale's_ y _Saks Fifth Avenue_ son recomendables. Otras tiendas que vale la pena visitar son:

Bergdorf Goodman: Quinta Avenida 754, tel. 753-7300. La cumbre de la moda, con precios acordes.
Henri Bendel: Calle 57 oeste, número 10, tel. 247-1100. Una tienda muy de moda, típica de Nueva York. Moda de categoría a precios relativamente bajos.
Forgotten Woman: Avenida Lexington 888, tel. 247-8888. Tallas grandes, cerca de Lincoln Center.
Maud Frizon: Calle 57 este, número 49, tel. 980-1460. Zapatos franceses exclusivos.

Equipos electrónicos y fotográficos

Pueden comprarse en los grandes almacenes o en las pequeñas tiendas dispersas por toda la ciudad. La variedad es infinita y los precios baratos.

47th Street Photo: Calle 47 oeste, número 67, tel. 260-4410. Una enorme oferta, y se pueden discutir los precios. Haga su selección _antes_ de entrar a la tienda, ya que la multitud en el interior imposibilita mirar tranquilamente los artículos.
Olden Camera: Broadway 1265, tel. 725-1234. Gran cantidad de ofertas, antigüedades y mercancía barata. Un paraíso para los aficionados a la fotografía.
ABC: Calle Canal 31, tel. 228-5080. En Lower East Side, se especializa en equipos de 220 v.

Direcciones y números de teléfono importantes

Emergencias:
Ambulancia, bomberos y policía: tel. 911 ó 0.

Información sobre autobuses y metro: tel. 718-330-1234.

Reparación de vehículos: tel. 411 (Informaciones) para consultar en la comisaría más cercana la lista de grúas locales disponibles.

Objetos perdidos-Taxi: 1 Police Plaza, en la esquina de las calles Peal y Park, tel. 374-5084. Metro o autobús: calle Jay 370, Brooklyn, tel. 625-6200.

Farmacia abierta las 24 horas: *Kaufman Pharmacy*, tel. 755-2266.

Atención médica las 24 horas: tel. 496-9620.

Pronóstico meteorológico: tel. 976-1212.

Dentista de emergencia: tel. 679-3666.

Asistencia a víctimas de crímenes: Tel. 577-7777.

Líneas aéreas
American Airlines: tel. 619-6991.

Continental Airlines: tel. 800-231-0856.

Delta: tel. 239-0700.

Eastern: tel. 986-5000.

TWA: tel. 290-2121.

United: tel. 718-803-2200.

Northwest: tel. 736-1220.

America West: tel. 800-247-5690.

Iberia: tel. 644-8830 y 309-8799.

American Flag Airlines tiene una terminal en Manhattan, en la calle 42 este, número 100 (frente a Grand Central Terminal). Las taquillas están en el segundo piso, tel. 986-0888.

Información turística
El *New York Convention and Tourist Bureau* tiene dos oficinas: en Columbus Circle 2 y en Broadway 1465 (Times Square). Teléfono para ambos locales: 397-8222. Abierto de lunes a viernes de 10.00 a 18.00 h; sábados, domingos y festivos de 10.00 a 18.00 h.

Varios
Dow Jones Report (Bolsa de valores): tel. 976-4141.

Información horaria: tel. 976-1616.

Correos: 971-5332.

Cuidado de niños: tel. 682-0227.

Cuidado de niños por horas: tel. 879-4343.
Inmigración: Immigration Information Service, Park Avenue 2, tel. 889-7125.
Servicio de Inmigración y Nacionalización: tel. 206-6500.
Telegramas: tel. 800-336-3797.

*Í*NDICE ALFABÉTICO

ÍNDICE ALFABÉTICO

ÍNDICE ALFABÉTICO

*Í*NDICE ALFABÉTICO

ÍNDICE ALFABÉTICO

*Í*NDICE ALFABÉTICO

NOTAS

NOTAS

NOTAS

NOTAS

NOTAS

CUESTIONARIO

En un esfuerzo por mantener actualizados nuestros datos sobre Nueva York, le rogamos que coopere con nosotros compartiendo cualquier información que pueda poseer, así como cualquier comentario. Apreciaremos enormemente que complete el cuestionario adjunto, haciéndonoslo llegar.

¡Muchas gracias!

Enviar a: Inbal Travel Information (1983) Ltd.
18 Hayetzira Street
Ramat Gan 52521
Israel

Nombre: _____

Dirección: _____

_____

Profesión: _____

Fecha de visita: _____

_____

Propósito del viaje (vacaciones, negocios, etc.): _____

_____

_____

Comentario / Información: _____

_____

_____

_____

_____

_____

_____

_____

_____

_____

_____

_____

_____

_____

_____

_____

INBAL Travel Information Ltd.
P.O.B. 39090 Tel Aviv
ISRAEL 61390